工厂三精管理系列

工厂质量管控
精细化、精益化、精进化
管理手册

连长震 ◎ 编著

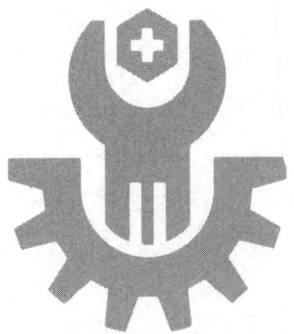

电子工业出版社·
Publishing House of Electronics Industry
北京·BEIJING

内容简介

本书致力于构建工厂质量管控的精细化、精益化、精进化的管理体系。通过深入剖析设计、制造、外协、委托、驻厂监造、质量成本控制等关键环节，以规范、方案、制度、流程等多种形式，为工厂质量的"三精管理"提供全面、翔实、清晰的管控措施，以满足现代工厂自动化、信息化的需求，助力工厂发展。

本书详细介绍了工厂质量管控"三精管理"的内容，包括设计过程质量控制，供应链与采购质量控制，制造过程质量控制，辅助生产过程质量控制，生产服务过程质量控制，外协、委托、驻厂监造质量控制，仓储运输质量控制，产品使用过程质量控制，智慧工厂质量控制，生产质量持续改进和质量成本控制等多个方面，形成了一套切实可行的工厂生产质量"三精管理"体系。本书内容可以帮助读者有效提升工厂质量管控水平。

本书适合在工厂中从事质量控制工作的管理人员、质量工程师使用，也适合工厂管理者使用，同时适用生产领域的培训师、咨询师和高校相关专业的师生阅读。

未经许可，不得以任何方式复制或抄袭本书之部分或全部内容。
版权所有，侵权必究。

图书在版编目（CIP）数据

工厂质量管控精细化、精益化、精进化管理手册 / 连长震编著. -- 北京：电子工业出版社，2025.3.
(工厂三精管理系列). -- ISBN 978-7-121-49497-0
Ⅰ. F406.3-62
中国国家版本馆CIP数据核字第20250B6K62号

责任编辑：刘伊菲
印　　刷：三河市鑫金马印装有限公司
装　　订：三河市鑫金马印装有限公司
出版发行：电子工业出版社
　　　　　北京市海淀区万寿路173信箱　邮编：100036
开　　本：787×1092　1/16　印张：20.75　字数：381千字
版　　次：2025年3月第1版
印　　次：2025年3月第1次印刷
定　　价：69.00元

凡所购买电子工业出版社图书有缺损问题，请向购买书店调换。若书店售缺，请与本社发行部联系，联系及邮购电话：(010) 88254888，88258888。
质量投诉请发邮件至zlts@phei.com.cn，盗版侵权举报请发邮件至dbqq@phei.com.cn。
本书咨询联系方式：(010) 57565890，meidipub@phei.com.cn。

前言

在制造业的快速发展和激烈竞争中,质量已成为工厂生存和发展的关键。工厂生产的质量管控不仅是产品可靠性的保障,也是企业竞争力的体现。

质量管控的首要任务是确保产品既要符合既定的质量标准,又要符合客户不断变化的需求。严格把控原材料的采购、生产工艺的执行、生产过程中的重要环节控制、产品的检测与验证等工作,能最大限度地减少质量缺陷和不合格品的产生,为客户提供优质产品和服务。

1.质量管控精细化

通过数据分析与监控、流程分析与标准化、问题识别与解决、供应链管理与合作伙伴协作、持续改进与创新,提高质量管理的精细化水平。

2.质量管控精益化

通过质量成本预算、质量事故预防、质量责任考核等方式和方法,推进质量管控精益化。

3.质量管控精进化

通过管理创新、技术创新、人工智能等,不断精进质量管控的方式、方法。

本书从设计过程、供应链与采购、制造过程、辅助生产过程、生产服务过程、外协、委托、驻厂监造、仓储运输、产品使用过程、智慧工厂、生产质量持续改进、质量成本等方面,设计了46个办法,20个制度,15个方案,9个细则,6个流程,5个规范,全面解析了工厂生产质量管理的各个过程和环节,把生产质量从设计过程到供应链管理,从制造过程到辅助生产,从生产服务到外协生产,从仓储运输到产品使用过程，逐一详解。

每章节都深入探讨了相关的管理目标、控制要点、实施细则和改进方案，旨在为读者提供一个全面、细致的质量管控框架。

本书与《工厂成本费用精细化、精益化、精进化管理手册》《工厂生产设备精细化、精益化、精进化管理手册》《工厂生产现场精细化、精益化、精进化管理手册》《工厂生产计划精细化、精益化、精进化管理手册》共同组成了精细化、精益化、精进化管理的"工厂三精管理系列"。

本系列丛书在编写的过程中得到了6家生产制造企业（工厂）相关人员的支持。他们把一线的经验、做法和管理方式、方法融入书中，增强了本系列丛书的实用性、实务性。在此，我们一并表示感谢！

本书不足之处，敬请广大读者指正！

目 录

01 第1章 工厂质量管控"三精管理"之道

1.1 工厂质量管控的"三精管理"目标　　002
 1.1.1 工厂质量管控"精细化"：提质增效　　002
 1.1.2 工厂质量管控"精益化"：降本增利　　003
 1.1.3 工厂质量管控"精进化"：持续改进　　004

1.2 工厂质量管控管什么　　005
 1.2.1 设计过程质量控制　　005
 1.2.2 供应链与采购质量控制　　006
 1.2.3 制造过程质量控制　　006
 1.2.4 辅助生产过程质量控制　　007
 1.2.5 外协、委托、驻厂监造质量控制　　007
 1.2.6 仓储、运输质量控制　　008
 1.2.7 产品使用过程质量控制　　008
 1.2.8 智慧工厂质量控制　　009
 1.2.9 质量管理工作中的质量控制　　009
 1.2.10 生产质量持续改进　　010
 1.2.11 质量成本精益控制　　011

第 2 章
设计过程质量控制精细化

2.1	产品设计开发过程质量控制	014
	2.1.1 产品设计开发过程质量控制要点	014
	2.1.2 产品设计开发过程质量控制规范	016
	2.1.3 产品设计审核实施细则	019
	2.1.4 产品设计开发过程质量控制流程	024
	2.1.5 产品试生产阶段质量控制管理办法	026
2.2	工艺设计过程质量控制	029
	2.2.1 工艺设计过程质量控制要点	029
	2.2.2 工艺设计过程质量控制流程	030
	2.2.3 工艺设计过程质量控制管理办法	032
2.3	设计过程质量控制精细化实施指南	036
	2.3.1 产品设计质量评估管理办法	036
	2.3.2 工艺改进与质量提升方案	039

第 3 章
供应链与采购质量控制精细化

3.1	供应链质量控制	042
	3.1.1 供应链全链条质量控制制度	042
	3.1.2 供应链全流程质量控制办法	045
	3.1.3 供应链全内容工作质量控制细则	048
3.2	供应商质量控制	051
	3.2.1 供应商遴选管理办法	051
	3.2.2 供应商产品质量评审办法	054
	3.2.3 供应商质量控制流程	056
3.3	采购质量控制	058
	3.3.1 设备采购质量控制制度	058
	3.3.2 原材料采购质量控制制度	060
	3.3.3 零部件、维修物资、备品部件采购质量控制制度	062

3.3.4	无形服务采购质量控制制度	065
3.3.5	采购质量控制流程	067

3.4 供应链与采购质量控制精进化实施指南

3.4.1	供应链服务质量评价管理办法	069
3.4.2	采购质量问题处理方案	075

第 4 章
制造过程质量控制精进化

4.1 一般过程控制   080

4.1.1	过程更改批准流程	080
4.1.2	物资控制管理办法	082
4.1.3	设备控制管理办法	085
4.1.4	人员控制管理办法	088
4.1.5	检测控制管理办法	090

4.2 特殊过程控制   093

4.2.1	特殊过程质量保证管理办法	093
4.2.2	特殊工艺质量控制办法	097

4.3 产品验证   100

4.3.1	外购材料与外购件验证管理办法	100
4.3.2	产品生产过程验证管理办法	103
4.3.3	成品验证管理办法	105

4.4 制造过程质量控制精进化实施指南   108

4.4.1	特殊过程质量控制要点及措施	108
4.4.2	特殊过程外包质量控制办法	110

第 5 章
辅助生产过程质量控制精细化

5.1 物料供应的质量控制   114

5.1.1	辅助材料质量控制管理办法	114

5.1.2	外购件、外协件质量控制办法	117
5.2	工具供应的质量控制	119
5.2.1	外购量具质量控制细则	119
5.2.2	自制量具质量控制细则	121
5.3	设备修理的质量控制	124
5.3.1	设备维修质量控制办法	124
5.3.2	设备保养质量控制制度	127
5.4	辅助生产过程质量控制精细化实施指南	129
5.4.1	辅助生产过程检测实施方案	129
5.4.2	辅助生产过程质量问题解决方案	131

第 6 章
生产服务过程质量控制精细化

6.1	供应与保障	136
6.1.1	材料供应管理办法	136
6.1.2	工具供应管理办法	138
6.2	保管与运输	141
6.2.1	现场保管制度	141
6.2.2	现场运输制度	144
6.3	试验与检验	147
6.3.1	试验管理办法	147
6.3.2	检验管理办法	150
6.4	环境与卫生	152
6.4.1	环境维护办法	152
6.4.2	卫生清扫办法	155
6.5	生产服务过程质量控制精细化实施指南	158
6.5.1	生产现场质量巡检管理办法	158
6.5.2	生产服务质量考核管理办法	161

第 7 章
外协、委托、驻厂监造质量控制精细化

7.1 外协生产质量控制	166
7.1.1 外协生产优质厂商选择流程	166
7.1.2 外协生产厂商质量控制办法	168
7.2 委托加工质量控制	171
7.2.1 委托加工质量控制规程	171
7.2.2 委托加工质量检验规范	175
7.3 驻厂监造质量控制	177
7.3.1 驻厂监造质量检验规范	177
7.3.2 驻厂监造质量控制制度	180
7.4 外协、委托、驻厂监造质量控制精细化实施指南	184
7.4.1 外协、委托生产质量保证实施方案	184
7.4.2 驻厂监造质量抽检实施办法	186

第 8 章
仓储运输质量控制精进化

8.1 入库与出库质量控制	192
8.1.1 物料、半成品、成品入库质量保证办法	192
8.1.2 物料、半成品、成品出库质量保证办法	195
8.2 储存与保养质量控制	197
8.2.1 重点物料仓储质量保证办法	197
8.2.2 成品保管质量保证办法	200
8.2.3 仓管员质量责任管理办法	202
8.3 运输与配送质量控制	205
8.3.1 装卸搬运质量管理办法	205
8.3.2 运输与交付质量管理实施细则	208
8.4 仓储运输质量控制精进化实施指南	211
8.4.1 运输服务质量提升方案	211
8.4.2 仓储服务质量提升方案	214

第 9 章
产品使用过程质量控制精细化

9.1 安装与使用 218
  9.1.1 安装质量控制实施规范 218
  9.1.2 维修保养质量控制规范 220
9.2 售后与保证 224
  9.2.1 售后服务保证措施及方案 224
  9.2.2 维修网点建设与质量保证方案 226
  9.2.3 产品返厂维修质量保障制度 228
9.3 投诉与索赔 231
  9.3.1 产品质量投诉处理办法 231
  9.3.2 产品质量索赔处理办法 234
9.4 产品使用过程质量控制精细化实施指南 238
  9.4.1 质量纠纷处理管理办法 238
  9.4.2 售后服务质量提升方案 241

第 10 章
智慧工厂质量控制精细化

10.1 质量跟踪 246
  10.1.1 生产过程质量监测管理制度 246
  10.1.2 数据预警与质量问题识别管理制度 249
10.2 质量反馈 252
  10.2.1 内部系统质量信息反馈处理办法 252
  10.2.2 外部系统质量信息反馈处理办法 254
10.3 质量修正 256
  10.3.1 计算机辅助修正管理制度 256
  10.3.2 实时质量问题修正管理制度 258
10.4 智慧工厂质量控制精细化实施指南 260
  10.4.1 系统管理员责任管理制度 260
  10.4.2 质量预警协同管理制度 262

第 11 章
生产质量持续改进精进化

11.1	零缺陷管理	266
	11.1.1 零缺陷管理实施细则	266
	11.1.2 零缺陷管理实施方案	269
11.2	六西格玛改善	271
	11.2.1 六西格玛改善实施细则	271
	11.2.2 六西格玛改善实施方案	274
11.3	全面质量管理	277
	11.3.1 全面质量管理实施细则	277
	11.3.2 全面质量管理实施方案	280
11.4	QCC 质量改善	282
	11.4.1 QCC 质量改善实施细则	282
	11.4.2 QCC 质量改善实施方案	285
11.5	改进质量管理精进化实施指南	288
	11.5.1 产品质量分析管理办法	288
	11.5.2 质量改进工作推进方案	291

第 12 章
质量成本控制精益化

12.1	质量成本控制	294
	12.1.1 预防成本控制办法	294
	12.1.2 故障成本控制办法	297
	12.1.3 损失成本控制办法	300
	12.1.4 不良质量成本控制办法	304
12.2	质量成本预算与分析	307
	12.2.1 质量成本预算制度	307
	12.2.2 质量成本分析制度	310
12.3	质量成本控制精益化实施指南	313
	12.3.1 质量成本经济责任制度	313
	12.3.2 质量成本绩效考核制度	316

第1章

工厂质量管控"三精管理"之道

1.1　工厂质量管控的"三精管理"目标

1.1.1　工厂质量管控"精细化"：提质增效

工厂质量管控精细化是指在质量管理体系中对各个环节进行细致、精准的管理和控制，以确保产品质量稳定、可靠，满足客户的需求。

工厂质量管控精细化管理目标至少包括以下10项内容。

1.质量管理计划制订

制订详细的质量管理计划，明确质量管理的目标、策略、方法和责任分工，并定期修订计划、精进计划。

2.质量标准与规范确定

确定产品的质量标准和规范，明确产品的各项技术指标和质量要求，并按照质量标准和规范执行。

3.原材料控制

对原材料进行严格的控制和检验，确保原材料符合质量要求。加强供应商和供应链管理，确保原材料质量稳定。

4.生产过程控制

对生产过程中的每个环节进行控制和监督，确保生产过程稳定、可控，从而确保生产质量稳定、可控。

5.产品检验与测试

对生产出的产品进行全面、严格的检验和测试，确保产品质量符合标准。

6.问题预防与纠正

通过预防措施和纠正措施，及时发现和解决质量问题，防止质量事故的发生。

7.数据分析与改进

对生产过程中产生的质量数据进行分析，发现问题和改进的机会，持续改进产品质量。

8.员工培训与管理

加强员工的质量意识培训和技能培训,提高员工的工作质量和效率。

9.客户满意度管理

关注客户需求和反馈,及时处理客户投诉和问题,提高客户满意度。

10.持续改进与创新

不断改进和创新质量管理体系和方法,提高质量管理的效率和水平。

1.1.2 工厂质量管控"精益化":降本增利

工厂质量管控精益化是指借鉴精益生产(Lean Production)理念,通过减少浪费,提高效益、效率,实现质量管理的精益化。

质量管控精益化注重通过改进流程、减少浪费和优化资源利用,提高生产效率和产品质量,从而降低成本,提升客户满意度,并增强企业竞争力。

质量管控精益化至少要关注以下8个方面。

1.质量管控价值流分析

对整个质量控制流程进行价值流分析,明确价值创造和非价值创造活动,找出质量管控流程中的浪费和瓶颈,为后续的质量改进提供依据。

2.流程优化

在质量管控价值流分析的基础上,针对发现的问题进行质量管控流程优化。简化流程,缩短周期,降低成本,提高质量管控效率和水平。

3.全员参与质量管理

员工是生产线上最了解情况的人,他们的建议和意见对于质量改进至关重要。要培养员工的精益化意识,鼓励员工积极参与质量改进活动。

4.持续改进文化的建立

质量精益化管控是一个持续改进的过程,需要不断地发现问题、解决问题、优化流程。要建立起全员持续改进质量的企业文化。

5.标准化工作流程

制定标准化的工作流程和操作规范,确保每个环节都按照标准进行操作,减少变动和差异对质量带来的影响。

6.技术支持

结合现代信息技术，采用智能化生产设备、物联网技术等，利用人工智能提高生产线的智能化水平，进而提升质量管理的效率和质量控制能力。

7.供应链优化

与供应商建立良好的合作关系，共同优化供应链，确保原材料的质量和供应的及时性，减少因供应链问题而导致的生产中断和质量问题。

8.培训和教育

为员工提供质量管理和精益生产方面的培训和教育，提升员工的技能和知识水平，增强其对质量精益化管控的理解和支持。

1.1.3　工厂质量管控"精进化"：持续改进

质量管控持续精进至少可以从以下9个方面进行推进。

1.持续明确质量目标

订立明确的质量目标，并将其与组织的整体目标对照。这些目标应该是具体的、可衡量的，并设定了合理的时间期限。

2.持续改进文化建设

建立和培养持续改进的文化氛围，鼓励员工提出改进建议，并确保他们参与到质量改进的过程中。

3.持续收集、分析和利用质量数据

持续收集、分析和利用质量数据，持续发现问题的根源并采取相应的纠正措施。用数据驱动的方法指导质量改进活动。

4.持续培训和发展

给予员工持续的培训和发展机会，提高他们的技能水平和质量意识，确保员工了解最新的质量管理方法和工具。

5.持续技术创新和工艺改进

不断引入新技术和工艺，提高产品的质量和生产效率。通过持续的技术创新和工艺改进，降低产品制造的误差率和不合格率。

6. 持续供应链管理

加强与供应商的合作关系，确保原材料和零部件的质量可控。与供应商建立良好的沟通机制，及时解决质量问题。

7. 持续听取客户的反馈

关注客户的需求和反馈，及时调整产品设计和提升质量，以提高客户的满意度，确保产品能够满足客户的期望和要求。

8. 持续普及质量意识

提高全员的质量意识，使每个员工都能够理解质量对组织的重要性，并将质量管理纳入日常工作中。

9. 管理层的支持和领导

管理层要对持续改进工作给予充分的支持和领导，为质量控制的持续精进提供坚实的组织保障和资源支持。

1.2 工厂质量管控管什么

1.2.1 设计过程质量控制

设计过程是产品生命周期中最为关键的一个阶段，直接关系到产品的质量。设计过程的质量控制包括以下内容。

①产品设计过程质量控制。产品设计过程的质量控制是确保产品在设计阶段就具备高质量、高可靠性、高安全性的关键措施。需要关注需求分析阶段的质量控制、设计方案阶段的质量控制、设计验证阶段的质量控制等。

②工艺设计过程质量控制。工艺设计过程的质量控制是确保产品生产质量的关键措施。需要关注工艺可行性分析阶段的质量控制、工艺方案阶段的质量控制、工艺的验证阶段的质量控制等。

1.2.2 供应链与采购质量控制

供应链与采购质量控制主要包括以下内容。

①原材料、零部件、半成品的质量控制。对供应商提供的原材料、零部件、半成品进行严格的质量把关，确保其符合工厂的质量要求和标准。

②供应商评估与管理。建立供应商评估体系，对供应商进行全面评估，并与供应商建立长期稳定的合作关系，确保供应商能够稳定地提供高质量的原材料和零部件。

③供应链管理。建立完整的供应链管理体系，对供应链中的各个环节进行严格监控，及时发现和解决潜在的质量问题，确保供应链的高效运作。

④质量风险防控。建立全面的质量风险防控体系，对潜在的质量问题进行彻底的分析和预防，确保产品质量的稳定性和可靠性。

1.2.3 制造过程质量控制

制造过程质量控制是工厂保障产品质量的重要手段之一，包括以下内容。

①原材料和外购件的质量控制。对工厂所采购的原材料和外购件进行质量检查和筛选，确保它们符合工厂的质量要求和标准，并建立供应商管理体系，确保供应商的质量和服务水平。

②工序的质量控制。在制造过程中，对每个环节进行严格监控，确保每个工序的质量都符合工厂要求，并在遇到问题时及时调整和处理。

③检验设备控制。对检验设备进行日常维护和管理，确保其精度和准确性，并定期对设备进行校准和检测，以保证产品质量的可靠性。

④验证状态的控制。验证状态有三种：合格状态、不合格状态和待检验状态。对各状态应做好明显标记，以防混淆。

⑤不合格品的处理。在发现不合格品时，对其进行追溯和分析，并采取适当的措施，如返工、报废等，确保不合格品不流入市场。

⑥技术文件的控制。建立完整的技术文件管理体系，确保制造过程中的工艺和关键参数都得到固化和控制，避免因技术参数变化而对产品质量造成不良影响。

1.2.4 辅助生产过程质量控制

辅助生产过程质量控制是保障产品质量关键环节之一，包括以下内容。

①辅助材料的质量控制。对所使用的辅助材料进行质量检验和筛选，确保其符合工厂的质量要求和标准，避免杂质和缺陷对产品质量造成影响。

②生产工具的质量控制。对使用的生产工具进行日常维护和管理，确保其使用寿命和精度，并定期检验和校准。

③生产设备的质量控制。对生产设备进行维护和管理，保证生产设备的正常运行和精度，提高生产效率和产品质量。

④动力、水、暖、风、气等的质量控制。保证所使用的动力、水、暖、风、气等的质量符合生产要求和标准，避免影响产品质量。

⑤产品运输、保管过程中的质量控制。在产品运输和保管过程中，保证产品不受损坏和变形，确保产品质量的稳定性和可靠性。

1.2.5 外协、委托、驻厂监造质量控制

外协、委托、驻厂监造质量控制指的是工厂将部分生产任务外包或委托给其他厂家并向这些厂家派驻质量监督人员等，以确保生产过程和产品质量符合要求，包括以下内容。

①外协生产的质量控制。工厂将生产任务委托给外部厂家时，须对外协生产厂家的资质、管理水平、质量标准等进行严格评估和筛选，并在委托合同中明确质量管理要求和条件等。

②委托加工的质量控制。工厂将生产中的某些工序或产品加工过程委托给加工厂家时，须对委托方的制造质量进行评估和筛选，并在委托合同中明确加工质量要求和标准等。

③驻厂监造的质量控制。工厂向生产厂家派驻质量监督人员，对生产过程进行全面监督和管理，确保生产过程中的质量问题能够及时被发现和解决。

1.2.6 仓储、运输质量控制

仓储和运输是产品质量控制过程中重要的环节，对于保证产品的质量和可靠性具有重要的作用，包括以下内容。

①仓储质量控制。确保仓库环境的卫生和整洁，使温度、湿度、光照等环境因素符合产品存储的要求。保持良好的包装，避免产品受潮、污染、破损等。同时，定期开展检查和保养工作，以防止产品质量在多次检验后下降。

②运输质量控制。在运输前制订详细的运输计划、严格的运输标准和操作规程，确保产品安全到达目的地，避免因运输环节导致产品质量受损。同时对运输中的温度、湿度、震动、压力等因素进行严格监控和管理，确保产品的运输环境符合要求。

1.2.7 产品使用过程质量控制

有效的产品使用过程管理和优质的售后服务是工厂确保产品质量稳定和可靠的重要手段，包括以下内容。

①使用说明资料。提供产品说明书、用户使用手册，提供专用工具，便于用户正确安装、使用、保养。

②售后服务质量控制。工厂应该建立一个完善的售后服务管理体系，包括用户反馈、用户服务请求管理、服务质量管理等流程和标准。同时，对售后服务人员进行专业化的培训，使其具备专业的知识、技能和服务意识。

③客户投诉及问题解决质量控制。工厂应该建立健全用户问题反馈机制，评估并分类用户投诉，通过改进流程和服务，及时给出回应，分析问题，提出改进方案，落实整改措施，确保问题得到解决。

④工厂形象、商誉管理。工厂需要加强形象管理，提高名誉和信誉度，打造良好的工厂形象和品牌。同时，还需要积极参加行业展览、活动等，展示工厂实力和产品品质，提高消费者对工厂的认知度和信任度。

1.2.8 智慧工厂质量控制

智慧工厂质量控制是利用先进的信息技术手段，实现生产过程的实时监测、预警和控制，从而实现对产品质量的有效掌控，包括以下内容。

①实时跟踪、监控和控制。智慧工厂采用传感器、物联网、云计算等技术手段，实现对生产过程的实时监测和控制。通过数据的采集、传输、处理和分析，对产品的质量、生产效率等关键指标进行实时跟踪和监控，从而及时发现和处理质量问题。

②实时预警。智慧工厂通过数据的分析和处理，提前预警生产过程中可能出现的质量问题，以便及时采取措施，防止质量问题的发生。同时，还可以对生产过程中的异常情况进行实时控制和处理，确保产品质量的稳定和可靠。

③智能化质量控制。采用多方面智能技术，如物联网、大数据、云计算、人工智能、工业互联网、工业区块链、元宇宙、AR/VR技术等。

1.2.9 质量管理工作中的质量控制

质量管理工作中的质量控制是指对工厂质量管理体系中各项质量管理工作的执行过程、执行结果及评价指标等进行监测和控制的活动，包括以下内容。

（1）质量管理体系工作

①确立质量目标。在质量管理过程中，要制定符合工厂实际需求的质量目标，同时注重质量目标与工厂经营战略和客户需求的一致性，明确各个质量目标之间的关系，并采用适当的指标进行监测、统计和跟踪。

②建设质量文化。构建优秀的质量文化是工厂质量管理的重要组成部分。要注重在工厂全员范围内营造质量文化，让员工真正了解和理解质量管理的重要性，从而提高员工对质量管理的支持和参与度，达到全员共同推进优质产品的目标。

③质量管理方面的人员培训。针对工厂质量管理体系工作实施的不同阶段和不同要素的质量控制，需要对相关人员进行培训、考核、跟进和改进。

（2）标准化工作的质量控制

①标准制定。依据实际需要和行业规范制定标准，遵循相关标准制定规则。

②标准修订。通过评审、试行、反馈、修订等程序，确认其合理性、可行性、适

用性和正确性。

③标准推广。根据标准的重要性和应用范围，制订推广计划和措施，确保标准推广全面、全程和全效。

④标准实施。确保实施后的效果和成效，对实施后的标准进行跟踪、反馈和修订等控制。

（3）计量工作的质量控制

计量工作是工厂实施质量管理和产品出厂检测的重要环节。需要注意仪器设备的选用和校准、计量标准的选用和执行、计量检测结果的准确性和可靠性、计量检测过程的规范性和标准化等的质量控制。

（4）质量信息工作的质量控制

质量信息工作是工厂市场信息采集和质量检测信息采集的重要工作环节。需要注意信息收集的准确性和完整性、信息管理的规范性和实时性、信息使用的合理性和适用性、信息存储和转移的安全性和可靠性。

（5）质量责任制的质量控制

通过确立明确的质量目标、质量方针和质量管理责任，确保相关人员对工厂的质量管理目标负责。需要注意以下质量控制措施。

①制定、审查并强化具体的责任分工和相应的权责、流程与规范。

②将质量责任、质量考核和绩效分析有效结合，确保各个职能部门的合理分工。

③将质量责任贯穿到工厂所有业务流程中，推动工厂质量管理成果的可持续性和协调性。

1.2.10　生产质量持续改进

生产质量持续改进是工厂质量管控的重要措施，包括零缺陷管理、QCC（质量控制圈）管理、六西格玛、全面质量管理等，具体内容如下。

①零缺陷管理。零缺陷管理强调产品质量稳定性和一次性合格率，通过在过程中深入发掘问题根源，明确质量问题的根本原因并采取相应的纠正措施，最终实现质量的全面改进。

②QCC管理。QCC是指以小组为单位进行问题诊断和解决方案制定，采用PDCA

（计划、执行、检查、行动）管理方法，持续推进全员参与，实现全面可控的质量改进。

③六西格玛。六西格玛通过建立完美的质量管理体系和采用复杂的统计学分析方法，实现制造产品质量的稳定和无缺陷，提供优质的服务，为客户和工厂持续创造价值。

④全面质量管理。全面质量管理（TQM）是一种基于客户需求的管理哲学，以客户为中心，注重全局、全面、全程的质量控制，达到持续提高产品和服务质量的目的。

1.2.11　质量成本精益控制

质量成本精益控制是工厂应对市场竞争和提高竞争力必备的重要手段之一。其主要思想在于通过精益控制质量成本，使工厂节约成本，提高效益，并进而增强市场竞争力。其包括以下内容。

①质量成本分类。按照成本发生的不同情况，将质量成本分为预防成本、故障成本、损失成本、不良质量成本四大类，以更好地了解不同类型成本的特点和变化趋势。

②质量成本统计。对工厂生产经营和管理活动进行成本统计，包括预防成本、故障成本、损失成本、不良质量成本等。对成本数据进行分析，找出各项成本占比，为精益控制质量成本提供依据。

③成本来源分析。对成本来源进行分析，找出成本高的原因。

④成本控制措施。根据成本来源分析的结果，采取控制措施，以尽量减少成本的发生，如加强过程管理、强化质量检测、整改供应商等，全面提高管理水平和产品质量。

第 2 章

设计过程质量控制精细化

2.1 产品设计开发过程质量控制

2.1.1 产品设计开发过程质量控制要点

产品设计开发过程质量控制对工厂质量管理具有以下作用：一是确保产品符合规范和标准，满足客户和用户的需求和期望；二是提高产品的性能和质量，减少瑕疵和缺陷，避免产品出现故障或损坏。产品设计开发过程质量控制有以下几点。

（1）策划阶段质量控制

①设定明确的产品需求和设计目标。在设计阶段，制定明确的产品需求和设计目标可以确保产品满足用户和市场的需求，同时也可以提高开发效率，减少后期修改和调整的成本。

②开展市场和用户研究。在产品设计策划阶段，进行市场和用户研究可以了解用户的需求和偏好，以及市场竞争的情况，从而制定出更符合市场需求和具有竞争优势的产品设计方案。

③制订详细的项目计划和进度表。制订详细的项目计划和进度表可以确保项目按照时间表和预算进行，减少延误和项目失败的风险，同时也有利于监管和控制项目进度和质量等方面。

④进行设计评审和原型测试。在设计策划阶段，对产品的设计进行评审和原型测试可以发现潜在的问题和不足之处，并及时进行修正和改进，从而提高产品的质量和可靠性。

⑤保持沟通和协作。在产品设计开发过程中，不同部门和团队之间需要保持沟通和协作，以便及时发现和解决潜在的问题和障碍。同时也能够确保整个项目在目标和进度方面一致，提高项目的质量和成功率。

（2）输入和输出阶段质量控制

①确定产品设计输入要素。在产品设计开发输入阶段，要确定产品的工程技术要求、性能要求、质量要求、设计目标、市场需求及竞争情况等，以便做出可行的策划和方案。

②制定严格的设计标准和规范。在产品设计开发输出阶段，制定严格的设计标准和规范可以确保产品的设计符合质量要求和安全要求，同时也可以提高产品的可靠性和稳定性。

③进行设计评审和检验。在产品设计开发输出阶段，进行设计评审和检验可以发现潜在的设计问题和缺陷，并及时进行纠正和修改，从而提高产品的质量和可靠性。

④确定产品开发的输出要素。在产品设计开发输出阶段，要确定输出的产品设计方案、功能介绍、产品说明书、使用手册、技术文档，以及产品检测和质量验收标准等，以便后续的测试和验收工作。

⑤进行质量验收和测试。在产品设计开发输出阶段，进行质量验收和测试可以对产品进行检测和验证，从而确保产品符合质量标准和技术规范，并满足用户和市场的需求和期望。

（3）设计开发评审阶段质量控制

①制定明确的评审和测试标准。在产品设计开发评审阶段，制定明确的评审和测试标准可以确保评审和测试的一致性和公正性，检测和发现设计方案中的潜在问题和缺陷。

②进行设计方案的模拟和实验。在产品设计开发评审阶段，进行设计方案的模拟和实验可以发现设计方案中的不足之处，并及时进行改进和完善，提高产品的质量和可靠性。

③进行多元化的评审和测试。在产品设计开发评审阶段，采用多元化的评审和测试方法可以发现设计方案的多个方面的问题，进而提高评审和测试的全面性和有效性，以确保最终的设计方案符合质量要求和市场需求。

④利用先进技术工具进行评审和测试。在产品设计开发评审阶段，可以采用先进的技术工具进行评审和测试，例如，使用仿真软件或虚拟现实技术进行设计方案的模拟和测试，以减少评审和测试的成本和时间，提高评审和测试的有效性和精度。

⑤定期进行评审和测试的汇报和总结。在产品设计开发评审阶段，制定评审和测试的周期和频率，并定期对评审和测试进行总结和汇报，以便及时发现和解决潜在的问题。

（4）设计开发验证阶段质量控制

①制定明确的验证标准。在产品设计开发验证阶段，需要制定明确的验证标准和指标，以确保产品的性能、质量、可靠性等各方面指标达到和满足目标要求。

②进行充分的验证。在产品设计开发验证阶段，要进行充分的验证，包括设计验

证、原型验证、环境验证、安全验证和性能验证等，以确保产品的各项指标达到和满足相关要求。

③进行多个层次的测试。在产品设计开发验证阶段，要进行多个层次的测试，包括单元测试、集成测试、系统测试和用户验收测试等，以逐步深入地测试产品性能、质量、可靠性等各方面指标。

2.1.2 产品设计开发过程质量控制规范

本规范对设计开发过程质量控制具有以下重要作用：一是优化产品设计过程，减少设计误差，提高设计效率，缩短设计周期，降低设计成本，从而提高产品的市场竞争力；二是减少设计中的缺陷和错误，提高产品的质量可靠性，增强产品的可用性、稳定性和耐久性，提升用户的体验；三是有效避免方案设计时出现的短视行为和缺陷，确保产品设计的可持续发展。

产品设计开发过程质量控制规范

第1章 总则

第1条 为确保产品设计开发过程质量，满足客户需求、产品规格和国家法律法规要求，特制定本规范。

第2条 本规范适用于所有产品设计开发项目的管理。

第2章 市场调研质量控制

第3条 调研设计

1.调研设计应当明确研究目的、范围和方法，且应当符合调研伦理和行业规范。

2.调研设计应当充分考虑受访者特征、样本大小和抽样方法等要素，并确保调研结果具有代表性和可信度。

3.调研设计结果应当经过客户和领导的确认和批准。

第4条 调研实施

1.调研实施应当严格遵守调研设计和访谈计划，且应当充分保障受访者的隐私和权益。

2.调研实施应当记录和报告调研过程中发现的重要信息和问题，并及时跟进和解决。

3.调研实施应当严格遵循国家和公司有关数据保护和信息安全的规定和要求。

第5条 数据处理

1.调研数据处理应当遵循数据分析的基本原则和方法,保证数据的准确性、完整性和一致性。

2.调研数据处理应当根据研究目的和调研设计,进行适当的统计分析和图表展示,让数据更有说服力和可读性。

第6条 文档与报告

1.调研文档和报告应当清晰、简洁、准确、逻辑连贯,且表述规范、易读并易于理解。

2.调研文档和报告应当经过专业编辑和质量控制,确保文档和报告的质量和准确性。

3.所有文档和记录应当经过版本控制和管理,且应当备份和归档。

第3章 概念质量控制

第7条 创意发掘

1.创意设计应明确产品定位、市场需求和用户体验,且应充分调研和分析竞争产品和新兴技术。

2.创意发掘应当通过头脑风暴、思维导图、用户故事等方法,产生多样化、具有可实现性和可行性的创意。

第8条 概念设计

1.概念设计应当符合产品定位和用户需求,且应当充分考虑产品的使用场景、用户流程、UI/UX设计等要素。

2.概念设计应当通过手绘、构建原型、用户测试等方法,对创意进行进一步的筛选和完善,并持续反馈调整。

第9条 方案评审

1.方案评审应当从市场需求、技术可行性、经济性等多个角度进行全面考虑和评估,并选取最优方案为产品设计提供可靠依据。

2.方案评审过程应当有明确的记录和报告,并保留相关的审核材料和说明。

3.方案评审结果应当经过客户和领导的确认和批准。

第4章 规范质量控制

第10条 制定全面的技术和产品规范,确保其清晰且一致,如明确产品结构、参数、材料等。

第11条　确保产品规范符合批准的概念设计和确定的产品需求，如遵从产品定位、功能需求等。

第12条　基于技术和产品规范评估产品的开发可行性，如估算产品开发的人力、物力、时间投入。

第13条　建立质量控制流程，以在产品开发过程中维持产品规范的一致性，如查验产品规范的变更是否符合法规标准。

第14条　确保技术和产品规范符合适用的法律标准，如遵循知识产权法规、用户隐私保护规定。

第15条　定期审核和更新技术产品规范，以保证持续的质量改进，如了解市场变化、采纳用户反馈。

第5章　设计质量控制

第16条　设计策划

1.产品设计策划需要主持人或者组长来组织。产品设计策划中必须包含详尽的设计方案、产品要求及产品实现的可行性论证。

2.设计方案须按照要求进行评审并提出完善意见。

第17条　设计过程

1.数据收集的准确性是设计过程的基础，设计人员须按照标准流程进行数据收集，并做好资料备份。

2.在设计过程中，须不断评估原型机或者模型，发现问题及时纠正。

3.在设计过程中，要根据产品需求进行开发。设计人员须精通设计所使用的技术，并注重工具使用规范。

4.产生并保存与批准的产品规范一致的清晰的产品设计，如产品设计图、CAD图纸等。

第6章　开发质量控制

第18条　技术方案制定

1.技术方案制定应该根据需求分析阶段确认的需求，充分考虑各种可能的风险，寻求最优方案。

2.技术方案制定完成后，需要按照规定的流程提交质量管理部进行审核，并对审核反馈做好记录汇总。

3.技术方案制定过程中，设计人员需要充分考虑产品的功能、性能和所需测试环境的相关规定，严格执行各自所承担的分工和任务计划。

第19条　开发阶段

1.开发人员需要根据相关设计文件进行开发、测试和编写文档。

2.开发过程中出现问题，应该及时记录并得到设计负责人的确认，及时报告质量管理部门。

3.遵循已确立的开发流程，确保产品开发的准确性、一致性和效率，如依序完成计划、执行和控制三个阶段。

4.确保开发活动在确定的时间和预算限制内完成，如对进度进行跟踪和调整，及时处理开发过程中的问题和风险。

第7章　附则

第20条　编制单位

本规范由产品部负责编制、解释与修订。

第21条　生效日期

本规范自××××年××月××日起生效。

2.1.3　产品设计审核实施细则

本细则对设计过程质量控制具有以下重要作用：一是对设计方案和设计过程中的不合规或潜在风险进行排查和纠正；二是推动设计成果的重复利用、标准化和模块化，有效提高设计方案的质量和稳定性；三是对设计方案和设计过程中存在的问题、状态进行有效监测和控制，提高设计过程的效率和门槛，推动设计工作的整体规模、效果、质量水平不断提升。

产品设计审核实施细则

第1章　总则

第1条　为了确保产品设计符合规范，具备相关的质量功能、安全性和可靠性，特制定本细则。

第2条　本细则适用于公司所有产品设计审核过程工作的管理，除另有规定外，均须参照本细则执行。

第2章 产品设计审核项目

第3条 产品应具备的质量功能和性能

1. 审核产品设计是否符合国家和行业标准,是否具备必要的功能和性能,是否与用户的需求相匹配。

2. 审核产品的基本性能参数和使用寿命等指标是否达到规定的标准,以及在使用中的功耗是否符合设计要求和环保要求。

3. 对以前采用相似设计或工艺的产品在工厂或市场上出现的问题是否已经采取了纠正措施。

第4条 对使用载荷的反应

1. 明确产品机械负荷的限额、使用电压的限额、使用温度的限额、使用压力的限额、使用水的限额,以及在限额状态下的载荷。

2. 审核产品的材料选择和结构设计是否能够承受常见的使用载荷,在使用中承受载荷时是否会产生过度的热量、振动或噪声等有害反应。

3. 审核产品是否考虑了特殊使用环境下的使用要求,如高温、低温、高海拔等。

第5条 对环境的反应

1. 审核产品在生产和使用过程中是否符合环保的法律法规和要求,是否会对环境造成污染或危害。

2. 审核产品是否考虑了回收、再利用和废弃处理等。

第6条 可靠性设计

1. 审核产品的设计是否考虑了过程控制和质量保证等可靠性问题,生产和使用是否符合质量管理体系和标准。

2. 审核产品在正常使用条件下的可靠性,包括寿命和故障率等指标,同时检查其在特殊环境下的可靠性,包括高温、低温、潮湿等。

第7条 安全性设计

1. 审核产品安全性能是否符合国家和行业标准。

2. 审核产品是否考虑了用户误操作和应急处置等安全问题,产品使用或维护时是否存在安全隐患。

第8条　产品使用简便程序审核

1.在产品设计中是否考虑了用户的使用习惯和操作频率，产品设计是否实现了高度的标准化，从而让用户无须经历多余步骤就可完成操作。

2.审核产品是否设计了自动诊断系统，可以准确诊断故障并迅速找到解决方案，方便用户使用。

3.审核产品使用的控制系统是否设计简单，让用户更容易上手，不用额外的培训。

4.审核产品操作界面是否设计友好、清晰明了，可以直观展示产品的使用功能，使用户易于理解。

第9条　产品使用人员因素审核

1.审核产品的设计是否考虑了目标用户的实际需求和使用场景，产品的使用目标是否明确，是否符合目标用户的需求。

2.审核产品是否充分考虑了用户犯错的情况，设计了误操作提示，并为用户提供充分的安全保护。

3.审核产品是否加强了用户的安全意识，通过操作提示和用户手册向用户传递安全保护的意识。

4.审核产品的操作步骤是否符合用户的使用习惯，让用户更加自然地使用产品。

第10条　产品外观审核

1.审核产品是否美观大方，符合用户审美需求和市场需求。

2.审核产品是否符合商品的定位、品牌形象等，形式统一、协调一致。

3.审核产品是否考虑了易于清洁和维护，让用户在日常使用中更加方便，降低维护难度。

4.审核产品的包装设计是否考虑了市场需求，是否方便用户购买、携带等。

第11条　保养检查审核

1.审核产品的保养周期是否合理，是否能够满足用户的实际需求，不会给用户带来额外的负担。

2.审核产品保养操作是否简单明了，使用户容易掌握。

3.审核产品保养是否不需要额外的工具和设备，使用户可以使用常用的保养设备。

4.审核产品保养所需的材料和费用是否合理，不会让用户有不必要的花费。

第12条　维护费用审核

1.审核产品的维护费用是否能够满足用户的实际需求，不会给用户带来太大的经济负担。

2.审核产品的维护成本是否合理，不会因为过高的成本导致市场难以接受。

3.审核产品维护所需的零部件是否容易获得，并确保用户可以在常规的渠道获得零部件。

4.审核产品的维修是否容易实现，用户可以通过常见的维修手段来进行维修操作。

第13条　制造成本审核

1.审核产品的制造成本是否符合市场的定位，不会因为成本过高导致产品价格过高。

2.审核产品的生产工艺是否可以实现高效生产，并能够避免过高的成本。

3.审核产品的材料选择是否合理，不会因为过高的成本导致制造成本上升。

4.审核产品的成本控制是否达到了预期目标，能够满足市场的价格需求。

第14条　产品包装、搬运、保管审核

1.审核产品包装是否符合运输需求，即审核产品包装是否能够承受在运输过程中所遭受到的各种条件和挑战。例如，产品包装应该具有足够的强度和稳定性，以承受道路震动、气候变化、运输过程中的摩擦等因素影响，从而保护产品不受到损失或破坏。

2.审核产品包装是否能够保护产品免受损失和污染，即审核产品包装是否能够防护产品免受外界环境污染和物理损害。例如，产品包装需要具备防水、防湿、防撞击、防尘等功能，以确保产品被安全地运输到目的地。

3.审核产品包装是否符合环保要求，即审核产品包装是否使用环保材料，能否被回收和重复利用，是否能够减少对环境的损害。

4.审核产品的搬运、保管操作是否合理，即审核产品在搬运和保管过程中是否存在风险隐患，是否符合安全操作规程，是否便于搬运和储存。

第15条　安装审核

1.审核产品安装步骤是否简单易懂，即审核产品安装的必要流程是否明确并且便于用户理解和操作。

2.审核产品安装时是否需要额外的工具和设备，即审核安装过程是否需要配合使用其他工具或设备来完成，是否方便用户获取和使用。

3.审核产品安装过程是否存在安全隐患，对于涉及高空作业或用电安装等危险操作，是否有明确有效的安全防护措施。

4.审核产品安装后是否稳定可靠，即审核产品是否能够稳定运行，并且达到预期的效果。

第16条　法规审核

1.审核产品是否符合相关法规标准，包括国家行业标准、相关产品质量标准等。必须保证产品符合相关标准，才能合法地进行生产和销售。

2.审核产品的生产和销售是否合法，是否符合相关的政府法规要求，例如，是否具有产品的进出口许可证、报关手续等。

3.审核产品是否符合环保、安全等方面的法律要求，例如，化学品、食品等须保证不对环境和人体健康造成危害。

4.对于涉及特殊行业的产品，审核其是否符合相关政策规定。例如，医疗器械类产品，须符合国家食品药品监管部门的要求，才能上市销售。

第17条　产品责任审核

1.审核产品的使用是否存在潜在危险，例如，电器产品、生活用品、化学制品等是否存在潜在的安全隐患。

2.审核产品是否充分考虑了用户的安全和权益，例如，产品功能是否满足用户需求、是否便于使用和维护、是否有明确的使用说明和品质保证等。

3.审核产品是否提供了充分的安全和使用说明，例如，产品标签、使用手册、警示标识等，是否清晰、易懂、实用。

4.审核产品是否有明确的售后服务和解决方案，例如，产品出现质量问题或使用不当时，是否有明确的售后服务渠道和解决方案。

第18条　专利审核

1.审核产品是否侵犯了他人的专利权，即审核产品设计是否采用了已经被他人申请或拥有的技术专利。

2.审核产品是否存在可申请专利的创新点，即审核产品是否有创新性，是否满足专利局或机构的申请条件。

3.审核产品是否充分利用了可用的专利技术，即审核产品是否在设计、研发过程中充分考虑了现有的专利技术，并进行了合理的应用。

4.审核产品是否符合相关专利法律法规，例如，国内外的专利要求、专利维护等方面的规定。

第3章　产品设计审核实施程序

第19条　在产品设计审核前，应收集必要的文件资料和信息，包括产品设计原则、设计方案、技术文件和用户需求等，并安排审核时间、地点和审核人员。

第20条　产品设计审核应按照前期制订的计划进行，审核人员按照审核程序逐步进行设计审核。

第21条　审核人员在审核过程中，应及时记录设计审核情况和发现的问题，并对问题进行分类和统计。

第22条　审核结束后，审核人员应当根据审核结果，确定结论，即审核结论，以判定审核是否通过。

第23条　审核结束后，审核人员应当编写审核报告，报告应该包括被审核的产品设计信息、审核过程中的发现和结论，以及如何实施改进措施和跟踪改进结果等信息。

第24条　审核报告应该得到审核领导和有关责任人的认可，以确保审核的透明度和公正性。

第25条　在产品设计审核后，应当尽快跟踪审核建议的实施情况，以确定设计是否改进和问题是否解决。如果还存在审核中发现的问题，应当采取纠正措施，以保证设计质量和产品性能。

第26条　产品设计审核记录应当进行完整保存，以备后续需要。审核记录包括审核报告、审核结论和相关数据，并应当按照文件管理程序采取措施，保证记录的机密性和安全性。

第4章　附则

第27条　本细则由产品部负责编制、解释与修订。

第28条　本细则自颁布之日起生效。

2.1.4　产品设计开发过程质量控制流程

产品设计开发过程质量控制流程是在产品设计开发过程中，保证产品质量、设计开发进度、成本等方面符合要求的重要措施，具体流程如图2-1所示。

(1) 产品设计开发过程质量控制流程

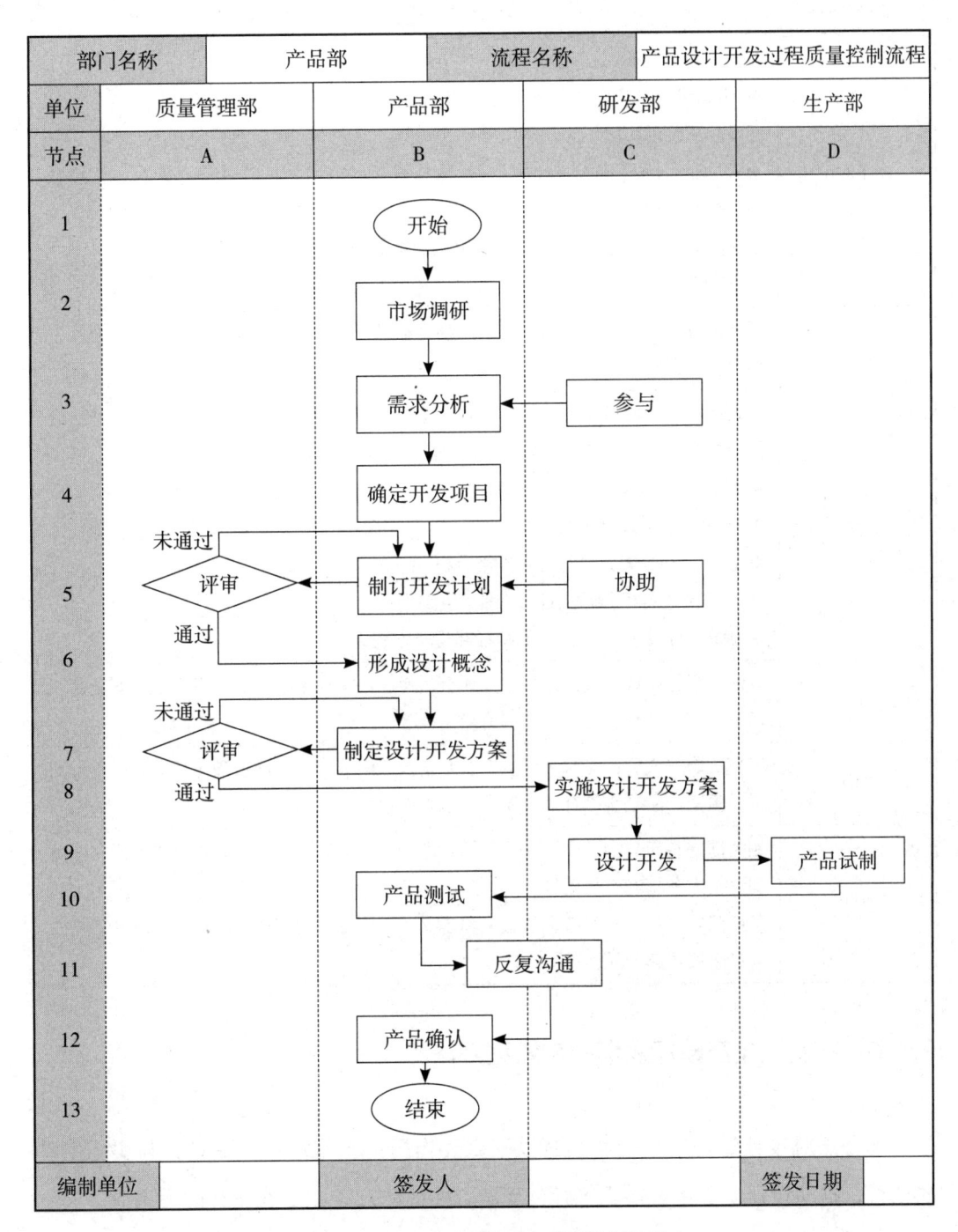

部门名称	产品部		流程名称	产品设计开发过程质量控制流程
单位	质量管理部	产品部	研发部	生产部
节点	A	B	C	D
1		开始		
2		市场调研		
3		需求分析	参与	
4		确定开发项目		
5	评审（未通过/通过）	制订开发计划	协助	
6		形成设计概念		
7	评审（未通过/通过）	制定设计开发方案		
8			实施设计开发方案	
9			设计开发	产品试制
10		产品测试		
11		反复沟通		
12		产品确认		
13		结束		
编制单位		签发人		签发日期

图2-1 产品设计开发过程质量控制流程

(2) 执行关键节点

产品设计开发过程质量控制流程执行关键节点如表2-1所示。

表2-1 产品设计开发过程质量控制流程执行关键节点

关键节点	细化执行
B2	在开展市场调研时，需要做好下列工作： ◆ 明确设计开发的主题和目标，包括所要探讨的问题、设计开发的目的、设计开发结果的应用等 ◆ 根据设计开发的主题和目标，选择合适的调研方法，如问卷调查、深度访谈、焦点小组讨论等 ◆ 确定需要调研的受众群体，了解用户的需求、期望和购买习惯等 ◆ 根据调研方法和受众群体，设计合适的调研工具，如问卷、访谈大纲等
B3	根据市场调研所获取的用户需求信息，确定产品应达到的功能、性能、安全性、易用性等方面的要求
B7	在设计阶段，质量控制的重点是确保设计的合理性、完整性、可行性，并且达到要求的质量水平。具体的质量控制措施包括以下方面： ◆ 研究和确定设计标准和规范 ◆ 应用现代化设计手段与技术 ◆ 设计多种方案并进行技术经济分析 ◆ 对方案进行可行性论证和专业质量评估 ◆ 确定产品设计要素、性能指标和检验方法
A7	设计方案完成后，应该进行方案评审，通过评审来审查方案的可行性、安全性、经济性、可靠性、可维修性和可操作性等，及时发现问题并加以解决
B10	产品试制完成后，应对其环境性、安全性、耐久性、性能、破坏性等方面进行测试，验证产品是否符合设计要求，是否稳定可靠
B11	相关部门对产品测试中发现的问题要进行反复沟通，并共同商讨解决方案，避免问题扩大和影响产品质量 各部门要客观、真实地表达意见和建议，不要主观猜测或隐瞒信息，以利于相关人员全面了解产品情况

2.1.5 产品试生产阶段质量控制管理办法

本办法对设计过程质量控制具有以下重要作用：一是注重产品设计与实际生产的结合，推动设计方案更加切实可行，更适合实际生产；二是在设计时考虑更多的生产细节，避免设计上的漏洞造成生产过程中的问题，提高产品质量的可控性；三是清楚设计方案和哪些环节需要优化和改进，以利于设计方案的完善，不断提高产品品质。

产品试生产阶段质量控制管理办法

第1章 总则

第1条 本办法旨在保证产品试生产阶段质量，规范产品试生产过程，预防质量问题，保障试生产的顺利进行。

第2条 本办法适用于工厂产品试生产阶段的质量控制管理。

第3条 本办法所涉及的产品试生产，是指在产品设计及制造工艺设计已完成的情况下，为确保量产前产品性能和工艺稳定性，进行的小批次试制生产。

第4条 本办法的原则是"预防为主、全员参与、过程管控、不断改进"。

第5条 产品试生产阶段必须严格按照ISO9001和工厂的质量管理体系规定进行操作。

第2章 试生产前准备

第6条 根据产品的设计要求和生产条件，制订试生产计划，具体要求如下。

1.在制订试生产计划前，应收集和准备充足的资料和参考文件，以便全面掌握产品的特点和生产要求。

2.试生产计划应包括生产工艺流程、设备选型和配置、员工配备和培训等，以确保试生产的效果和目标。

第7条 确认试生产所需的生产工艺流程和控制点，并与相关部门和人员协调配合，确保生产能够按照计划和要求进行。

第8条 根据试生产计划的要求和生产工艺流程，统筹采购原材料和设备，并定期检查和测试原材料和设备的质量和性能，确保它们能够符合试生产的要求和标准。

第9条 成立质量控制小组，对试生产过程进行质量监督与控制。小组成员及小组职责如下。

1.产品部负责试生产项目的整体管理和协调，确保试生产按照计划进行，并在试生产期间协调并解决问题。

2.质量管理部负责定期进行现场质量检查和审核，有效地跟踪和纠正质量问题。

3.研发部负责对试生产过程中出现的问题进行总结并提供解决方案，以确保正式生产的效率和质量。

4.生产部负责组织和管理生产人员，解决生产中可能出现的问题，确保产品质量符合标准并保证在规定的时间内完成试生产任务。

第3章　试生产实施过程质量控制

第10条　样品试制人员根据技术方案及试制要求进行样品试制，具体要求如下。

1.整个试生产过程必须严格按照产品技术要求、操作规程和标准化操作程序进行，并加强质量管理的监督和检查，确保产品质量符合国家和行业的技术规范和标准。

2.产品试生产过程中，若遇技术问题，应及时向公司的技术支持人员汇报，及时解决问题。

3.在样品试制过程中，试制人员应当按照质量保证计划加强质量管理和信息反馈，并做好试制记录，编制新产品质量保证要求和文件。

第11条　试生产出样品后，有关人员应将样品投入内部测试，对样品做出技术上、性能上的全面评价，以确定是否可进入下阶段试制或正式投产。测试主要有以下方面。

1.环境性测试：定义产品使用环境，如温度、湿度、气压、阳光暴晒等；对产品进行耐高温、耐低温、耐湿度、耐气候变化等测试；检测产品的防水、防尘、防震等性能。

2.安全性测试：进行电器安全测试，包括绝缘电阻测试、接地电阻测试、漏电电流测试等；进行机械安全测试，包括夹紧力测试、切割力测试、振动测试等；进行化学安全测试，检测是否存在有害物质和成分。

3.性能测试：测量产品的尺寸和重量，确保其符合设计要求；检测产品的功能是否正常，如操作方式、信号传输、读取准确度等；测试产品的功率、效率、灵敏度、分辨率等性能指标。

4.耐久性测试：对产品进行长时间使用测试，观察产品在极端条件下的使用情况；对产品进行多次重复使用测试，确保产品的可靠性和稳定性。

5.破坏性测试：对产品进行极限载荷测试，观察产品在承受极限载荷时的表现；对产品进行冲击测试，模拟产品在运输和使用过程中遭受碰撞后的变化情况；对产品进行疲劳测试，检测产品在长时间使用后的性能和可靠性。

第12条　样品的试制、检测及验证工作完成后，试制人员整理出样品试制过程中的所有资料及2~3个样品，移交至产品部进行评审。

第13条　产品部应当根据评审结果及市场需求，及时对测试样品进行微小调整和改进修正，并形成改进方案。

第14条　样品确认。样品评审、验证合格后，方可把样品送交客户或设计提出人进行确认，如果客户对样品不满意，产品部需要根据客户提出的意见或建议进行调整，直到客户满意为止。

第15条　在样品试制结束后，样品试制人员应编写试制总结。试制总结应包括以下几方面。

1.总结图样和设计文件的验证情况。

2.在装配和调试过程中反映出来的产品结构、工艺和产品性能方面的问题及其解决过程。

3.各种反映技术内容的原始记录。

第4章　附则

第16条　本办法由产品部负责编制、解释与修订。

第17条　本办法自××××年××月××日起生效。

2.2　工艺设计过程质量控制

2.2.1　工艺设计过程质量控制要点

工艺设计过程质量控制的关键在于全面的工艺过程控制，对每个关键的工艺参数进行控制，使用符合国家标准的设备和工具，并建立完善的工艺标准体系和数据采集分析系统。

1.工艺设计目标和要求的控制

在工艺设计过程中要充分考虑产品的使用环境、材料、加工工艺等因素，并根据产品特点和需求确定相应的技术指标和检测标准。

2.工艺设计审查的控制

（1）完整性检查。审查工艺流程是否涵盖了所有必要的步骤，并确保每个步骤都与其他步骤协调一致。

（2）适用性检查。审查工艺流程是否适用于特定类型的产品。例如，某些工艺流程可能仅适用于生产小批量产品而不适用于大批量生产。

（3）合理性检查。审查工艺流程中所选材料、设备和方法是否合理。评估各种方案的优缺点，确定最佳方案。

（4）环境因素检查。审查工艺流程对环境的影响，包括能源使用、废弃物处理和污染控制等，确保工艺流程符合相关法规和环保标准。

（5）安全检查。审查工艺流程是否符合安全要求。评估可能的操作风险并提供措施来保护工人和设备的安全。

（6）成本效益检查。审查工艺流程的成本效益，包括生产成本、运营成本和维护成本等，确定最佳的生产方案，以确保能够达到质量要求且具有成本效益。

3.关键生产环节工艺的控制

对关键生产环节工艺进行筛选和评估，确保工艺流程的可行性和有效性，并在设计过程中充分考虑生产设备、人员技能和环境等方面的条件限制。

4.工艺参数的控制

（1）确定关键工艺参数。确定生产过程中的关键工艺参数，包括温度、压力、时间、速度、流量等。

（2）设定合理的控制范围。针对每个关键工艺参数，根据产品标准和实际生产情况，设定合适的控制范围，即上限值和下限值。

（3）实时调整和纠正。一旦关键工艺参数超出了控制范围，需要立即通过自动化控制系统或人工操作进行调整和纠正，确保生产过程的稳定性和质量的一致性。

5.工艺标准的控制

建立质量管理体系，通过制定相应的标准和规范，建立数据分析和异常报警机制等方式，确保质量管理的全过程可控和可追溯。

2.2.2 工艺设计过程质量控制流程

通过实施工艺设计过程质量控制流程，可以实现对工艺设计过程全方位的质量控制和管理，确保产品质量符合要求，并不断提高生产效率和质量。

（1）工艺设计过程质量控制流程

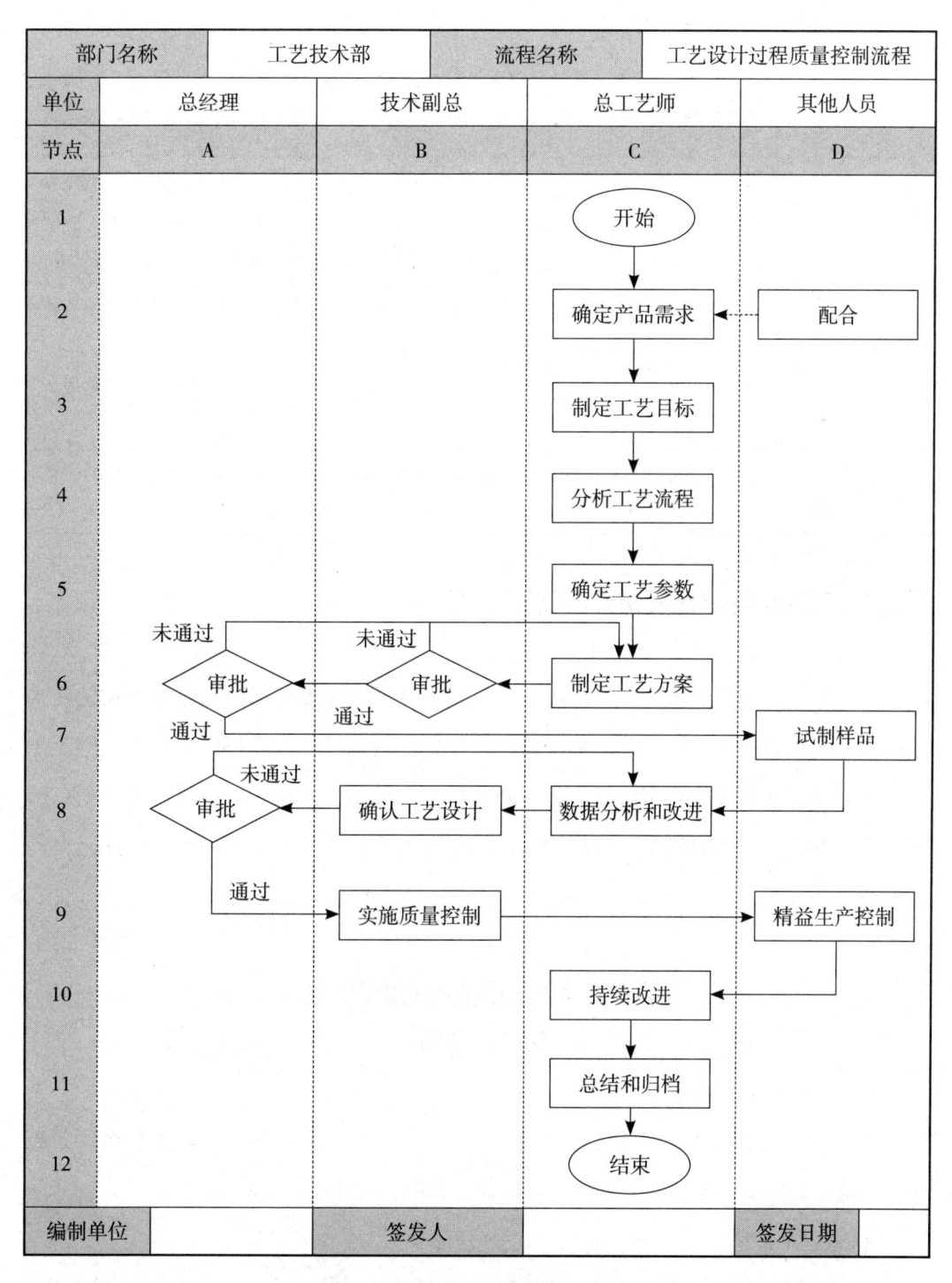

部门名称	工艺技术部		流程名称	工艺设计过程质量控制流程
单位	总经理	技术副总	总工艺师	其他人员
节点	A	B	C	D
1			开始	
2			确定产品需求	配合
3			制定工艺目标	
4			分析工艺流程	
5			确定工艺参数	
6	未通过 审批	未通过 审批	制定工艺方案	
7	通过	通过		试制样品
8		未通过 审批 / 确认工艺设计	数据分析和改进	
9		通过 / 实施质量控制		精益生产控制
10			持续改进	
11			总结和归档	
12			结束	
编制单位		签发人		签发日期

图2-2　工艺设计过程质量控制流程

（2）工艺设计过程质量控制流程执行关键节点

工艺设计过程质量控制流程执行关键节点如表2-2所示。

表2-2 工艺设计过程质量控制流程执行关键节点

关键节点	细化执行
C3	明确工艺设计的目标和要求，包括产品质量、工艺流程、参数调整和相关指标等
C6	根据产品需求和技术要求，制定符合实际生产条件和资源的工艺方案。工艺方案需要经过技术评审和优化审查，确保方案的可行性和优越性
D7	试制样品通常是根据工艺方案中定义的最小可制造单元来制作的。通过制作和检验样品，确认工艺方案可以满足产品需求和达到技术要求
C8	对生产过程中的数据进行分析，及时发现问题，并通过改进工艺流程和调整工艺参数等方式进行优化
B9	建立质量管理体系，通过制定标准、规范和检测方法等对工艺设计过程进行全程控制和管理，包括对原材料、半成品和成品的检查和抽样等操作

2.2.3 工艺设计过程质量控制管理办法

本管理办法有以下作用：一是能够在工艺设计过程中发现和处理可能存在的质量问题，确保产品在生产制造和使用过程中达到高品质标准；二是在较大程度上避免工艺设计中出现浪费或重复的情况，提高制造效率，减少生产成本；三是通过不断总结工艺设计中可能出现的问题和反馈意见，确保工艺设计流程的连续性和稳定性，提高工艺设计的质量。

工艺设计过程质量控制管理办法

第1章 总则

第1条 目的

为确保工厂产品质量符合客户要求，达到相应的标准，并满足质量管理体系要求，规范工厂工艺设计过程，提高产品质量，特制定本办法。

第2条 制定依据

本办法的制定依据为GB/T 19001-2016《质量管理体系要求》、GB/T 16675.1-2012《技术制图简化表示法 第一部分：图样画法》、GB/T 2828.1-2012《计数抽样

检验程序 第1部分：按接收质量限（AQL）检索的逐批检验抽样计划》、GB/T 2829-2002《周期检验计数抽样程序及表（适用于对过程稳定性的检验）》。

第3条 适用范围

本办法适用于本工厂所有产品的工艺设计过程。

第4条 术语和定义

1.工艺设计：指在符合产品设计要求和工艺工程原理的基础上，制定出能够保证产品质量和满足生产要求的制造工艺方案，并形成可操作的制造工艺文件。

2.质量控制：指在产品生产、加工、装配、测试等各生产制造环节，对产品的主要工艺参数进行严密监控，并在产生异常时进行及时有效的控制。

3.工艺标准：指确定某项工艺的标准操作流程、工艺参数及产品质量指标等方面的要求文件。

第2章 工艺设计质量控制

第5条 工艺设计工作程序

工艺设计工作应按照客户要求、设计任务书和设计计划书的规定，按照先总体后分步、先理论后实践的工作原则进行，可使用计算机辅助设计（CAD）及综合自动化设计系统等现代化工具进行。

第6条 工艺设计控制要点

应从技术、进度、质量、成本等方面进行控制。需要重点控制材料的规格、工艺流程的制定、装备的配置及管理、能源的使用等方面。

第7条 工艺设计变更控制

当设计变更时，应先进行设计变更前后的技术、进度、质量、成本等方面的影响评估，再按照设计变更程序进行审核、审批、实施及追踪。

第8条 工艺设计文件管理

建立完整、准确、可靠的工艺设计文件管理系统，对工艺设计文件及时、科学、规范地归档、检索、定期审查，实行文件的版本管理和修订控制等措施。

第3章 工艺方案评审

第9条 工艺方案编制

编制工艺方案时，应遵照设计任务书和设计计划书的要求，挑选合理、可靠、先进、经济、实用的工艺流程和设备，准确计算各项工艺指标，为技术审查和工程设计提供可靠基础。

第10条 工艺方案评审

工艺方案评审应由技术人员组成的专家委员会进行,应充分评估此方案的经济性、可行性和安全性等方面的因素,及时发现问题并提出改进意见。

第11条 工艺方案批准

工艺方案在得到专家委员会的正式批准后,成为正式实施工艺设计程序的依据。实施结果应与批准方案高度一致。

第12条 工艺方案变更管理

设立工艺方案变更管理制度,应按照工艺流程、成本、时间等方面进行影响评估,再进行审核、审批、实施及追踪等。

第4章 工程设计与校核

第13条 工程设计和校核的工作程序

应严格执行工程设计和校核的工作程序,其中应包括对工程设计纪要、工程设计和校核评审会及技术文件评审等程序的控制。

第14条 工程设计和校核的控制要点

应从技术、进度、质量、成本等方面进行控制,特别是应针对设计变更情况,及时追加校核和验算的工作量,以确保工程质量。

第15条 工程设计和校核文件管理

应建立科学的技术文件管理制度,按照文件的真实性、准确性和及时性进行管理,并实行归档、检索和修订控制等措施。

第5章 工艺过程控制

第16条 工艺过程控制的要求

应采用先进的生产管理技术,确保全面的工艺过程控制。在生产全过程中,应对生产质量、能源的消耗、装备的维护进行监控与分析,及时发现和纠正问题。

第17条 工艺参数的控制

1.应对生产过程中每个关键节点的工艺参数进行控制,采用计算机集成控制或自动化控制技术,确保生产过程的稳定性和质量的一致性。

2.应对工艺参数进行监测和分析,并制定相应的纠正措施,提高生产效率和产品质量。对于关键的工艺参数,应定期进行校准和验证,确保其准确、可靠。

3.在生产过程中建立完善的数据采集和分析系统，为改进工艺流程和提高工艺效益提供支持。同时，应加强对操作人员的培训和管理，提高其技能水平和责任意识，确保生产过程符合相关法律法规和标准要求。

第18条　工艺设备和工具的控制

应采用符合国家标准的设备和工具，并对其进行维护保养和定期检查。设备和工具应符合生产需求，并且在使用前应通过正规的检验、验证程序。应对关键设备和工具进行定期校准和验证，并建立相应的记录。

第19条　工艺标准的保持

1.建立完善的工艺标准体系，并对其进行规范化管理。

2.制定适当的标准化程序和标准操作规程(SOP)，确保关键流程的一致性和符合要求。

3.在生产过程中，应根据实际情况对工艺标准进行动态调整和完善，确保工艺流程的优化和提高生产效益。

第20条　工艺数据的收集和分析

1.建立工艺数据采集和分析系统，对生产过程中的数据进行实时监测和记录。

2.采用先进的计算机信息技术，实现数据的自动采集和处理，对关键的工艺参数进行分析和评估。通过分析工艺数据，及时发现并纠正生产过程中的问题，提高生产效率和产品质量。

第21条　工艺问题的处理

应建立问题反馈和处理机制，对生产过程中的问题进行及时响应和处理。应制定问题处理的标准化程序和流程，对问题进行分类、整理和排查。通过问题处理流程，发现工艺过程中存在的问题和不足并及时制定纠正措施，确保工艺过程符合产品质量要求。

第6章　附则

第22条　本办法自颁布之日起开始执行。

第23条　本办法的解释权归××工厂所有。

第24条　本办法未涉及的事项应按照相关法律法规和标准要求处理。

2.3 设计过程质量控制精细化实施指南

2.3.1 产品设计质量评估管理办法

本办法主要有以下作用：一是提高产品设计质量，识别和纠正设计中的问题和不足，提高产品的质量水平；二是降低风险和成本，减少产品开发和生产过程中的错误和故障，降低生产和运营中的风险和成本；三是提升用户满意度和体验感，增强用户对产品的认可度和忠诚度。

产品设计质量评估管理办法

第1章　总则

第1条　目的

为识别和纠正产品设计过程中的问题和缺陷，确保产品符合质量标准和用户需求，降低质量风险，提高产品的可靠性、稳定性和其他性能，特制定本办法。

第2条　适用范围

本办法适用于产品设计质量评估工作的管理。

第2章　评估准备工作管理

第3条　确定评估目的

1.评估的目的包括确认产品设计是否满足用户需求、发现设计缺陷或改进机会等。目标的设定应该是具体的、可衡量的和可达成的。

2.为了确保评估的目标和目的能够达到，评估团队应该与相关方进行充分的沟通和讨论，理解他们的期望和关注点。

第4条　确定评估范围

评估的范围包括明确评估的设计阶段、设计文档和设计输出物。例如，评估可以涵盖初步概念阶段、详细设计阶段或者产品的特定功能模块。

第5条　确定评估标准

评估标准应该具备可衡量性和可操作性，以确保评估结果的客观性和可比性。例如，可以是功能性测试中的通过率或性能测试中的响应时间，还可以是用户体验测试中的满意度调查结果。

第6条　确定评估方法

1. 评估方法包括用户调研、专家评审、原型测试、功能和性能测试、用户界面评估等。评估团队应该根据评估的需求和可用资源，选择合适的方法进行评估。

2. 评估工具的选择也需要考虑评估的特点和要求。例如，可以使用问卷调查工具、用户测试工具、可视化工具等，来支持数据收集、分析和结果呈现。

第7条　制订评估计划

1. 评估计划应该明确规划评估的时间安排、资源分配和人员责任，以确保评估能够按时和高质量地完成。

2. 评估计划应该包括评估的阶段、活动和里程碑。评估团队应该根据评估的复杂性和规模，合理安排时间和资源，并制定风险管理策略，以应对可能的挑战。

第3章　执行产品设计质量评估

第8条　收集产品设计数据

1. 根据评估准备阶段的评估方法和工具选择，制订详细的产品设计数据收集计划。选择适当的产品设计数据收集工具，如问卷调查、用户测试工具、记录仪等。

2. 根据产品设计数据收集计划，执行产品设计数据收集活动，确保收集到准确、完整和可靠的数据。

第9条　分析产品设计数据

1. 对收集到的产品设计数据进行整理和清洗，排除异常值和错误数据。对产品设计数据进行统计分析和计算，以获取有关产品设计质量的指标和数据。

2. 对统计结果进行解释和分析，揭示产品设计的优势、不足和改进机会。

第10条　反馈质量评估结果

1. 根据产品设计质量评估目的和目标，编写评估报告，包括评估背景、方法、数据分析结果和结论等。可使用图表、图形、示意图等将评估结果可视化展示，以便理解和沟通。

2. 根据产品设计质量评估结果，进行演示和展示，向相关方呈现评估的主要发现和建议。

第11条　应用质量评估结果

1. 将评估报告的结果呈现给利益相关者和决策者，与其进行沟通和讨论，以帮助他们理解和接受评估的结果。

2.根据产品设计质量评估结果，制订改进计划和行动措施，以提高产品设计的质量。

第4章　跟进产品设计改进

第12条　制订改进计划

1.在评估结果分析和报告的基础上，制订具体的改进计划。改进计划应明确改进的目标、步骤和时间表，以确保改进的有序进行。

2.根据评估结果和发现的问题，确定改进的重点领域，优先处理关键问题。针对每个改进目标，制订具体的改进措施和行动计划，包括资源分配和责任分工。

第13条　分配资源

1.执行改进计划需要适当的资源支持，包括人员、资金和设备。在执行过程中，需要确保所需的资源得到充分分配和支持，以支持改进计划的实施。

2.明确改进计划的责任人和相关团队成员，确保每个人都清楚自己的角色和责任。

第14条　实施改进措施

1.提供必要的培训和教育，提升团队成员的能力和技能，以支持改进措施的实施。

2.识别和管理可能出现的风险和障碍，及时采取措施应对，确保改进计划的顺利进行。

3.建立改进的跟踪机制，监测改进措施的执行效果，并根据反馈结果进行调整和优化。

第15条　评估改进效果

1.收集与改进目标相关的数据，并进行统计分析，比较改进前后的差异和变化。

2.收集用户的反馈和意见，了解他们对产品设计质量的改进效果是否满意。

第16条　持续改进质量

1.建立与改进成果相关的绩效评估和奖励机制，鼓励团队成员的积极参与和贡献。

2.提供持续培训和发展机会，不断提升团队成员的能力和专业水平，以支持持续改进的需求。

第5章　附则

第17条　编制部门

本办法由×××部负责编制、解释与修订。

第18条　生效日期

本办法自××××年××月××日起生效。

2.3.2　工艺改进与质量提升方案

本方案主要解决以下问题：一是生产效率低下。通过优化生产流程，简化操作流程，去除不必要的环节和冗余操作，以提高生产效率。二是质量不稳定。通过加强质量监控和管理，降低不良品率和退货率，提升产品质量的稳定性。三是工艺流程复杂。通过改进工艺流程，提高其高效性和稳定性，减少生产过程中的错误和故障。

工艺改进与质量提升方案

一、问题分析

1.生产效率低下。生产过程中存在生产环节繁多、操作复杂、工时浪费等问题，导致生产效率低下、交货周期延长。

2.质量不稳定。产品质量存在一定的波动性，无法满足客户对产品质量的稳定性要求，存在一定的不良品率和退货率。

3.工艺流程复杂。现有的工艺流程中存在着不必要的环节和冗余操作，增加了生产成本和生产周期，影响了工艺的高效性和稳定性。

二、方案设计

1.优化生产流程。通过对现有生产流程进行分析，识别和排除烦琐和冗余的环节，简化操作流程，提高生产效率。

2.强化质量控制。建立严格的质量控制体系，要对从原材料采购到生产过程的每个环节都进行严格的检查和测试，以确保产品质量的稳定性和一致性。

3.进行技术改进和自动化。引进先进的生产技术和设备，提高生产自动化水平，降低人为因素的影响，提高生产效率和产品质量。

4.加强培训与人员发展。加强员工的培训和技能提升，使其具备执行新工艺和操作设备的能力，提高生产操作的标准化和规范化水平。

5.提供数据分析与决策支持。建立数据收集和分析体系，收集生产过程中的关键数据，并通过数据分析提供决策支持，及时发现问题并采取相应的措施。

三、方案执行

1. 项目规划。制订详细的项目计划,包括任务分配、时间安排和资源调配,确保方案的顺利执行。

2. 测试与验证。在实施工艺改进方案之前,进行小规模试验和验证,评估改进方案的可行性和效果。

3. 逐步推进。将工艺改进方案分阶段实施,逐步推进,以减少对生产的干扰,并及时调整方案,根据实际情况进行优化和改进。

4. 监控与反馈。建立监控机制,对工艺改进方案的执行情况进行跟踪和监控,并及时收集员工的反馈和意见,以便及时调整和改进方案。

四、预期效果

1. 生产效率提升。通过优化生产流程和引入先进技术,提高生产效率,减少工时浪费,缩短交货周期。

2. 质量稳定提升。通过强化质量控制,减少产品的不良品率和退货率,提高产品质量的稳定性和一致性。

3. 成本降低。通过优化生产流程和减少不必要的环节和冗余操作,降低生产成本,提高企业的竞争力。

4. 员工技能提升。通过培训,提高员工的专业水平和操作能力,推动企业的持续发展和成长。

五、保障措施

1. 领导支持。确保工艺改进与质量提升方案得到高层领导的支持和重视,提供必要的资源和支持。

2. 沟通与协作。加强内部各部门的沟通和协作,形成合力,推动工艺改进与质量提升方案的顺利执行。

3. 监督与考核。建立监督和考核机制,对方案的执行情况进行监督和考核,确保方案的有效实施和预期效果的实现。

4. 持续改进。定期进行评估和检查,根据评估结果进行改进和调整,不断优化工艺改进与质量提升方案,实现持续改进和提升。

第 3 章

供应链与采购质量控制精细化

3.1 供应链质量控制

3.1.1 供应链全链条质量控制制度

本制度一能够通过严格的质量控制措施，提高产品的可靠性和性能；二能够管理供应链中的风险，及早发现和纠正潜在的质量问题；三能够促进各个环节的紧密合作和信息共享，提高供应链的协同效应和运作效率。

供应链全链条质量控制制度

第1章 总则

第1条 为确保供应链各环节的质量控制，提供高质量的产品和服务，特制定本制度。

第2条 本制度适用于所有涉及供应链的相关方。

第2章 供应商质量控制

第3条 建立供应商评估制度，评估供应商的质量管理体系、产品质量认证、交货准时率等关键指标，包括内容如下。

1.供应商质量管理体系的有效性和符合性。

2.产品质量认证情况，如ISO9001质量管理体系认证。

3.供应商交货准时率、售后服务质量等。

第4条 签订明确的供应商合同，明确产品质量要求、交货时间、责任等条款，涉及内容如下。

1.产品规格、技术要求和性能指标。

2.来料检验标准和方法。

3.不合格品处理措施。

4.违约责任和索赔条款。

第5条 对每批进货进行来料检验，采用合理的抽样方案和检验方法，确保产品质量符合要求，包括内容如下。

1.外观检查,包括尺寸、表面质量、颜色等。

2.功能性测试,验证产品的性能和功能。

3.化学分析,检测有害物质和成分是否符合限制要求。

第3章 制造商质量控制

第6条 建立和实施质量管理体系,符合ISO9001标准或其他适用的质量管理体系要求。管理体系包括但不限于以下方面。

1.质量政策和目标的设定。

2.流程控制和程序规范,确保产品质量稳定。

3.内部审核和管理评审,确保质量体系的有效性和持续改进。

第7条 建立标准化的生产过程,包括物料采购、生产计划、生产作业等环节。生产过程控制包括但不限于以下内容。

1.物料质量控制,确保采购的原材料质量符合要求。

2.工艺参数控制,确保生产过程中关键参数的稳定性和符合要求。

3.设备校准和维护,确保生产设备的可靠性和精度。

第8条 制订检验与测试计划,对生产过程中的关键节点进行检验与测试,包括原材料检验、中间产品检验和成品检验等,具体有以下内容。

1.尺寸测量,验证产品的尺寸是否符合要求。

2.功能性测试,验证产品的性能和功能是否符合要求。

3.化学分析,检测产品的成分和有害物质是否符合要求。

4.可靠性测试,验证产品的可靠性和耐久性。

第9条 建立不良品管理制度,包括不良品的分类、处理和追溯。不良品管理包括但不限于以下内容。

1.不良品的分类和定义。

2.不良品处理流程,如报废、返工、退货等。

3.不良品的追溯和原因分析,以防止类似问题再次发生。

第4章 仓库质量控制

第10条 对所收物料进行入库检验,采用合理的抽样方案和检验方法,确保物料质量符合要求。

1.外观检查,确保包装完好、标识清晰等。

2.数量核对，确保收货数量与订单一致。

3.来料检验，对来料进行必要的检验和验证。

第11条　制定合理的仓库管理细则，确保物料和产品的存储、保管和防护符合要求。

1.对质量进行分类和标识，区分不同质量等级的物料和产品。

2.遵守FIFO（先进先出）原则，确保物料和产品的及时出库和使用。

3.控制储存环境，包括对温度、湿度、光照等参数的监控和调节。

4.定期的库存盘点和记录，确保库存数据的准确性和完整性。

第12条　在出库前对产品进行检验，确保产品质量符合要求。

1.检查产品外观，确保产品完整、无损伤。

2.验证产品规格和性能，确保产品与客户需求相符。

3.执行出库检验记录和检验结果的归档，以便追溯和进行质量分析。

第5章　配送中心质量控制

第13条　建立标准化的配送流程，确保产品在配送过程中的质量和完整性。

1.确认订单和制订装载计划，确保产品装载和配送无误。

2.控制运输条件，包括对温度、湿度、震动等因素的监控和记录。

3.强化配送人员的质量意识和操作规范，确保产品不受损坏或污染。

第14条　建立投诉处理机制，及时响应客户的投诉，并进行调查和处理。

1.对产品质量问题进行记录和分析。

2.针对客户反馈实行改进措施和效果评估。

3.建立客户投诉的追溯和解决机制，确保问题得到闭环处理。

第6章　分销商质量控制

第15条　建立分销商评估制度，评估分销商的质量管理能力、销售网络和服务能力等，涉及内容如下。

1.分销商的质量管理体系认证情况，如ISO9001认证。

2.分销商的销售网络和市场份额。

3.分销商的售后服务能力和用户满意度调查。

第16条　签订明确的合作合同，明确分销商的责任和义务，包括质量控制方面的要求和培训支持，包括但不限于以下内容。

1.确定产品质量要求和标准。

2.分销商的培训计划和培训材料,确保其了解产品的质量和操作规范。

3.监督和评估渠道商的质量控制能力和执行情况。

第17条　定期评估和监控分销商的绩效,包括销售数据分析、用户反馈和质量指标的监测等,包括但不限于以下内容。

1.销售数据和市场份额的监测与分析。

2.定期的分销商质量评估和审核。

3.定期的绩效反馈和改进计划的制订。

第7章　附则

第18条　本制度由质量管理部负责编制、解释与修订。

第19条　本制度自××××年××月××日起生效。

3.1.2　供应链全流程质量控制办法

本办法一能够通过制定严格的质量控制标准和流程,确保产品的质量和安全;二能够实现产品全流程的可视化管理,提升供应链效能和透明度;三能够了解市场需求和竞争对手的动态,及时调整产品定位和销售策略。

供应链全流程质量控制办法

第1章　总则

第1条　为建立规范的管理流程和控制措施,最大限度减少质量风险、提高供应链效率,特制定本办法。

第2条　本办法适用于所有涉及产品制造、转运、分销和销售的相关部门和工作。

第2章　产品制造控制

第3条　制定质量管理手册,在质量管理手册中详细规定产品制造过程中的质量要求、流程和标准。手册还应包括质量管理体系的结构、职责分工、质量控制流程、质量记录管理、不合格品管理等内容。

第4条　通过研发和工程团队的合作,制定详细的标准化工艺流程,确保产品制造过程的一致性和可控性。工艺流程应包括原材料准备、加工工序、装配流程、测试和检验环节等，每个步骤都应有明确的操作指导和要求。

第5条　管理关键控制点

1.通过风险评估和工艺分析，确定产品制造过程中的关键控制点。

2.为每个关键控制点设定严格监测和控制要求，包括工艺参数、操作规程、设备校准和检验方法等。

3.建立监控机制，及时检测和纠正关键控制点的偏差，确保产品质量稳定在可接受范围内。

第6条　引入在线质量控制

1.引入自动化检测设备和在线监测系统，实现对关键工序的实时监测和控制。

2.设置合适的监测指标和阈值，及时发现工艺偏差和质量异常，并采取纠正措施，确保产品符合质量要求。

3.建立异常报警机制和纠正措施执行机制，迅速响应和处理质量异常情况，防止不合格品进入市场。

第3章　运输控制

第7条　在产品出库前进行严格的质量检查，包括外观检查、数量核对、规格确认和功能测试等。

记录检查结果和不合格品的处理措施，确保只有符合质量要求的产品出库。

第8条　物流合作管理

1.建立物流合作伙伴评估和选择标准，考查物流合作伙伴的能力、资质、服务水平等方面的指标。

2.实施物流合作伙伴绩效考核和管理，定期评估其在运输过程中的质量控制和服务表现。

3.确保物流合作伙伴配备合适的设备和技术，提供可靠的运输和仓储服务，以保障产品不受损和交货准时。

第9条　运输安全管理

1.建立运输安全管理制度，以确保产品在运输过程中得到充分的安全保障和有效保护。

2.确定运输安全要求和规范，包括货物包装、固定、防护等方面的要求。

3.进行合规性检查和安全培训,确保物流人员具备安全意识和操作技能。

第10条 信息追溯和跟踪

1.建立信息追溯系统,确保能够追踪产品的来源、生产过程和流向。

2.使用技术手段,如条码、RFID等,标识和跟踪产品信息,实现全程可视化管理。

3.建立信息共享机制,与供应商和物流合作伙伴共享相关信息,实现供应链的透明性和协同作业。

第4章 分销控制

第11条 分销合作伙伴管理

1.建立分销合作伙伴评估和选择标准,考查其市场影响力、销售能力、服务水平等方面的指标。

2.进行合作伙伴绩效考核和管理,定期评估其在产品分销过程中的质量控制和市场拓展表现。

3.确保分销合作伙伴遵守合同约定,并提供及时、准确的市场反馈和销售数据。

第12条 销售合同管理

1.建立销售合同管理制度,明确销售条款、质量标准、交货要求等关键内容。

2.对销售合同进行审核和确认,确保与客户的约定符合工厂的质量控制要求。

3.建立合同执行监控机制,确保合同履行过程中的质量控制和交货准时。

第13条 分销物流管理

1.管理分销物流环节,确保产品在分销过程中的质量和完整性。

2.确定分销物流环节的标准和要求,包括运输方式、包装要求、温湿度控制等。

3.对分销物流环节进行监控和评估,确保产品的安全性。

第5章 销售控制

第14条 客户管理和服务

1.建立客户管理制度,对不同类型的客户进行分类、维护和管理。

2.提供优质的售前咨询和售后服务,及时处理客户投诉和问题,保持良好的客户关系。

第15条 销售数据分析和监控

1.收集和分析销售数据,包括销售额、销售数量、市场份额、销售渠道等指标,以监控销售绩效和市场表现。

2.利用销售数据进行销售趋势分析、客户需求预测等,为产品供应和市场策略调整提供决策依据。

3.建立销售数据报告和分析的周期性机制,确保及时获取和利用销售数据进行业务优化。

第16条 销售渠道管理

1.管理和优化销售渠道,确保渠道的覆盖度和有效性。

2.确定销售渠道的选定标准,考虑分销商的市场份额、专业性、服务能力等因素。

3.定期评估销售渠道的绩效和合作关系,及时调整渠道策略和合作伙伴关系。

第6章 附则

第17条 本办法由质量管理部负责编制、解释与修订。

第18条 本办法自××××年××月××日起生效。

3.1.3 供应链全内容工作质量控制细则

本细则一能够提高供应链全内容工作的质量水平,确保产品和服务质量符合要求;二能够通过对供应商的选择和评估,保证产品和服务在供应链中的可靠性和稳定性;三能够及时发现和解决质量问题,提高客户的满意度和信任度。

供应链全内容工作质量控制细则

第1章 总则

第1条 为确保供应链全内容工作的质量,提高产品和服务的质量水平,特制定本细则。

第2条 本细则适用于供应链全内容工作中的各个环节。

第2章 计划质量控制

第3条 在供应链全内容工作中,必须制订详细的计划,充分考虑供应链中各个环节的质量要求和风险。设定合理的质量目标,确保计划的可行性和可控性。

第4条 计划质量控制应包括产品设计、工艺流程、质量检验等环节的质量控制措施。

1.设计阶段应进行可行性分析和风险评估,确保产品设计满足质量要求。

2.工艺流程中应设定标准操作程序(SOP),确保生产过程的稳定性和可追溯性。

3.质量检验应包括原材料、半成品和成品的检验,并设立合理的检验标准和检验方法。

第5条　计划质量控制应充分考虑各个环节的要求和风险,确保计划的可行性和可控性。定期进行质量管理评估和内部审核,及时发现问题并进行改进。

第3章　采购质量控制

第6条　在采购过程中,必须严格按照供应商质量管理体系的要求进行供应商选择和评估。

1.设定供应商评估指标和方法,评估供应商的质量管理能力和绩效。

2.建立供应商合作档案,记录供应商的质量证明文件和评估结果。

第7条　采购质量控制应包括供应商质量管理、产品质量验证、质量监督检查等环节的质量控制措施。

1.要求供应商建立完善的质量管理体系,确保所供产品符合质量要求。

2.进行产品质量验证,确保供应商提供的产品符合质量要求和技术规范。

3.进行质量监督检查,包括对供应商的生产过程、原材料和成品的质量进行抽样检验和验证。

第8条　采购质量控制应确保所采购产品和服务符合质量要求,并能够满足供应链全内容工作需要。

1.签订合理的采购合同,明确产品的规格、质量标准和交付要求。

2.对采购的产品进行验收,确保产品质量符合要求。

3.及时处理和反馈供应商的质量问题,保证采购质量的稳定性和可靠性。

第4章　制造质量控制

第9条　在制造过程中,必须制定并执行符合质量管理体系要求的工艺流程和操作规程。培训和教育员工,提高其质量意识和技能,确保生产操作的正确性和可靠性。

第10条　制造质量控制应包括原材料质量控制、生产过程质量控制、成品质量控制等。

1.对原材料进行入库检验,确保原材料质量符合要求。

2.在生产过程中，进行过程控制和监测，及时发现和纠正质量问题。

3.对成品进行最终检验和验证，确保成品质量符合要求。

第11条　设定合理的质量管理指标，监控制造过程的质量情况和达成情况。对制造过程进行持续改进，提高生产效率和产品质量的稳定性。

第5章　配送质量控制

第12条　针对配送过程，必须制定清晰的配送流程和操作规程，确保产品配送的准确性和可追溯性。

设立合理的配送时间和配送要求，确保产品能够按时送达。

第13条　配送质量控制应包括出库质量检验、运输过程质量控制、送达质量确认等。

1.对出库产品进行质量检验，确保产品符合出库要求和质量标准。

2.在运输过程中，采取适当的包装和保护措施，并进行运输监控和跟踪，确保产品在运输过程中的安全性和完整性。

3.送达时要对产品的完好性予以确认。

第14条　配送质量控制应确保产品在运输过程中不受损坏、不丢失，并能够满足供应链全内容工作的需要。

1.建立合理的配送管理制度，包括运输方式选择、包装要求等方面的规定。

2.与物流供应商保持密切合作，确保运输环节的质量控制和问题处理。

3.及时处理和反馈客户的质量问题，保证配送质量的稳定性和客户满意度。

第6章　退货处理质量控制

第15条　针对退货，必须建立并执行符合质量管理体系要求的退货处理流程。

1.制定明确的退货处理操作规程，确保退货处理过程的规范性和可追溯性。

2.进行退货产品的质量分析和评估，确定退货原因和责任。

第16条　对退货产品进行质量鉴定和检验，确定是否符合退货要求和质量标准。追究退货责任，包括供应商责任和内部责任，确保退货问题得到及时解决和改进。

第17条　退货处理质量控制应确保退货问题得到妥善处理，并能够满足供应链全内容工作的需要。

1.建立退货处理记录和反馈机制，跟踪和分析退货问题的原因和趋势。

2.采取措施改进供应链全内容工作，预防退货和降低退货率。

第7章　附则

第18条　本细则由质量管理部负责编制、解释与修订。

第19条　本细则自××××年××月××日起生效。

3.2　供应商质量控制

3.2.1　供应商遴选管理办法

本办法一能够明确供应商的资格要求，规范供应商管理；二能够筛选出高质量、可靠的供应商，确保供应链的稳定性和可靠性；三能够通过对供应商的资格审核和绩效评定，降低工厂的质量成本和运营风险。

供应商遴选管理办法

第1章　总则

第1条　为确保供应商的质量和可靠性，提高产品和服务的质量水平，特制定本办法。

第2条　本办法适用于所有与供应商相关的遴选和评定过程。

第2章　供应商资格要求

第3条　供应商应具备有效的质量管理体系，例如，ISO9001认证。供应商需要提供相关认证文件，并允许工厂进行审核。

第4条　供应商应具备相应的技术能力和设备，以满足工厂的需求，具体包括技术资质、研发能力、生产设备、技术人员素质等。

第5条　供应商应具备足够的生产和供应能力，以满足工厂的需求量。供应商需要提供相关产能和供货计划，并能够在工厂需求变化时做出相应调整。

第6条　供应商应具备稳定的财务状况，确保能够持续提供产品和服务。供应商需要提供相关的财务报表或其他证明文件，以证明其财务健康状况。

第3章　供应商分级和评定

第7条　根据供应商对工厂业务的重要程度，将供应商分为A、B、C三个等级。

1.A级供应商：对工厂业务至关重要，一旦中断合作会对工厂产生重大影响。这些供应商通常是关键零部件或关键服务的提供者，其稳定性和可靠性对工厂运营至关重要。

2.B级供应商：对工厂业务重要，但中断合作对工厂产生的影响相对较小。这些供应商提供的产品或服务对工厂的正常运营有一定程度的影响，但工厂可以通过启用备用供应商或其他应急措施来确保正常的运营。

3.C级供应商：对工厂业务有影响，但中断合作所产生的影响可控。这些供应商提供的产品或服务对工厂的运营影响很小，可以较容易地被替换或调整。

第8条　供应商的业绩评定将根据以下指标进行。

1.交货准时率：供应商按时交付产品或提供服务的能力。

2.质量合格率：供应商产品或服务的质量达到或超过规定的标准的比率。

3.服务响应时间：供应商对工厂提出的问题或需求的及时响应能力。

4.售后支持能力：供应商在交付后提供技术支持、维修、保养等服务的能力。

5.合作与沟通：供应商与工厂之间的合作态度、沟通效率和问题解决能力。

第9条　供应商的业绩评定将按照一定的周期进行，例如，每年进行一次评定。评定周期可以根据供应商的重要性和与其合作时间的长短进行灵活调整。

第10条　评定方法可以包括但不限于以下方式。

1.定期的供应商绩效评估会议或讨论。工厂与供应商的相关人员举行面对面的评估会议或讨论，就供应商的表现进行评价和沟通。

2.与供应商的客户进行满意度调查和反馈收集，也可以通过向工厂内部使用供应商产品或服务的部门或人员进行调查，收集他们的满意度反馈，作为评定依据。

3.监控和分析供应商的交货准时率、质量数据和客户投诉等信息。通过监控供应商的交货准时率、产品质量数据以及客户投诉情况，对供应商的绩效进行评估和分析。

4.实地考察和审核供应商的生产设施和管理体系。对重要供应商进行实地考察和审核，了解其生产设施、质量控制体系、供应链管理等方面的情况。

第11条　根据评定指标和方法，对供应商进行绩效评定，并将其分为优秀、合格、待改进和不合格四类。评定结果应依据明确的规范进行记录，并通知供应商。

第4章 遴选程序质量管理

第12条 在遴选过程中，应对潜在供应商进行信息收集和调查，包括参观供应商的工厂或办公场所、调查供应商的信用状况以及联系其合作客户等，以获取更全面准确的信息作为遴选依据。

第13条 遴选程序

1.确定需求。明确所需产品或服务的规格、数量和质量要求，并制订供应商遴选计划。

2.筛选候选供应商。根据对供应商资格的要求，对潜在供应商进行筛选。可以通过资格审查、预审问卷等方式筛选供应商。

3.发布询价/招标文件。向符合资格的供应商发布询价或招标文件，并要求提供相应的报价或投标文件。文件中应包含产品或服务规格、交货期限、质量、价格等关键信息。

4.评价与比较。根据报价或投标文件，对供应商进行评价和比较。可以考虑价格、质量、交货能力、售后服务等因素，制定评价标准和权重，对供应商进行综合评估。

5.选择供应商。根据评价结果，选择最合适的供应商进行合作。应制定选择决策的依据和程序，在选择过程中充分考虑供应商的综合能力、合作意愿、稳定性等因素。

第14条 设立供应商遴选的评审委员会，由相关部门负责人和专业人员组成，负责评审供应商的资格和评定结果，并进行最终决策。

第5章 风险控制

第15条 在供应商遴选过程中，应对供应商进行风险评估，对供应商的财务状况、生产能力、供应链稳定性等进行综合分析和评估，以识别潜在的风险和不确定性。

第16条 建立供应商替代和供应商备选的制度，以减少对单一供应商的依赖，保证供应链的稳定性。

定期评估和筛选备选供应商，确保备选供应商满足工厂的要求，并在必要时进行供应商替代，以应对供应商出现问题或风险的情况。

第17条　在与供应商合作期间，应定期对供应商进行退出评估，评估供应商是否仍符合工厂的要求和标准。若供应商的绩效不达标或存在严重违约行为，应按照退出机制对其进行处理，包括终止合同、追究违约责任等。

第6章　附则

第18条　本办法由质量管理部负责编制、解释与修订。

第19条　本办法自××××年××月××日起生效。

3.2.2　供应商产品质量评审办法

本办法一能够保证产品的稳定性和提高产品的质量水平，从而符合客户期望；二能够通过对供应商质量管理能力的评估，确保其具备合适的设备、工艺和质量控制措施；三能够通过向供应商提出改进要求和纠正措施，提升产品质量。

供应商产品质量评审办法

第1章　总则

第1条　为确保供应商提供的产品符合质量要求，以保证产品质量稳定和客户满意，特制定本办法。

第2条　本办法适用于对供应商提供的所有产品的质量评审。

第3条　评审程序应公平、公正、客观，并遵循工厂的质量管理体系要求。

第2章　原材料品质评审

第4条　供应商应提供原材料的详细规格书，并确保符合工厂的质量要求。

第5条　原材料外观评审

1.检查原材料的颜色、纹理、表面光洁度等外观特征是否符合规定要求。

2.鉴别原材料是否存在破损、变形、污染等问题。

第6条　原材料物理性质评审

1.检查原材料的硬度、强度、韧性等物理性质是否符合规定要求。

2.对原材料进行必要的实验室测试，如拉力测试、压力测试等。

第7条　原材料化学成分评审

1.对原材料的化学成分进行检查，确保其成分符合要求，并检验是否存在有害物质。

2.对供应商提供的化学成分分析报告进行验证。

第3章　设备质量评审

第8条　对设备的功能、效率、准确性等进行检查。检查设备是否满足工厂的工艺要求和产品质量要求。

第9条　设备安全性评审

1.评估设备的稳定性、可靠性、寿命等指标，确保其能满足长期使用需求。

2.检查设备的安全设计和防护措施是否符合标准要求，以保障操作人员的安全。

3.评估设备是否具备紧急停机、过载保护、漏电保护等安全功能。

第10条　设备维护保养评审

1.评估供应商提供的设备维护保养计划和程序是否合理和有效。

2.检查设备维护记录和维修报告，确保设备的维护保养工作得到及时执行和记录。

3.检查供应商提供的备件支持和售后服务情况，确保设备维修维护的可靠性和及时性。

第4章　样件、生产件质量评审

第11条　样件、生产件外观评审

1.检查样件、生产件的外观质量，包括表面光洁度、色差，是否有划痕、变形等。

2.验证样件、生产件的尺寸和外形是否与设计要求一致。

第12条　样件、生产件性能评审

1.进行功能测试，确保样件、生产件的各项功能正常。

2.针对特定要求，进行性能测试和验证。

第13条　样件、生产件工艺评审

1.评估样件、生产件的制造工艺流程是否合理和有效。

2.检查样件、生产件在加工过程中的工艺控制和质量控制措施。

第5章　工器具质量评审

第14条　工器具精度评审

1.检查工器具的尺寸和标识是否清晰可见。

2.使用合适的检测设备和方法，对工器具的精度进行测试和验证。

3.检查工器具的测量准确性和可重复性。

第15条　工器具可靠性评审

1.评估工器具的稳定性和可靠性，确保其在使用过程中不会出现故障或失效。

2.检查工器具的耐用性和质量保证期限。

第16条　工器具使用说明评审

1.检查供应商提供的使用说明书和操作方法，确保工器具的正确使用和维护。

2.检查其是否提供相关的安全警示标识和注意事项。

第6章　附则

第17条　本办法由质量管理部负责编制、解释与修订。

第18条　本办法自××××年××月××日起生效。

3.2.3　供应商质量控制流程

供应商质量控制流程如图3-1所示。本流程一可以通过对供应商进行严格的评估和筛选，确保其符合质量、可靠性和合规要求；二可以通过与高质量、高效率的供应商建立合作关系，获得更好的产品和服务；三可以通过与价格合理、具有竞争力的供应商进行合作，获得更好的采购条件和经济效益。

（1）供应商质量控制流程

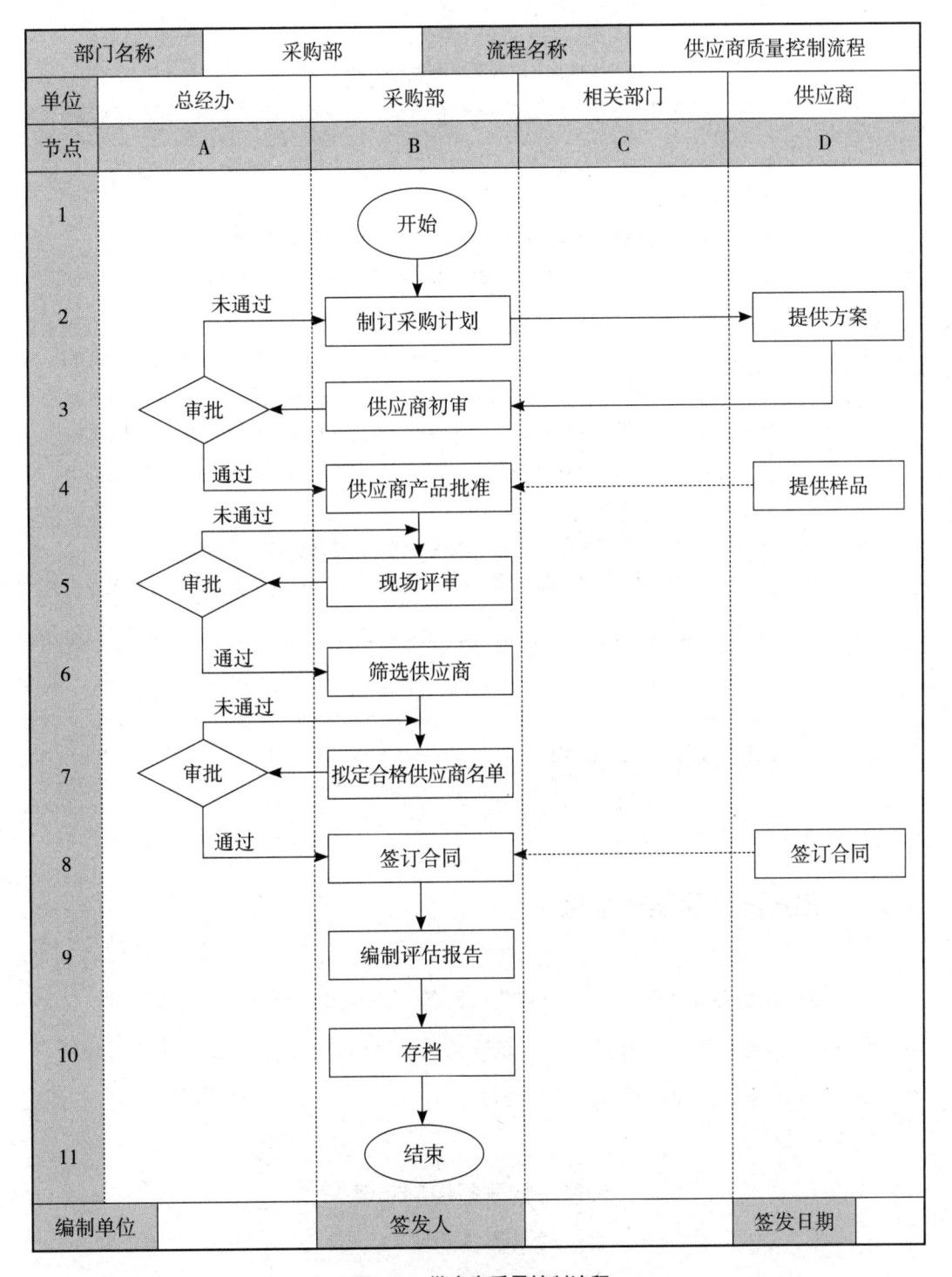

部门名称		采购部		流程名称		供应商质量控制流程	
单位	总经办		采购部		相关部门		供应商
节点	A		B		C		D
1			开始				
2	←未通过		制订采购计划	→			提供方案
3	审批 ←		供应商初审	←			
4	通过 →		供应商产品批准	←---			提供样品
5	未通过 ← 审批 ←		现场评审				
6	通过 →		筛选供应商				
7	未通过 ← 审批 ←		拟定合格供应商名单				
8	通过 →		签订合同	←---			签订合同
9			编制评估报告				
10			存档				
11			结束				
编制单位			签发人				签发日期

图3-1 供应商质量控制流程

（2）执行关键节点

供应商质量控制流程关键节点如表3-1所示。

表3-1 供应商质量控制流程关键节点

关键节点	细化执行
B3	◆ 评估供应商的注册信息和资质证书的真实性和有效性，确保供应商符合相关法规和行业标准要求 ◆ 检查供应商的财务状况，以确保供应商的经济实力和可持续性 ◆ 评估供应商的质量管理体系，包括ISO认证、质量手册、程序文件和记录等，以确保其具备良好的质量管理能力
D4	确保供应商提供的样品与需求一致，包括产品规格、性能参数、外观等方面的要求
B5	◆ 进行全面的物理、化学和功能性测试，以验证样品的质量和性能是否符合预期 ◆ 对样品进行可靠性测试和耐久性评估，以确定其在实际使用条件下的表现和寿命
B9	◆ 整合初审、样品评估和现场评审的结果，进行供应商综合评价，包括质量能力、交付能力、合规性等方面 ◆ 列出供应商的优势和不足，包括质量管理方面的强项和改进的建议 ◆ 提供可操作的建议和决策依据，以确定是否与该供应商建立或维持合作关系，或采取改进措施

3.3 采购质量控制

3.3.1 设备采购质量控制制度

本制度一能够避免采购到不符合预期的设备，提高采购的准确性和满足性；二能够控制供应商质量，减少质量风险；三能够通过过程检查和测试，确保生产过程符合质量要求，以提供高质量的设备并及时交付。

设备采购质量控制制度
第1章 总则

第1条 为确保设备采购过程中的质量控制，以满足工厂对设备的需求，特制定本制度。

第2条　本制度适用于所有涉及设备采购的工作。

第3条　本制度应与工厂的其他相关制度相衔接，确保设备采购质量控制与整体质量管理体系的协同运行。

第2章　设备采购方案质量控制

第4条　确定设备采购目标、用途和预期性能要求。分析设备的功能、规格和技术指标，明确具体需求。

第5条　供应商选择和评估

1.制定供应商资质要求，包括注册证书、质量管理体系认证等。

2.进行供应商调研，评估其信誉、技术能力、产品质量和售后服务质量。

3.与供应商沟通，确保其能够满足设备采购方案要求。

第6条　制订设备质量控制计划，明确质量目标。设定质量检查和测试标准、方法、频次和责任人。制定设备验收标准，明确验收过程和验收依据。

第7条　设备样品审查

1.要求供应商提供设备样品，以便进行审查和测试。

2.对设备样品进行全面检查，验证其是否符合技术要求和规格。

3.根据样品审查结果，评估设备的适用性。

第8条　确保采购合同明确规定设备的技术要求、数量、交付时间、价格和付款方式。引入质量保证条款和违约责任条款，确保供应商履行质量承诺和义务。

第3章　厂家订购设备质量控制

第9条　调查厂家的注册信息、生产许可证和质量管理体系认证等资质。评估厂家的生产设备、生产能力和技术水平，确保其符合要求。

第10条　要求厂家建立质量管理体系，包括原材料采购、生产过程控制、产品检验等。要求厂家按照采购合同要求进行生产，确保设备质量和交付时间。

第11条　对生产过程中的关键环节进行检查和测试，确保产品符合技术要求。采集和记录过程检查和测试数据，并对其进行分析和跟踪。

第4章　设备招标采购质量控制

第12条　确定招标文件的内容和格式，包括技术规范、质量要求、验收标准等。编制明确的招标文件，确保采购需求和质量控制要求清晰、明确。

第13条　招标评审

1.成立工厂招标评审委员会，成员包括技术、采购、质量等领域相关人员。

2.对投标供应商的资质和技术能力进行评估。

3.对投标文件中的质量控制措施和质量保证能力进行综合评估。

第14条　中标供应商合同管理

1.确定中标供应商的责任和义务，明确质量控制要求和验收标准。

2.缔结合同前，对供应商的技术能力和生产能力进行再次确认。

3.在合同中约定质量保证期限、违约责任和索赔机制。

第15条　要求供应商建立有效的质量管理体系和过程控制措施。监督供应商的生产过程，对供应商的生产环境和生产设备进行定期检查和评估。

第16条　对供应商交付的设备进行质量检查和测试，确保其符合技术要求和验收标准。进行设备验收，并记录验收结果。对不合格设备进行处理，要求供应商进行整改或替换。

第5章　附则

第17条　本制度由采购部负责编制、解释与修订。

第18条　本制度自××××年××月××日起生效。

3.3.2　原材料采购质量控制制度

本制度一明确了供应商选择的标准和程序，确保原材料供应商具有相应的资质和质量管理能力；二有助于及早发现潜在的质量问题，并采取相应措施加以解决，以减少不合格品的风险；三可以确保质量管理工作的规范和持续改进，提高整体质量管理效能。

原材料采购质量控制制度

第1章　总则

第1条　为确保原材料采购的质量符合工厂要求，特制定本制度。

第2条　本制度适用于所有原材料采购的工作。

第3条　本制度应与工厂的其他相关制度相衔接，确保原材料采购质量控制与整体质量管理体系的协同运行。

第2章 供应商选择

第4条 供应商选择应符合工厂的质量要求和采购管理规定。

第5条 供应商选择应综合考虑以下因素。

1.供应商的资质、信誉和经验。

2.供应商的生产能力和交货能力。

3.供应商的质量管理体系和质量控制能力。

4.供应商的产品质量和可靠性。

5.供应商的价格和售后服务。

第6条 供应商应提供以下文件作为选择依据。

1.工厂要求提供的资质证书和质量认证文件。

2.相关产品的检验报告和质量控制记录。

3.质量管理手册和质量保证体系文件。

第3章 入库评审

第7条 所有采购的原材料在入库前均须进行评审,确保其符合质量要求。

第8条 入库评审包括以下检查项目。

1.外观。检查原材料的外观是否完好无损、无异味、无杂质等。

2.标识。检查原材料的标识是否清晰、准确、完整。

3.包装。检查原材料的包装是否符合要求,包括完整性、密封性、防潮防尘性等。

4.数量。核对原材料的数量是否与采购订单一致。

第9条 如发现原材料存在质量问题,应立即采取以下措施。

1.通知供应商。应及时联系供应商,说明问题并要求其采取补救措施。

2.隔离处理。应将存在质量问题的原材料进行隔离,防止误用。

3.退货或返修。根据实际情况,退回或返修不符合质量要求的原材料。

4.索赔。如原材料的质量问题给工厂造成经济损失,可向供应商提出合理的索赔要求。

第10条 原材料的入库评审记录应进行保存,并及时更新供应商的质量评价表。

第4章 采购复检

第11条 对于关键原材料或有质量风险的原材料,应进行采购复检。

第12条 采购复检应包括以下内容。

1.物理性质。对原材料的物理特性进行检验，如外观、密度、硬度等。

2.化学成分。检验原材料的化学成分，确保其符合产品设计要求。

3.功能性能。对原材料的功能性能进行测试，如强度、耐热性等。

第13条 采购复检应由专业的质检人员或实验室进行，确保准确性和可靠性。采购复检的结果应及时通知相关部门，确保合格原材料的正常使用，并进行相应的质量记录和追溯。

第14条 对于不合格的原材料，应及时通知供应商，并根据合同和相关协议执行退货、返修或索赔程序。

第5章 关键原材料质量控制

第15条 对关键原材料应进行特殊质量控制。关键原材料的供应商应经过严格的审核和评估，确保其质量稳定、可靠。

第16条 关键原材料的质量控制应包括以下方面。

1.供应商的稽核和监督：定期对供应商进行质量稽核和监督，确保其质量管理体系和产品质量符合要求。

2.抽样检验：对每批关键原材料进行抽样检验，确保其质量稳定。

3.测试设备和方法：确保使用适当的测试设备和方法进行关键原材料的质量控制。

第6章 附则

第17条 本制度由采购部负责编制、解释与修订。

第18条 本制度自××××年××月××日起生效。

3.3.3 零部件、维修物资、备品部件采购质量控制制度

本制度一确保选择合格的供应商，以保证供应商提供的零部件、维修物资和备品部件符合规格和质量要求；二确保采购的零部件、维修物资和备品部件符合技术要求和性能指标，保证其可靠性、稳定性和适用性，以支持设备和系统的正常运行和维护；三确保及时处理质量问题，并推动供应商持续改进产品和服务质量。

零部件、维修物资、备品部件采购质量控制制度

第1章 总则

第1条 为确保零部件、维修物资和备品部件采购的质量符合工厂要求，特制定本制度。

第2条 本制度适用于所有零部件、维修物资和备品部件采购工作。

第3条 本制度应与工厂的其他相关制度相衔接，确保零部件、维修物资、备品部件采购质量控制与整体质量管理体系的协同运行。

第2章 供应商质量控制

第4条 供应商评估

1.制定供应商评估制度，包括对供应商的技术能力、质量管理体系、交货能力等方面的评估。

2.设定评估标准和评估程序，明确评估人员的职责和评估周期。

3.记录评估结果并定期审查，对于不合格的供应商，应及时采取改进措施或终止合作。

第5条 供应商选择

1.考虑供应商的技术能力、生产能力、质量保证体系、交货能力、售后服务等因素。

2.根据评估结果，选择合格的供应商，与其签订合同或协议，明确双方的权责和质量要求。

第6条 供应商监控

1.定期对供应商进行监控，包括对其质量管理体系的审核、生产工艺的抽样检验等。

2.对供应商提供的产品进行抽样检验，确保其符合规格和性能要求。

3.对供应商的交货准时性、售后服务等进行监控，及时处理质量问题和售后服务问题。

第3章 零部件采购控制

第7条 在采购零部件前，明确零部件的技术要求、规格和性能指标，与供应商进行确认。确保零部件的技术要求与工厂的产品需求相匹配，确保采购的零部件符合要求。

第8条　要求供应商提供相关的认证文件，如ISO9001质量管理体系认证、产品认证等。验证供应商的质量管理能力和其生产的产品质量的可靠性，确保供应商具备可靠的生产能力和质量保证体系。

第9条　零部件抽样检验

1.对采购的零部件进行抽样检验，包括外观检查、尺寸测量、材料分析、性能测试等。

2.确保零部件符合规格和性能要求，以及工厂的质量标准。

第10条　不合格零部件处理

1.对于不合格的零部件，及时通知供应商，要求其采取措施处理。

2.记录不合格零部件的处理过程和结果，确保问题得到及时解决和追踪。

第4章　维修物资采购控制

第11条　在采购维修物资前，明确维修的具体需求和技术要求，包括维修工作的性质、规模和所需物资的种类、规格等。确定维修物资的性能要求、使用寿命、适用环境等方面的技术指标。

第12条　对维修物资供应商进行评估，包括产品质量、交货能力、售后服务等方面。根据供应商的技术能力、信誉度、供货稳定性等因素，进行评估和选择。

第13条　维修物资质量验收

1.对采购的维修物资进行质量验收，包括外观检查、性能测试、耐久性验证等。

2.确保维修物资符合技术要求和性能指标，能够满足维修工作的需要。

第14条　维修物资库存管理

1.制定维修物资的库存管理制度，包括库存数量控制、库存周转管理和质量保证。

2.定期盘点和监控库存，确保维修物资的供应充足，同时避免过多的库存积压和过期物资的使用。

第5章　备品部件采购控制

第15条　在采购备品部件前，明确备品部件的具体需求和规格要求，包括备品部件的种类、规格、使用寿命等。确定备品部件的技术参数和性能要求，以确保备品部件能够满足维修和替换的需要。

第16条　与备品部件供应商建立长期合作关系，解决备品部件采购和质量问题。建立供应商管理机制，定期与供应商进行沟通和协商，促进合作关系的持续稳定发展。

第17条 备品部件质量审查

1.对备品部件供应商提供的样品或证明文件进行质量审查。

2.确保备品部件的质量符合规格和性能要求,包括对其材料、制造工艺、可靠性等方面进行评估。

3.要求备品部件供应商提供相应的质量保证,如质保期限、质量追溯等。

第6章 附则

第18条 本制度由采购部负责编制、解释与修订。

第19条 本制度自××××年××月××日起生效。

3.3.4 无形服务采购质量控制制度

本制度一明确了相关章程和条款,为无形服务采购提供了清晰的指导和规范;二可以确保所采购的无形服务符合预期的要求,提高服务的质量和可靠性;三能够通过监督与管理,及时发现和解决采购过程中的问题,保证采购顺利进行,并提升整体采购管理水平。

无形服务采购质量控制制度

第1章 总则

第1条 为确保无形服务采购质量符合工厂要求,特制定本制度。

第2条 本制度适用于所有无形服务采购的工作。

第3条 本制度应与工厂的其他相关制度相衔接,确保无形服务采购质量控制与整体质量管理体系的协同运行。

第2章 无形服务采购范围

第4条 无形服务采购范围主要涵盖技术采购、服务采购和工程发包。

1.技术采购包括专利、商标、版权、专业技术诀窍。

2.服务采购包括售前服务、售后服务、版权、专业技术诀窍。

3.工程发包包括厂房、办公楼等的建设与修缮;配管工程、机械储槽建设工程、空调或保温工程、动力或网络的综合配线和仪表安装。

第5条 无形服务的需求应明确具体，并编制详细的需求文档，包括服务目标、交付要求、验收标准等。

第6条 在确定无形服务需求时，应充分考虑业务需求、技术要求、时间要求等因素。

第3章 技术采购控制

第7条 技术采购前，应对供应商进行资质评估和信用评价，确保其具备提供相应技术服务的能力。

第8条 技术采购前，应制定技术要求和技术规范，明确服务的技术参数、性能指标和验收标准。

1.技术要求应详细描述所需技术的功能特点、性能要求、兼容性要求等。

2.技术规范应明确技术参数的具体数值范围，以及验收标准的评判方法和标准。

第9条 招标程序应明确评标方法和评标标准，确保供应商选择的公平性和透明性。询价程序应明确询价范围和询价方式，确保供应商选择的公平性和效率性。

第10条 技术采购合同中应明确技术支持、培训、质保期等相关事项，并对供应商的责任和违约责任做出约定。

第4章 服务采购控制

第11条 服务采购前，应对供应商进行资质评估和信用评价，确保其具备提供相应服务的能力。

第12条 服务采购前，应根据实际需求进行招标或询价程序，确保选择公平、公正。

第13条 服务采购合同中应明确服务内容、工作进度、质量要求等相关事项，并对供应商的责任和违约责任做出约定。

1.服务内容应详细描述所需服务的具体范围、方法和交付要求等。

2.工作进度应明确服务的时间节点和阶段性成果物的交付要求。

3.质量要求应明确服务的质量标准、验收标准和评估方法。

第14条 应建立服务质量评价机制，定期对供应商的服务进行评估和监督。

1.制定服务质量评价表或指标，包括服务的响应时间、服务态度、问题解决能力等方面。

2.定期评估服务质量，对供应商的服务进行定性和定量评价。

3.根据评估结果，及时与供应商进行沟通，提出改进要求或采取相应的奖惩措施。

第5章 工程发包控制

第15条 工程发包采购前，对承包商的资质评估应包括其过往工程项目经验、人员素质、资金实力等方面。对承包商的信用评价应综合考虑其信用记录、履约能力、法律纠纷等情况。

第16条 工程发包采购应制定招标文件，详细描述工程的技术规范、施工方法、验收标准等。招标文件中应明确合同条款，包括工期要求、支付方式、违约责任等。

第17条 工程发包采购应进行招标程序或竞争性谈判，充分了解各承包商的技术方案、工期计划和报价等，进行综合评估，确保选择合适的承包商。

第18条 工程发包采购合同中应明确工程进度、质量要求和变更管理等相关事项。

1.工程进度应明确施工的起止时间、里程碑节点和工期控制要求。

2.质量要求应明确工程的质量标准、验收标准和评估方法。

3.变更管理应规定变更的程序、变更费用的确定和变更后的工期调整等。

第6章 附则

第19条 本制度由采购部负责编制、解释与修订。

第20条 本制度自××××年××月××日起生效。

3.3.5 采购质量控制流程

采购质量控制流程如图3-2所示。本流程一有助于降低产品缺陷和不合格产品风险，提升产品的可靠性和性能；二有助于减少采购过程中的不确定性和负面影响，有效保护工厂利益；三有助于建立沟通和协调机制，促进与供应商之间的合作，以共同解决质量问题。

（1）采购质量控制流程

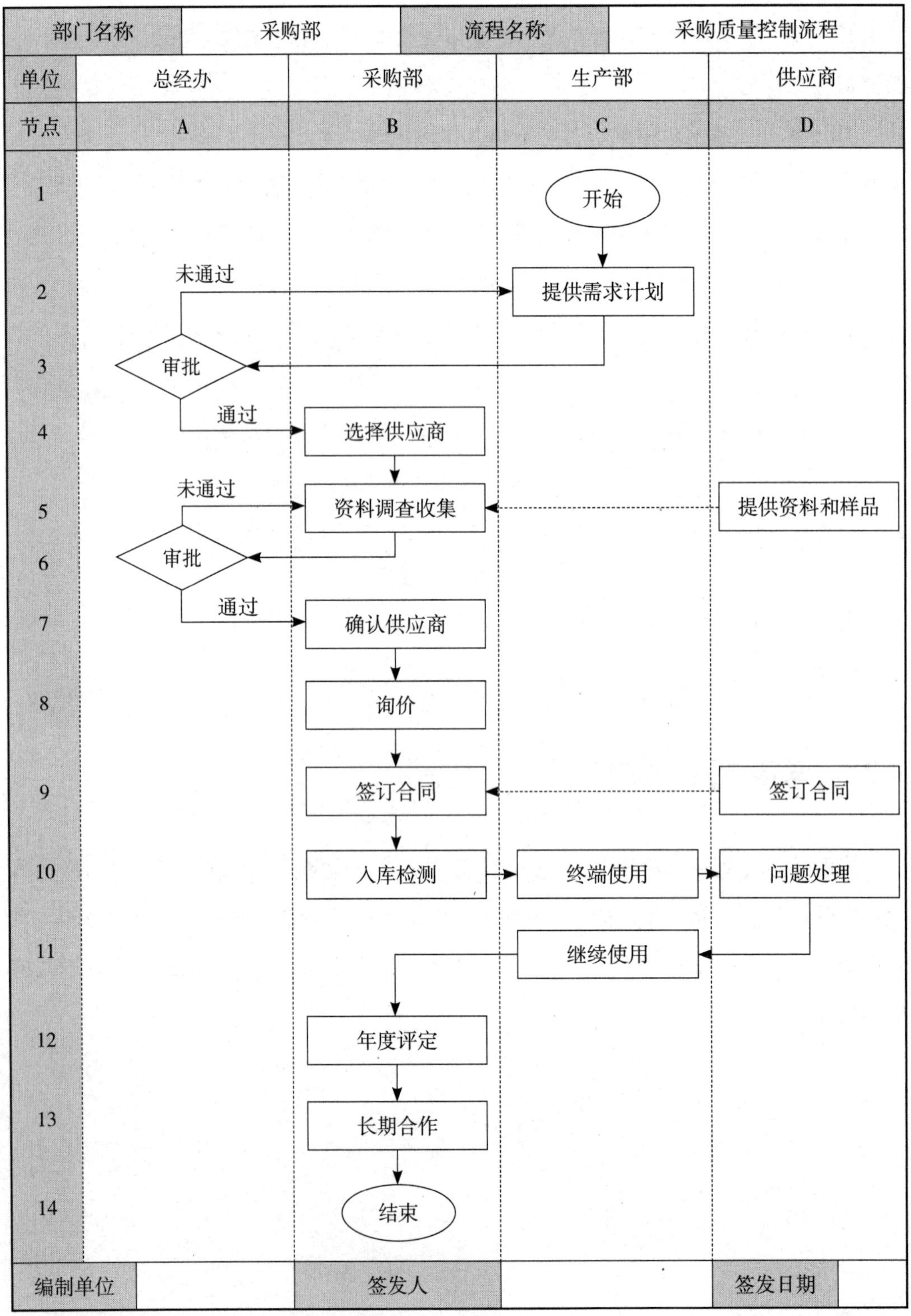

部门名称		采购部		流程名称		采购质量控制流程	
单位	总经办		采购部		生产部		供应商
节点	A		B		C		D
1					开始		
2					提供需求计划		
3	审批（未通过←）						
4	通过→		选择供应商				
5			资料调查收集				提供资料和样品
6	审批（未通过←）						
7	通过→		确认供应商				
8			询价				
9			签订合同				签订合同
10			入库检测		终端使用		问题处理
11					继续使用		
12			年度评定				
13			长期合作				
14			结束				
编制单位		签发人				签发日期	

图3-2　采购质量控制流程

（2）执行关键节点

采购质量控制流程关键节点如表3-2所示。

表3-2 采购质量控制流程关键节点

关键节点	细化执行
B5	◆ 确保对潜在供应商进行全面的资料调查和收集，以评估其可靠性和合规性 ◆ 核实供应商的注册信息、经营范围、生产能力、质量管理体系、过往业绩等，并获取供应商的认证证书和资质文件
B8	◆ 确保向供应商提供准确、清晰的采购需求，并明确要求其提供详细的报价信息 ◆ 准确描述采购物品的规格、数量、交付要求等，并要求供应商提供详细的价格和交货期等相关信息
B10	确保采购物品在入库前进行充分的检测和测试，以确保其符合质量标准和规格要求
C10	设立专门的检测终端，使用适当的设备和工具进行物品的外观、尺寸、功能等方面的检测和测试，并记录检测结果
D10	◆ 确保供应商能够及时有效地处理采购物品相关问题，包括质量问题、交货延迟等 ◆ 建立明确的问题处理流程，要求供应商在问题发生时立即采取纠正措施，并提供解决方案。同时，建立有效的沟通机制，确保及时反馈问题和跟踪解决进展

3.4 供应链与采购质量控制精进化实施指南

3.4.1 供应链服务质量评价管理办法

本办法一有助于对供应链中各环节的服务质量进行定量和定性评估，以识别存在的问题和瓶颈，进而提升供应链的整体服务质量；二能够控制供应商质量，减少质量风险；三可以通过定期评估和改进制度本身，不断完善评价指标体系和评价要求，以适应供应链管理需求的变化和行业的发展趋势。

供应链服务质量评价管理办法

第1章 总则

第1条 为确保供应链中的服务质量达到标准要求，提供清晰的评价指标和要求，以实现供应链的高效运作和客户满意度的提升，特制定本办法。

第2条　本办法适用于工厂供应链管理过程中的服务质量评价和改进工作。

第3条　各部门负责监督和协调供应链服务质量评价工作。各环节的负责人负责确保供应链服务质量评价指标的实施和改进。

第2章　供应链服务质量评价指标体系

第4条　供应链服务质量评价指标体系主要包括业务水平评价指标、服务质量评价指标和客户评价指标。

第5条　业务水平评价指标

1.交货准时率。按时交付的订单数量占总订单数量的比例。

2.缺货率。缺货商品数量占总商品需求量的比例。

3.产品质量合格率。合格产品数量占总交付产品数量的比例。

4.退货率。退货产品数量占总交付产品数量的比例。

5.订单处理周期。从接收订单到订单交付完成所需的平均时间。

6.仓储管理效率。仓库操作的准确性和效率指标，如货物入库速度和出库准确率。

7.运输成本控制。运输成本与订单金额的比例。

8.库存周转率。年度销售额与平均库存值的比率。

9.信息反馈及时率。供应链信息传递的及时性和准确性。

第6条　服务质量评价指标

1.响应速度。对客户咨询或问题的反应速度。

2.沟通效果。沟通过程中信息传递的准确性和清晰度。

3.技术支持能力。提供技术支持的能力。

4.售后服务质量。处理客户投诉和售后服务的质量和效率。

5.问题解决能力。解决供应链中出现的问题和障碍的能力。

第7条　客户评价指标

1.投诉率。客户投诉数量占总订单数量的比例。

2.投诉处理效率。解决客户投诉所需的平均时长。

3.客户满意度调查结果。通过调查问卷等方式获取客户满意度的评估结果。

第3章　供应链服务质量评价要求

第8条　业务水平评价要求

1.交货准时率分为四个等级，具体要求如下。

（1）优秀：交货准时率高于90%。

（2）良好：交货准时率介于80%到90%之间。

（3）一般：交货准时率介于70%到80%之间。

（4）不达标：交货准时率低于70%。

2.缺货率分为四个等级，具体要求如下。

（1）优秀：缺货率低于5%。

（2）良好：缺货率介于5%到10%之间。

（3）一般：缺货率介于10%到15%之间。

（4）不达标：缺货率高于15%。

3.产品质量合格率分为四个等级，具体要求如下。

（1）优秀：产品质量合格率高于95%。

（2）良好：产品质量合格率介于90%到95%之间。

（3）一般：产品质量合格率介于80%到90%之间。

（4）不达标：产品质量合格率低于80%。

4.退货率分为四个等级，具体要求如下。

（1）优秀：退货率低于2%。

（2）良好：退货率介于2%到5%之间。

（3）一般：退货率介于5%到10%之间。

（4）不达标：退货率高于10%。

5.订单处理周期分为四个等级，具体要求如下。

（1）优秀：订单处理周期低于24小时。

（2）良好：订单处理周期介于24小时到48小时之间。

（3）一般：订单处理周期介于48小时到72小时之间。

（4）不达标：订单处理周期高于72小时。

6.仓储管理效率分为四个等级，具体要求如下。

（1）优秀：货物入库速度高于95%；出库准确率高于98%。

（2）良好：货物入库速度介于90%到95%之间；出库准确率介于95%到98%之间。

（3）一般：货物入库速度介于85%到90%之间；出库准确率介于90%到95%之间。

（4）不达标：货物入库速度低于85%；出库准确率低于90%。

7.运输成本控制分为四个等级，具体要求如下。

（1）优秀：运输成本与订单金额的比例低于5%。

（2）良好：运输成本与订单金额的比例介于5%到10%之间。

（3）一般：运输成本与订单金额的比例介于10%到15%之间。

（4）不达标：运输成本与订单金额的比例高于15%。

8.库存周转率分为四个等级，具体要求如下。

（1）优秀：库存周转率高于5次。

（2）良好：库存周转率为4次到5次。

（3）一般：库存周转率为3次到4次。

（4）不达标：库存周转率低于3次。

9.信息反馈及时率分为四个等级，具体要求如下。

（1）优秀：信息反馈及时率高于95%。

（2）良好：信息反馈及时率介于90%到95%之间。

（3）一般：信息反馈及时率介于80%到90%之间。

（4）不达标：信息反馈及时率低于80%。

第9条　服务质量评价要求

1.响应速度分为四个等级，具体要求如下。

（1）优秀：对客户咨询或问题的反应速度低于1小时。

（2）良好：对客户咨询或问题的反应速度介于1小时到2小时之间。

（3）一般：对客户咨询或问题的反应速度介于2小时到4小时之间。

（4）不达标：对客户咨询或问题的反应速度高于4小时。

2.沟通效果分为四个等级，具体要求如下。

（1）优秀：沟通过程中信息传递的准确性和清晰度达到高水平。

（2）良好：沟通过程中信息传递的准确性和清晰度较好。

（3）一般：沟通过程中信息传递的准确性和清晰度一般。

（4）不达标：沟通过程中信息传递的准确性和清晰度有明显问题。

3.技术支持能力分为四个等级,具体要求如下。

(1)优秀:提供高质量的技术支持和问题解决能力。

(2)良好:提供良好的技术支持和问题解决能力。

(3)一般:提供一般的技术支持和问题解决能力。

(4)不达标:技术支持和问题解决能力较差。

4.售后服务质量分为四个等级,具体要求如下。

(1)优秀:处理客户投诉和售后服务的质量和效率高于90%。

(2)良好:处理客户投诉和售后服务的质量和效率介于80%到90%之间。

(3)一般:处理客户投诉和售后服务的质量和效率介于70%到80%之间。

(4)不达标:处理客户投诉和售后服务的质量和效率低于70%。

5.问题解决能力分为四个等级,具体要求如下。

(1)优秀:解决供应链中出现的问题和障碍的能力高于90%。

(2)良好:解决供应链中出现的问题和障碍的能力介于80%到90%之间。

(3)一般:解决供应链中出现的问题和障碍的能力介于70%到80%之间。

(4)不达标:解决供应链中出现的问题和障碍的能力低于70%。

第10条 客户评价要求

1.投诉率分为四个等级,具体要求如下。

(1)优秀:投诉率低于2%。

(2)良好:投诉率介于2%到5%之间。

(3)一般:投诉率介于5%到10%之间。

(4)不达标:投诉率高于10%。

2.投诉处理效率分为四个等级,具体要求如下。

(1)优秀:解决客户投诉所需的平均时间低于24小时。

(2)良好:解决客户投诉所需的平均时间介于24小时到48小时之间。

(3)一般:解决客户投诉所需的平均时间介于48小时到72小时之间。

(4)不达标:解决客户投诉所需的平均时间高于72小时。

3.客户满意度调查结果分为四个等级,具体要求如下。

(1)优秀:客户满意度评估结果高于90%。

(2)良好:客户满意度评估结果介于80%到90%之间。

（3）一般：客户满意度评估结果介于70%到80%之间。

（4）不达标：客户满意度评估结果低于70%。

第11条　供应链服务质量评价应定期进行，评价周期一般为季度或年度。评价频率根据实际情况确定，可以针对特定项目或问题进行临时评价。

第4章　供应链服务质量评价程序

第12条　供应链服务质量评价程序应包括以下步骤。

1. 收集供应链各环节的业务数据和服务数据，包括交货准时率、产品质量合格率、客户投诉数量等。

2. 对收集到的数据进行统计和分析，计算评价指标的具体数值，并与设定的目标进行对比。

3. 根据评价结果，制订改进措施和行动计划，明确责任人和完成时间。

4. 实施改进措施并监控其效果，确保持续改进供应链服务质量。

5. 定期进行供应链服务质量的综合评估，包括内部评估和外部客户满意度调查。

6. 根据评估结果，及时调整和完善供应链服务质量管理制度，并提出改进建议。

第13条　各环节应及时收集和记录与供应链服务质量相关的数据，包括但不限于交货延误情况、客户问题反馈、合作伙伴绩效等。

第14条　对收集的数据进行定期分析和统计，包括趋势分析、异常分析和关联性分析，以便及时发现问题并进行改进。

第5章　供应链服务质量评价改进

第15条　建立问题解决和改进的机制，针对供应链服务质量评价中发现的问题，各环节应及时采取纠正措施并跟踪改进效果。

第16条　根据供应链服务质量评价结果，对各环节进行绩效考核，并与供应商签订绩效奖惩合同。根据绩效考核结果给予相应的奖励和激励，对表现差的环节或个人进行处罚并提出改进要求。

第17条　建立供应链服务质量追溯体系，对供应链服务质量问题进行溯源和风险评估。追溯包括但不限于追踪供应链环节、产品批次、质量记录等，以快速发现问题源头和责任方。根据风险评估结果，采取相应的预防措施和应急处理措施，确保供应链服务质量的稳定性和可靠性。

第6章　附则

第18条　本办法由质量管理部负责编制、解释与修订。

第19条　本办法自××××年××月××日起生效。

3.4.2　采购质量问题处理方案

本方案一可以帮助采购团队快速识别和解决质量问题，减少损失和影响；二可以通过质量管理的优化，提升采购团队的运作效率和整体质量水平；三可以形成经验教训，加强对质量问题的预防和控制，不断提升采购团队的问题解决能力和质量管理水平，促进业务的可持续发展。

采购质量问题处理方案

一、问题描述

在过去的一段时间内，采购部门遇到了一些质量问题，给供应链和产品质量带来了一定的风险和损失。问题主要集中在以下几个方面。

（一）产品质量不符合规范

根据内部检测数据，过去三个月中，约有15%的采购产品未能满足工厂的规格和质量要求。这导致了产品在使用过程中的不稳定性和性能问题。

（二）供应商交货延迟

根据数据分析，过去三个月中，平均有10%的采购订单因供应商交货延迟而未能按时交付，给生产计划和客户交付时间带来了困扰。这种延迟可能导致客户对工厂的不满和信任度下降。

二、原因分析

对采购质量问题进行了深入分析后，确定了一些主要原因。

（一）供应商质量控制不到位

根据供应商评估数据，发现约有30%的供应商在生产过程中没有严格执行质量控制措施，导致产品质量不稳定。

（二）供应商资质不合格

根据供应商资质审核数据，发现约有20%的供应商的资质和能力不足以满足需求，没有足够的经验和技术来生产高质量的产品。

（三）没有建立有效的监督机制

根据内部数据分析，在采购过程中没有建立有效的监督机制，无法及时发现和解决质量问题。工厂内部检测和反馈机制存在一定的滞后性。

三、改进建议

为了解决采购质量问题并预防未来出现类似问题，提出以下改进建议。

（一）供应商选择和评估

1.建立供应商选择标准。制定严格的供应商选择标准，包括质量管理体系认证、生产能力、技术实力等要素，以确保供应商具备生产高质量产品的能力。

2.定期评估供应商绩效。建立供应商绩效评估机制，根据交货准时率、质量合格率、售后服务等指标对供应商进行定期评估，并将评估结果纳入供应商绩效考核体系。

（二）建立质量控制机制

1.与供应商合作。与供应商建立更紧密的合作关系，明确质量要求并制定详细的产品规范。与供应商共同制订质量控制计划，包括原材料采购、生产过程监控、成品检验等环节，确保产品质量的稳定性。

2.抽样检查和测试。定期进行产品抽样检查和测试，以验证产品是否符合规格要求。根据抽样检验的结果，对不合格产品进行追溯和整改，并与供应商进行有效沟通和协作，以避免类似问题再次发生。

（三）增强供应链可见性

1.投资供应链管理系统。投资和使用供应链管理系统，以提高对供应链的可见性和监控能力。该系统将允许实时跟踪供应商的生产进度、库存情况和交货计划，及时发现潜在的延迟风险，并采取相应的应对措施。

2.建立供应商绩效评估指标。在供应链管理系统中建立供应商绩效评估指标，并定期对供应商的交货准时率、质量合格率和售后服务进行评估。这将有助于及时发现供应商存在的问题并采取必要的纠正措施。

四、具体执行措施

（一）供应商选择和评估

1.建立供应商评估指标。制定一套明确的评估指标，包括供应商的质量管理体系认证、生产能力、质量控制措施、质量合格率等。每个指标都应设定具体的要求和标准。

2.供应商审核和现场检查。定期进行供应商审核和现场检查，以确保供应商的生产设备和工艺符合要求，质量管理系统有效运行。

3.建立供应商评估报告。在评估过程中，记录供应商的评估结果和问题点，并形成供应商评估报告，供后续决策和改进参考。

（二）建立质量控制机制

1.制定质量标准和检验方案。与供应商合作制定明确的质量标准和产品检验方案，确保产品的质量符合规范要求。

2.建立抽样检验计划。根据统计学原理，制订抽样检验计划，并明确样本数量、抽样方法和接收质量标准，以便有效判断产品的质量是否合格。

3.强化供应商质量管理培训。为供应商提供必要的质量管理培训，包括质量控制方法、产品检验流程等，提升他们的质量意识和能力。

（三）增强供应链可见性

1.采购订单跟踪系统。建立一个可追踪采购订单的系统，包括订单创建、供应商接收、生产进度和交付情况的实时更新，以提高对交货延迟的可见性。

2.建立供应商交付准时率评估指标。设定准时交货的具体定义和要求，并建立供应商交付准时率评估指标。通过供应链管理系统，实时追踪和记录供应商的交货准时率，并进行定期评估和监控。

3.强化供应链沟通和协作。建立定期的供应链会议和沟通渠道，与关键供应商进行紧密合作，共享信息、解决问题和协调交付计划，确保供应链各环节的协同运作和顺畅沟通。

五、遗留问题及处理

采取上述措施来解决采购质量问题可能仍然面临一些遗留问题，需要继续处理和改进。

1.潜在供应商变更。对于那些一直无法满足质量要求的供应商，需要考虑进行供应商变更。这可能需要额外的时间和资源，但为了确保产品质量的稳定性，必须采取必要的措施。

2.内部流程优化。需要对内部采购流程进行评估和优化，以确保各个环节的协调和高效。这包括采购需求确认、供应商选择和评估、质量控制等，以提升整体采购质量管理水平。

3.持续培训和沟通。加强对供应商的培训和沟通，确保他们理解工厂质量要求并能够有效履行责任。同时，加强内部员工的培训，提高他们对采购质量管理的意识和技能。

第 4 章

制造过程质量控制精进化

4.1 一般过程控制

4.1.1 过程更改批准流程

过程更改批准流程如图4-1所示。本流程一是可以清楚地指明从提出更改请求到批准更改请求的具体流程，包括每个审核阶段所需完成的任务；二是可以通过规范化更改请求和批准的步骤，确保整个更改过程的有效性和可控性。

（1）过程更改批准流程

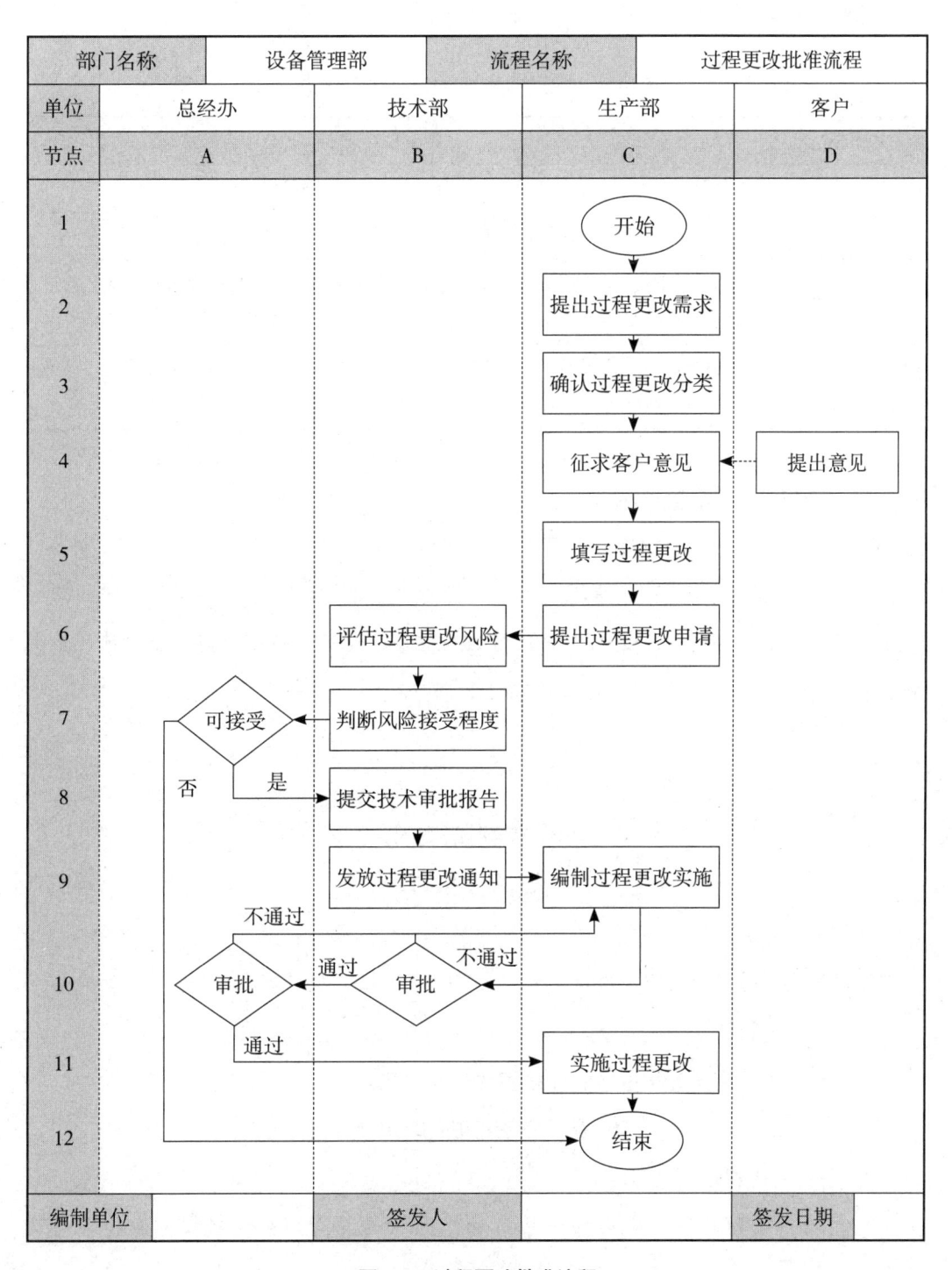

部门名称		设备管理部		流程名称		过程更改批准流程	
单位	总经办		技术部		生产部		客户
节点	A		B		C		D
1					开始		
2					提出过程更改需求		
3					确认过程更改分类		
4					征求客户意见		提出意见
5					填写过程更改		
6			评估过程更改风险		提出过程更改申请		
7	可接受		判断风险接受程度				
8	否 是		提交技术审批报告				
9			发放过程更改通知		编制过程更改实施		
10	不通过 审批	通过	审批	不通过			
11	通过				实施过程更改		
12					结束		
编制单位			签发人			签发日期	

图4-1 过程更改批准流程

（2）执行关键节点

过程更改审批流程执行关键节点如表4-1所示。

表4-1 过程更改审批流程执行关键节点

关键节点	细化执行
C3	生产部根据生产需求及实际情况，对过程更改进行分类
C3	过程更改可分为生产原材料更改、工艺控制参数更改、质量指标更改等
B6	技术部接到生产部过程更改申请后，组织有关人员展开探讨，对过程更改风险进行评估并形成最终结论
C9	生产部收到技术部发来的过程更改通知后，结合实际情况，编制过程更改实施方案，并交由技术部与总经办进行审批

4.1.2 物资控制管理办法

工厂编制与实施物资控制管理办法，一是为了通过各种物资控制措施，保证物资质量的稳定性与可靠性；二是为了加强对产品生产过程中的物资控制，以提升产品质量水平，从而降低损耗率，节约生产成本。

物资控制管理办法

第1章 总则

第1条 目的

为确保生产过程中的物资质量，保障最终产品质量，特制定本办法。

第2条 适用范围

本办法适用于生产过程中的物资控制的管理工作。

第2章 物资控制的基本要求

第3条 制定物资检验标准

1.在物资采购阶段，应根据产品质量标准的要求，开发制定相应的物资检验标准。

2.制定标准化的物资采购申请表，全面收集供应商、物资型号、规格、批号、有效期、来源地、采购数量等信息,确保信息和数据的准确性和完整性。

第4条 筛选物资供应商

1.建立合格供应商名录,对每个供应商做出清晰的准入和评价规则。

2.对依赖性较强的物资供应商,应进行第三方认证,对其物资来源地进行严格审核、记录。

第5条 入库物资的质量检验

1.对每批次物资按照标准的检验程序进行检验。

2.建立详细的检验报告和质量记录,及时处理异常品和退货。

第6条 物资的分类储存

1.按不同应用场景和环境要求,将物资进行分类管理存储。

2.制作物资管理卡片,并将其贴在存储区域,以便记录物资的名称、规格、数量、参数、存储期限、使用要求等。

第7条 物资的供应与使用

1.制订相应的物质供应计划,合理安排和调度物资。

2.实施物资的跟踪和监控,记录每个物资的流向和使用情况。

第8条 物资的封存与报废

1.对于需要封存的物资,按照规定要求进行封存,并建立明确的封存记录和处理流程。

2.对于过期、变质、损坏等无法使用的物资,按照规定流程进行报废处理,不得随意丢弃。

第3章 物资控制的实施流程

第9条 物资检验与验收流程

1.合理规划物资供应链和进货计划,指定专人负责进货并对进货的物资进行质量检验。

2.根据检验结果,拒收不合格品,对质量合格的产品进行记录和收货处理程序。

第10条 物资存储和供给流程

1.制作详细的物资管理卡片,并贴在存储区域。

2.将物资分类存储,对不同的物资设立不同的存储区域,进行严格控制。

第11条　产品生产使用物资出库流程

1.领用物资前，须经过质量管理人员的抽样检验，确保物资检测结果符合产品标准要求。

2.将检验合格的物资送至产品生产车间，按计划用量和要求进行使用或发放。

第12条　物资批次追溯流程

1.对全部物资建立批次管理台账，记录每次采购、检验、出库、退库等详情。

2.当出现质量问题需要进行追溯的情况时，可以迅速定位和处理原因，做到事后可查。

第4章　物资控制实施的具体措施

第13条　供应商评价与准入

1.评价供应商的质量能力和资质，制定明确的供应商准入标准。

2.对不同的供应商进行分类管理，制订不同的采购计划和风险控制措施。

第14条　物资检验项目标准化

1.制定对不同物资的标准化检验规范和流程，确保检验结果的准确性和一致性。

2.对质量检验人员进行培训和考核，并建立相应的检查记录和报告。

第15条　检验报告与质量记录的建立与管理

1.建立系统化的质量记录和管理体系，及时掌握物资的质量状况。

2.根据质量记录和类型建立存档和归档的管理方案，实现质量记录的可查性和可靠性。

第16条　物资存储、供应与使用记录的建立

1.建立物资存储和使用的详细记录，包括库存管理、供应链管理、使用管理等信息。

2.对物资的流向和使用情况进行实时监控和跟踪，及时掌握物资状况并做出相应的处理和修改。

第17条　物资的封存与报废处理

1.建立物资封存和报废处理的标准管理程序，确保物资的成本和质量控制。

2.对不符合要求的物资进行严格处理，避免废弃物对环境产生污染。

第5章 附则

第18条 编制单位

本办法由质量管理部负责编制、解释与修订。

第19条 生效日期

本办法自××××年××月××日起生效。

4.1.3 设备控制管理办法

工厂编制与实施设备控制管理办法,一是可以规范设备控制的流程,明确设备控制的相关标准,提高设备控制工作的效率;二是可以通过明确的设备控制要求与内容,保证设备运行的质量,进而保障生产质量。

设备控制管理办法

第1章 总则

第1条 目的

为提高生产质量,规范设备控制管理,特制定本办法。

第2条 适用范围

本办法适用于生产过程中的设备控制的管理工作。

第3条 管理原则

设备控制管理应遵循"质量第一、安全第一、效益优先"的原则。

第2章 设备控制的基本要求

第4条 制定设备质量与安全标准

1.为所有生产设备建立质量标准和安全标准,并定期检测和评估设备质量与安全状态,确保生产出的每个产品符合质量要求。

2.制定相应的设备运行维护标准,确保设备正常运转,避免其对生产质量产生影响。

第5条 设备的实时监控与响应

1.采用实时监控系统对所有设备进行监测,实现实时信息采集与反馈,及时掌握设备状态。

2.定期进行设备安全性评估,并建立报警响应流程,确保在设备异常情况下及时进行处理和应对,以避免设备故障对生产质量产生影响。

第6条　设备质量控制标准化

1.所有生产设备应使用标准配件和标准化制品,确保设备性能的稳定性和一致性,避免其对生产质量产生影响。

2.所有设备使用的零部件应由专人管理,且应严格按照清洗、修理、交换等标准化管理程序进行处理和维修,以保证修理和更换的部件符合质量标准要求。

第7条　设备的运营记录与管理

1.建立设备运营档案,记录设备性能、维修情况、使用情况等信息,包括设备的保修日期和过期日期等,确保产品生产过程中的设备质量和可靠性符合质量标准要求。

2.建立设备保养卡片,明确保养周期,及时更新保养时间和保养记录,以保证设备在生产过程中的正常运行。

第3章　设备控制的实施流程

第8条　设备采购与评估流程

1.建立设备采购委员会,由专家和管理人员组成,对设备合格性、质量、效率等方面进行评估。

2.采购委员会根据设备采购需求,统一采购相关设备,并建立对应设备进货、检验、验收流程。

第9条　设备检验与维护流程

1.建立专门的设备维修和保养部门,统一对设备进行周期性检查和维护。

2.对设备进行定期的保养和清洗,对设备异常情况及时进行处理和报告。

第10条　设备使用流程

1.严格按照设备使用说明书进行设备操作,遵守设备使用流程,确保设备正常运转。

2.建立并完善设备故障处理流程,采取及时有效的措施,减少设备故障对生产质量的影响。

第11条　设备报废与处理流程

1.应对过期或失效的设备进行淘汰或报废处理。淘汰或者报废的设备均应建立清晰的报废流程和程序规范。

2.对报废设备进行处理,包括内部流转、出售等方式,以确保设备的环保和资源回收。

第4章 设备控制实施的具体措施

第12条 设备安全管理

1.严格要求操作人员遵守操作规程,以保证设备运转的安全,避免因安全问题对生产过程产生影响,保证生产质量。

2.建立完善的设备安全事故记录台账,对发生的设备安全事故进行统计,总结并分析事故原因,减少安全事故的发生和避免安全事故对生产质量的影响。

第13条 设备日常保养与记录

1.建立设备保养记录卡片,记录设备的保养情况、时间等信息,以便及时查看设备运行状况。

2.对设备进行定期的清洗、检查、更换耗材等保养工作,及时发现设备的问题并进行修理。

第14条 设备运行监测

1.对设备的运行状态进行追踪和监测,并建立设备运行状态报告,以便及时查看并了解设备的运行状况。

2.采用专业技术对设备的运行状态进行监测,及时发现设备的问题并采取措施进行修理。

第15条 设备升级与优化

1.定期对设备进行升级、优化和提高,以提升设备的质量和效率。

2.制订设备的更新和升级计划,根据生产计划和设备寿命等因素提示设备更换时间和更换方法。

第16条 设备维修与维护

1.对设备进行定期的维修和保养,定期更新设备的保养和维修记录,建立设备维修记录台账。

2.建立设备维修人员评估机制,并对设备维修工作进行统计和分析,以及定期进行设备维修工作的质量管理。

第5章 附则

第17条 编制单位

本办法由质量管理部负责编制、解释与修订。

第18条　生效日期

本办法自××××年××月××日起生效。

4.1.4　人员控制管理办法

工厂编制与实施人员控制管理办法，一是可以更好地规范人员的行为，使人员具备明确的职责和权利范围，提高工作效率；二是可以有效避免重复劳动，减少对生产过程的影响，进而显著优化生产效率和生产质量。

人员控制管理办法

第1章　总则

第1条　目的

为保证生产质量，规范人员控制管理，节约生产成本，提升经济效益，特制定本办法。

第2条　适用范围

本办法适用于生产过程中的人员控制的管理工作。

第3条　管理原则

人员控制管理应遵循"全员参与、持续改进"的原则。

第2章　人员培训与考核

第4条　制订培训计划

1.为所有岗位人员制订详细的培训计划，确保培训能够全面覆盖所有的工作内容，提升他们的知识技能与操作技能，以保证生产质量。

2.加强对培训的考核和评价，定期监督与检查，根据实际情况，更新和修订培训计划。

3.对新人进行岗前培训，并测试其技能水平，确定其是否具备上岗资格。

4.定期进行现场考试，确保相关人员掌握了岗位知识和操作技能。

第5条　明确岗位职责与资质要求

1.每个岗位的职责和任务要明确，并通过培训告知相关人员。

2.做好人员资质的审核与管理，确保岗位人员应符合相关技能、经验、学历等要求。

第6条　人员配备与调度

1.根据生产需求和产线情况，合理规划人员配备数量，通过轮班制度调度人员，确保各岗位间的平衡性和稳定性。

2.在繁忙时段，适当增加人力配备，以防止因为人力不足导致产品出现质量问题。

第7条　人员考核

1.制订考核计划和流程，及时收集反馈信息，明确每个岗位的目标和绩效标准，及时了解工作进展情况。

2.配置相应的考核评估体系，从工作内容与工作质量两个维度考核，对达成绩效目标的人员给予激励，对没能达到绩效目标的人员进行改进并提供必要的培训指导。

3.对人员考核结果进行分析与整理，以便对工作进行调整和改进。

第3章　生产现场人员控制

第8条　制定现场管理制度

1.制定详细的行为准则，明确人员行为规范。

2.为每个岗位设置明确的责任和管控范围，确保每个现场工作流程被完整地管控。

第9条　进行现场监管

设置合理的监管体系，安排专门负责人员对生产现场进行巡查和监管，把控人员进出和工作内容，避免无关人员进入。

第10条　人员流动管理

对人员进入生产现场设置必要的流程与手续，并对其进行身份核实和有关规定的告知。有关人员进出生产现场应按规定佩戴工作证件。

第11条　进行身份验证

安装智能门禁、人脸识别系统等设备，提高现场人员管理的效率和精度，防止无关人员进入。

第12条　现场分区管理

设立生产区、清洗区、质检区等不同的区域。每个区域设置不同的准入条件，禁止未经许可的人员进入，以防这些人对生产过程造成干扰，从而避免潜在的生产质量问题。

第4章 人员操作规范

第13条 明确操作规程

制定标准工序操作规范,明确各类设备、工具的使用方式,规范化操作步骤,并要求操作人员严格遵守。

第14条 实施操作检查

进行日常巡检和不定期检查,及时发现和解决问题,防止由于人为原因造成的质量问题。

第15条 完善相应设施

设立物品归位规范和操作台要求,完善各项生产设施,保证设备工具的存放及使用方便,以提高生产质量。

第16条 评估改进执行效果

1.定期对操作规范执行效果进行评估,根据评估结果对规范进行改进。

2.建立晋升机制及动态评估制度,实现人员动态培养和评价系统。

第5章 附则

第17条 编制单位

本办法由质量管理部负责编制、解释与修订。

第18条 生效日期

本办法自××××年××月××日起生效。

4.1.5 检测控制管理办法

工厂编制与实施检测控制管理办法,一是可以明确检测要求与检测内容,规范检测行为,提升检测控制的效率与效益;二是可以通过规范化的检测控制,减少生产质量问题发生的概率,从而提高产品的质量和稳定性。

检测控制管理办法

第1章 总则

第1条 目的

为规范检测行为,简化工作流程,保证生产质量,特制定本办法。

第2条 适用范围

本办法适用于生产过程中的检测控制的管理工作。

第2章 原材料检测控制

第3条 采购前准备

在采购原材料前，应向供应商索取合格证明，并进行资质审核，以确保原材料供应商具有足够的能力和资质生产合格的原材料，避免不合格原材料进入生产线，影响生产质量。

第4条 到货检验

为了检测原材料的品质是否符合生产要求，应对每批到货原材料的外观、尺寸、成分等进行严格检测，确保原材料的质量达到生产要求。

第5条 不合格原材料的处理

1.根据检测结果，判定原材料是否符合要求，如不符合要求，进行退换货处理。

2.对于不合格的原材料，不能盲目地使用或者装配到产品中，而应该及时采取相应的措施，如返厂或退货，进行处理，以免影响产品质量。

第6条 合格原材料的标识与存放

为将合格原材料与不合格原材料相分离，确保合格原材料不被误用或混淆，保证后续操作的正确性和有效性，应对已经验收合格的原材料进行标识和分堆存放。

第7条 原材料质量监测

对原材料质量进行监测，及时发现原材料的质量问题并采取相应的措施解决，杜绝质量问题发生。

第3章 生产过程检测控制

第8条 定期监控和优化生产流程

1.对每道工序的生产过程进行定期检测和监控，记录检测结果并进行分析，优化生产流程，提高生产质量。

2.建立质量管理体系，规范和标准化生产流程和操作方法，确保每个操作环节符合规定要求，避免生产过程出现质量问题。

第9条 加强设备维护和保养

1.对生产线上的设备进行定期检修和维护，保证设备的正常运行，避免故障对生产进度和质量造成影响。

2.建立设备维修档案，并进行设备历史数据分析，掌握设备的准确运行情况，为设备升级和改进提供数据支撑和决策依据。

第10条　监测生产数据

1.建立实时监测系统，对生产过程中的关键数据进行实时采集和监测，及时发现数据异常和产品质量问题。

2.制定数据处理和应急预案，设立数据预警机制，一旦数据超出预警范围，及时进行调整和纠正，避免数据异常对产品质量带来影响。

第11条　优化生产计划

1.基于市场需求和生产能力，合理安排生产计划，避免过度加工和浪费材料，提高生产效率。

2.建立生产计划跟踪机制，监测生产进度和质量，做到预测性管理和及时调整，优化生产计划。

第12条　建立完善的质量保障体系

1.制定和严格执行质量管理规范、检测标准和工艺流程等，建立完善的质量保障体系，提高生产质量。

2.实行过程质量控制和产品质量统计，完善质量分析与改进机制，对质量问题进行追溯、分析、跟踪，并制定相应的改进措施，不断提升生产质量。

第4章　成品检测控制

第13条　实施全面检测

1.对成品从外观、尺寸、性能等多个角度进行全面、严格的检测，确保成品质量符合标准和客户要求。

2.建立检测规程和检测标准，严格执行检测程序，避免检测失误和漏检，提高产品质量。

第14条　确保完好运输与存储

1.所有成品均需要进行严格的包装，确保产品在运输和存储过程中不受污染和损坏，避免成品质量下降。

2.根据产品特点和市场需求，制定各类产品的专属包装方案，并对包装标识进行规范化，避免出现混淆和误用的情况。

第15条　建立成品质量追溯和管理体系

1.对检测合格的成品进行质量记录和标识，建立完善的成品质量追溯和管理体系，以便对质量问题进行溯源、处理、整改和提升。

2.建立质量档案，并对记录的质量数据进行分析和评估，为产品质量持续改进提供数据支持和决策依据，不断提升产品质量水平。

第16条　强化售后服务

1.建立售后服务团队和服务体系，对客户反馈和投诉进行及时处理和跟进，及时解决质量问题，提供一流的服务质量。

2.通过有效的沟通和回访，了解客户需求和反馈，分析口碑和评价，持续提升产品和服务的质量。

第5章　附则

第17条　编制单位

本办法由质量管理部负责编制、解释与修订。

第18条　生效日期

本办法自××××年××月××日起生效。

4.2　特殊过程控制

4.2.1　特殊制造过程质量保证管理办法

本办法主要有以下作用：一是可以有效控制特殊过程的质量实施流程，避免出现质量问题；二是可以帮助工厂更好地管理特殊制造过程，从而提高工厂的整体质量管理水平；三是可以确保工厂特殊制造过程符合相关的法律法规和行业标准的要求。

特殊制造过程质量保证管理办法

第1章 总则

第1条 目的

为了贯彻落实国家质量方针和质量法律法规的要求,保证特殊制造过程中的质量安全,加强质量监管和管理,特制定本办法。

第2条 适用范围

本办法适用于工厂所有特殊制造过程的工作场所、机器设备、工艺流程及人员管理工作。

第3条 词语解释

特殊制造过程指针对特定产品或设备的生产制造过程,要求材料及工艺的严格控制和人员的高标准监管,以确保产品或设备满足质量和安全标准。

第2章 质量保证体系

第4条 质量保证体系的建立

工厂应当建立完整的质量保证体系,特殊制造过程的质量保证体系应符合ISO9001:2015质量管理体系要求,并制订和执行相应的质量保证计划。

第5条 质量保证文件体系

工厂应当建立完整的质量保证文件体系,包括质量手册、程序文件、作业指导书、质量检验规程、质量记录等文件。质量保证文件应建立记录保留制度,并依据法律、行业及客户的要求制定。

第6条 人员素质

1.特殊制造过程质量保证工作应当配备专职质量检验员,并对其进行必要的培训和考核。

2.执行特殊制造过程质量保证工作的人员必须经过相应的培训并持有相应的证书,确保其具备足够的技能和知识。

3.工厂应当做好人员培训和质量意识教育,提高人员素质和技能,确保生产作业人员具备必要的工艺技能和品质意识,能够按照规定执行工艺过程,保障产品的质量安全。

第3章 质量保证控制

第7条 原材料与辅料的检验控制

1.工厂特殊制造过程中所采用的原材料、零部件必须符合国家相关质量标准或客户要求，并应当建立完善的供应管理体系。

2.工厂应与供应商建立良好的合作关系，并定期对其进行评估和审核，以确保其供货质量稳定可靠。

3.应在供应商名录中记录所有与工厂交往的供应商信息，包括合同情况、交货时间、质量反馈等相关信息，并按照要求进行分类和分级管理。

第8条　生产过程的控制

1.在生产过程中，应严格控制各生产环节的条件。产品工艺文件应明确生产过程中的关键节点控制及数据要求。

2.工厂特殊制造过程应当建立合理的生产控制系统，确保产品达到设计的要求和客户的要求。

3.应当对特殊制造过程中的关键参数进行实时监控，并记录监测数据，以便对产品质量进行分析和改进。

4.特殊制造过程中应当采取适当的工艺和设备控制措施，以确保输出的产品符合规定的质量标准。

第9条　设备与仪器的控制

工厂应采用优质设备和先进的检测仪器，并建立相关维护保养制度。设备和仪器的检定、校准应按照规定进行，并依据检测结果及时调整和修理。

第10条　工艺流程设计方案的审批

工艺流程设计方案应经过技术部门的审批后方能执行。应在制造过程中充分考虑安全性、可靠性、稳定性等因素。

第4章　质量保证检验

第11条　检测基础

检测过程中应遵循科学、公正、准确、严谨的原则，检测结果应符合国家或行业标准、客户要求和合同规定。

第12条　质量检验计划

1.工厂特殊制造过程应当制订详细的检验计划，以确保在生产过程中对产品的检验全面、严格、可靠。

2.对于关键操作、关键工序和重要零部件，应当采取全检或批检的方式进行质量控制。

3.对于通过检验的产品,应当贴上相应的标签,以标识其质量等级和检验状态。

4.检测方法应根据产品特点及质量要求而定,并应考虑检测设备的性能、检测材料的质量等因素。

第13条 检测结果与记录

1.检测结果若不符合质量标准,必须再次检测,并对测试结果进行分析。

2.检测记录应真实、完整、可追溯,不得涂改、塞写。检测记录应按照规定保存,以备查证或证明之用。

第14条 不合格品处理

1.出现不合格品时,应立即停止生产,并按照不合格品处理规定进行分类处理。

2.对于不合格品应及时明确原因并着手改进,防止同样问题再次发生。

3.对于无法改进的不合格品,应当依据相关法规进行妥善处置,切勿将不合格品投放市场流通。

第5章 安全管理

第15条 数据管理

1.工厂应采用多种手段对特殊制造过程的质量数据进行分析,以发现潜在问题并及时进行改进。

2.工厂应当建立合理的质量指标体系,对特殊制造过程中的关键工序、关键参数、关键零部件进行重点监控和统计分析。

3.分析结果应当及时反馈给相关部门,并进行必要的整改行动,确保不断提高产品的质量和客户满意度。

第16条 保密管理

1.工厂特殊制造过程中所涉及的技术资料、工艺流程、设备参数等必须严格保密,防止泄漏和侵权。

2.应当采取多种措施加强保密管理,包括但不限于安全措施、人员培训、安全审查等。

3.所有与工厂特殊制造过程相关的人员都应当签署保密协议,并严格按照协议执行,遵守相关保密规定。

第17条 安全生产

1.工厂在特殊制造过程中必须遵守国家相关安全标准和满足客户的要求。工厂应建立并执行安全生产责任制度。

2.应当进行专门的安全培训,确保所有从业人员了解相关安全规定和操作规范。

3.应当加强对特殊制造过程中存在的危险源的管理和控制,对可能导致事故的隐患应当及时消除。

第6章　监督与责任管理

第18条　监督机制

工厂应当建立监督机制,对特殊制造过程进行全方位监督,并对监督结果进行整理和分析,提高质量监督的全面性和实效性。

第19条　审核制度

工厂应当建立审核制度,对质量管理体系的执行、安全保障措施的制定、质量监督结果等方面进行周期性的内部审核,以确保质量保证管理的稳定性和可持续性。

第20条　法律责任

对于违反法律法规、技术标准和工厂管理制度,导致质量问题和安全事故的人员或组织,应当按照相关法律法规和规章制度追究个人或组织的责任。

第21条　纠纷处理

对于特殊制造过程中由于质量问题引起的纠纷,工厂应当及时采取合理的补偿措施,并积极妥善处理相关纠纷。

第7章　附则

第22条　编制单位

本办法由质量管理部负责编制、解释与修订。

第23条　生效日期

本办法自××××年××月××日起生效。

4.2.2　特殊工艺质量控制办法

本办法主要有以下作用:一是可以确保特殊工艺的质量稳定和可靠性;二是可以规范特殊工艺的操作流程和标准操作方法;三是可以提高特殊工艺的生产效率,并降低成本。

特殊工艺质量控制办法

第1章 总则

第1条 目的

为了确保特殊工艺的质量符合标准要求,提高生产效率,保证安全生产,特制定本办法。

第2条 适用范围

本办法适用于工厂内特殊工艺质量控制工作的管理。

第3条 词语解释

特殊工艺是指制造过程中需要运用先进、复杂、精密的技术和装备进行生产加工的工艺。

第2章 质量保证计划

第4条 计划内容

工厂应针对特殊工艺在生产制造前编制质量保证计划,包括但不限于以下内容。

1. 生产工艺和流程的设计和确认。
2. 原材料和配件的选择和检验要求。
3. 产品样品的审核和确认。
4. 生产过程中检测与测试方案的设定。
5. 产品成品的质量检测与验收要求。
6. 质量问题的处理与追溯措施。

第5条 计划审核

质量保证计划应当根据特殊工艺的具体情况,由有关技术人员、监督检测人员和质量管理人员共同制订,并进行审核。

第6条 计划执行

质量保证计划应纳入生产计划,在生产前、期间和后期进行严格执行。生产技术部门应定期对质量保证计划进行检查和评估,及时发现问题并采取措施。

第3章 质量保证体系

第7条 质量保证体系内容

工厂应针对特殊工艺建立完善的质量保证体系,包括但不限于以下内容。

1. 制定和实施标准化管理制度。

2.建立质量管理说明书。

3.确定生产管理和质量统计指标。

4.建立质量管理档案系统。

5.进行内部审核和外部审核。

6.进行培训活动和教育评价。

第8条 质量保证组织

工厂应建立质量保证组织，明确职责分工，编制并实施质量保证手册，明确质量保证体系相关流程和标准。

第9条 内审

工厂应建立内审机制，对质量保证体系进行内部监督与审核，保证质量保证体系的有效性。建立客户投诉处理机制，及时有效地处理客户投诉。

第4章 原材料及生产过程质量控制

第10条 原材料选用及管控

1.工厂应选择经过质量检测和认证的原材料。

2.工厂应建立原材料入库、出库管理控制制度和追溯体系。

3.工厂应建立物料清单及物料和产品一致性验证机制，确保产品符合要求。

第11条 生产过程管理

工厂应建立生产计划、设备保养、原材料检测、生产过程控制、工序交接管理、生产现场管理等相关生产过程管理制度，确保生产计划合理、有效，生产原材料、生产设备符合标准、生产现场安全有序。

第5章 质量检验与追溯管理

第12条 质量检验体系

所有特殊工艺制造厂家应当建立完善的质量检验体系，包括但不限于以下内容。

1.制订检测和测试计划。

2.建立检测和测试标准。

3.对检测设备和人员进行管理和培训。

4.建立检测报告和验收记录。

第13条 出厂检验

工厂在产品成品出厂前进行严格的质量检测和验收，确保产品符合标准要求。

第14条　质量记录

工厂应建立质量记录管理机制，记录产品从原材料采购到生产、出厂的全过程。建立文件控制机制，确保文件按照要求存档。

第15条　质量问题处理与追溯

1.工厂应当建立完整的质量问题处理机制，及时处置质量问题，避免因质量问题带来的不良后果。

2.工厂应当建立完善的质量追溯体系，能够在短时间内确定质量问题的原因和责任人。

3.工厂应当及时采取措施，保护消费者权益，做到公平、公正、透明地处理质量问题。

第16条　监督检查与处罚

1.相关部门应当加强对工厂的监督检查，确保工厂按照标准要求开展生产活动。

2.对违反质量管理要求的工厂，应当依法予以处罚，并追究其相关责任人的法律责任。

第6章　附则

第17条　编制单位

本办法由质量管理部负责编制、解释与修订。

第18条　生效日期

本办法自××××年××月××日起生效。

4.3　产品验证

4.3.1　外购材料与外购件验证管理办法

工厂编制与实施外购材料与外购件验证管理办法，一是可以保证工厂所采购的外购材料与外购件符合相关的质量标准与法规，从而降低质量风险与责任；二是可以通过外购材料与外购件的验证管理，促进工厂内部质量管理的不断完善，提高整个生产环节的质量水平和效率。

外购材料与外购件验证管理办法

第1章 总则

第1条 目的

为避免产品在生产中出现质量问题，对所需外购材料与外购件在进场前进行验证，防止不合格品流入生产线，特制定本办法。

第2条 适用范围

本办法适用于生产所需的外购材料与外购件的验证管理工作。

第2章 外购材料的验证管理

第3条 外购材料的验收依据

1. 相关国家标准。

2. 产品专用标准、图纸。

3. 订货合同或技术、工艺部门提供的有关采购规范或技术协议。

第4条 外购材料的验证方式

1. 外购材料采用进展检验方式，按批交验。

2. 对第一批验证的外购材料，按照验收依据对其展开全面检验。

3. 对尚未具备检验条件的外购材料，可聘请专业机构检验。

第5条 外购材料的质量证明书的审查与确认

对质量证明书的审查、确认内容包括以下内容。

1. 核实供应商是否在工厂合格名单内，其材料质量证明书印章与单位名称一致，且印章清晰。

2. 质量证明书所列项目与数据必须符合相应标准、技术协议及合同的要求。

3. 对质量证明书上的供应商经办人、经办日期、单位印章等进行验证。

4. 确定检验项目与取样数量。

第6条 编写外购材料检验号

质量证明书验证审核合格后，按照材料批号编制材料检验号，并填写在检验单上。

第7条 外购材料的实物验收

外购材料的实物验收内容如下。

1.外购材料的编号、规格、数量是否与质量证明书一致。

2.外购材料的包装、外观、尺寸等外部质量是否合格。

逐件编写外购材料，并在堆垛处标注检号、材质及规格等信息。对于验收合格的外购材料，应进行入库操作，并在核对标记、数量、状态、堆垛情况后，填写验收记录。

第8条 外购材料的验证处置

判定合格的外购材料，在材料验收单上进行标注，对于不合格的外购材料，按照外购不合格材料处理办法进行处置。

第3章 外购件的验证管理

第9条 外购件的验证内容

1.核对外购件的合格证、材料质证、合同、采购协议、发货清单等。

2.检查包装、外购件外观、图纸、易损件清单等。

3.核对外购件铭牌参数。

若上述内容核对无误，要在"入库单"上签字确认。

第10条 外购件的验证方式

1.同一批进货、同一规格的外购件作为一个检查批次进行检验。

2.对第一批送达的外购件，按照验证内容对其进行全面检验。

第11条 特殊外购件的验证措施

1.对于批量较大的外购件，可根据供应商的生产进度，定期派遣专人到现场进行监督。

2.对于比较重要或者关键的外购件，可安排专人到现场对关键工序进行抽检。

3.根据生产实际情况，适当加大抽检数量及抽检频率。

第12条 外购件的验证记录与标识

1.外购件的检验完成后，对其状态进行标识，并填写"入库检验单"。

2.对外购件的验证进行记录，并按照关键外购件、安全性外购件等进行分类整理保存。

第13条　不合格品的判定

有下列情况之一的，判定为不合格外购件。

1.外购件的规格、参数、尺寸等信息与要求数据不符的。

2.经复检后仍不合格的。

3.未经充分证实的外购件，如实物无标记或者标记不清，或与质证不相符的材料。

第14条　不合格品的处置

外购件若被判定为不合格品，则按照"不合格品处理办法"进行处置。

第4章　附则

第15条　编制单位

本办法由质量管理部负责编制、解释与修订。

第16条　生效日期

本办法自××××年××月××日起生效。

4.3.2 产品生产过程验证管理办法

工厂编制与实施产品生产过程验证管理办法，一是可以通过首检、巡检和终检等过程，及时发现与解决生产过程中的问题，减少不合格品的生产率，从而提高产品质量；二是可以通过规范化的生产过程和质量控制，减少生产成本，降低生产中不必要的废品产生率。

产品生产过程验证管理办法

第1章　总则

第1条　为确保生产过程验证工作正常进行，保证产品质量，满足生产需求，提升产品质量，提高经济效益，特制定本办法。

第2条　本办法适用于生产过程的首件检验、制程巡检、包装终检的管理工作。

第2章　首件检验管理

第3条　生产车间在进行大规模生产前，应进行首检，由生产人员完成自检，自检结束后填写"首检卡"，并向质量管理部提交首检申请。

第4条　质量管理部按照图纸、样板、客户特殊要求等相关数据对首件进行检验，并将检验情况填写在"首检卡"上。

第5条　在完成首检后，质量管理部应将"首检卡"及时反馈给生产车间。

第6条　若首检合格，质量管理部应在首件产品上标注"首检合格"，并通知生产车间可以进行大规模量产，同时此产品作为批量生产样品留存。

第7条　若首检不合格，质量管理部须在首件产品上标注"不合格产品"，并将其连同不合格原因一起反馈给生产车间。

第8条　生产车间根据收到的首件产品类型，结合"首检卡"所述情况，寻找问题产生的原因，并及时组织有关人员进行改善处理。

第9条　若质量管理部无法同时处理大批首件，应优先选择精度要求高或是品质不稳定的重要首件，对其进行检验。

第10条　质量管理部根据首检情况，编制"首件检验报告"，并经由总经理审批后留存。

第3章　制程巡检管理

第11条　质量管理部根据"产品检验规范"，不定期对生产过程中的每个工序进行巡回检验，随机对其进行抽样，抽样数量应按照规定进行。

第12条　质量管理部若在巡检过程中发现问题，应及时通知生产车间，以便其及时采取措施，避免影响产品生产。

第13条　对于重大质量问题，质量管理部应填写"质量异常处理单"，将其交由生产车间进行改善，并对改善情况进行跟进。

第14条　对于经常出现质量问题的工序，可通过缩短巡检周期或增加抽查数量的方式对产品质量进行控制。

第15条　质量管理部在巡检过程中，应对产品质控点进行重点检查，检查频率不低于每班3次，检查数量不低于每次4件。

第16条　质量管理部将巡检结果记录在"巡检记录表"中，并对不良品进行标注。

第17条　对于巡检过程中发现的问题，可采取以下处理方式。

1.若在质控点的巡检中若发现不良品超过3个，则要求生产人员立即停工，并进行全检。

2.若在一般点处发现不合格品,判断其是否影响下道工序,确保剩余产品符合生产要求,则允许进入下道工序,反之,则进行全检。

3.对于批量的不合格品,应立即停止生产进行现场返工,返工后继续按照抽样规定进行检验。若不能进行返工处理,则须向总经理申请,进行报废处理。

第18条　质量管理部将"巡检记录表"整理成册,交由总经理审批后,分类留存。

第4章　产品终检管理

第19条　生产车间完后生产后,将产品放置在检验区,由质量管理部进行完工检验,合格后方可入库。

第20条　质量管理部须按照图纸及有关标准对其进行检验,检验内容与检验方法应视产品的具体情况而定。

第21条　质量管理部应将在终检中发现的问题及时通知生产车间,以便其及时采取措施进行改善,质量管理部还要随时跟进改善结果。

第22条　质量管理部应将检验结果记录在"产品终检表"中,交由总经理审核后留存。

第23条　对于终检不合格产品,由质量管理部与生产车间共同对其进行判断,分别进行返工与报废处理。

第5章　附则

第24条　编制单位

本办法由质量管理部负责编制、解释与修订。

第25条　生效日期

本办法自××××年××月××日起生效。

4.3.3　成品验证管理办法

工厂编制与实施成品验证管理办法,一是通过成品验证管理的规范化,保证产品质量,减少不必要的后期调整和返工,从而降低生产成本;二是通过优化工厂的生产流程和质量控制流程,减少生产过程中的不必要时间和资源浪费,提高生产效率。

成品验证管理办法

第1章 总则

第1条 为确保成品质量符合相关要求及标准,使入库前成品的质量在出货前得到有效的检测与保证,特制定本办法。

第2条 本办法适用于成品的验证管理工作。

第2章 食品成品验证管理

第3条 食品成品验证应根据食品种类和特性,选择适当的验证方法和指标,确保食品符合相关标准和规定。

第4条 食品成品验证应设置严格的实验环境和条件,包括对温度、湿度、光照等多个因素的控制和监测,确保验证结果的准确性和可靠性。

需要记录实验中环境和条件的变动情况,以便后续验证时进行比对。同时也要对实验设备进行维护和校准,确保设备的精度和准确性。

第5条 食品成品验证应包括成分分析、微生物检测、物理化学性质测试、营养成分测定和残留检测等多个方面,以确保食品的安全性和健康效益。

在验证的过程中,不同的食品种类和特性需要评估不同的因素。同时,也需要充分考虑各种因素对验证结果的影响。

第6条 食品成品验证应建立完整的记录和档案体系,对验证过程和数据进行记录和存档,确保验证结果的可追溯性和可重复性。

记录和档案应该包括具体的实验环境和条件、验证方法、验证结果和分析结论等内容,记录和储存方式需要确保数据的完整性和机密性。

第7条 食品成品验证应加强品质控制和风险评估,及时发现和纠正问题,确保食品的质量和市场竞争力。

第3章 电子产品成品验证管理

第8条 电子产品成品验证应根据产品种类和使用情况,选择适当的验证方法和指标,确保电子产品符合相关标准和规定。

第9条 电子产品成品验证应包括外观检查、电气特性测试、无线电性能测试、安全性评估和环保检测等多个方面,确保电子产品的安全性和可靠性。

除此之外,需要全面考虑不同验证的方面的影响和重要性,检查设计方案,确保产品的安全性和可靠性。

第10条　电子产品成品验证应设置严格的实验环境和条件，实验环境和条件的稳定性和一致性可以确保验证结果的准确性和可靠性。

需要建立详细的记录和档案体系，记录验证的过程和数据，并储存数据的完整性和机密性，以便后续查询和比对。

第11条　电子产品成品验证应进行全过程的质量管控和风险评估，及时发现和纠正问题，确保验证结果的准确性和可靠性。

第12条　电子产品成品验证应强化内部沟通和合作，建立良好的质量文化和团队合作精神，共同推动电子产品质量的不断提高。

第4章　机械设备成品验证管理

第13条　机械设备成品验证应根据设备种类和使用情况，选择适当的验证方法和指标，确保机械设备符合相关标准和规定。

在选择验证方法和指标的过程中，需要充分考虑实验流程的科学性、可重复性、实用性和灵敏度等因素，并在此基础上结合实际情况进行选择。

第14条　机械设备成品验证应包括外观检查、机械特性测试、电气特性测试、安全性评估和环保检测等多个方面，确保机械设备的安全性和可靠性。

第15条　机械设备成品验证应设置严格的实验环境和条件，并对验证过程和数据进行记录和存档，确保验证结果的可追溯性和可重复性。

第16条　机械设备成品验证应进行全过程的质量管控和风险评估，及时发现和纠正问题，确保验证结果的准确性和可靠性。

第17条　机械设备成品验证应强化内部沟通和合作，建立良好的质量文化和团队合作精神，共同推动机械设备质量的不断提高。

第5章　附则

第18条　编制单位

本办法由质量管理部负责编制、解释与修订。

第19条　生效日期

本办法自××××年××月××日起生效。

4.4 制造过程质量控制精进化实施指南

4.4.1 特殊过程质量控制要点及措施

特殊过程质量控制要点一般包括加强工艺过程控制、工艺方法的试验验证、过程操作人员技能培训和资格认证、建立严格的物资控制等，其具体内容及对应措施如下所述。

（1）加强工艺过程控制

对于特殊过程，需要加强工艺过程的控制，确保每个工序都符合标准要求，避免质量问题出现。

①制定标准工艺并优化。制定规范化的工艺流程标准，建立标准流程卡，减少工艺流程变异对产品造成的影响。根据流程卡设立合理的工艺参数，以达到稳定的工艺过程。

②建立过程监控系统。特殊过程中的加工质量难以进行后期检验，为提高产品质量稳定性，可建立过程监控系统，对特殊工艺的关键参数进行监控，及时发现并解决质量问题。

③定期进行质量检查。定期对特殊工艺产品进行质量检查，及时发现质量问题，防止不良品批次发生并保证产品的合格率。

（2）工艺方法的试验验证

对于未经验证或难以验证的特殊过程，需要进行工艺方法的试验验证，以确定工艺过程的合理性和有效性。

①实施工艺试验。在工艺过程正式实施之前，进行良好的预研和实验验证，确定最佳工艺流程，确保质量可控。

②加强过程控制。建立全面的过程控制机制，包括检测、监控以及反馈机制等，对工艺过程中的数据进行实时分析和监控，及时发现问题，并采取有效的解决措施，从而确保生产过程的稳定性。

③分析过程中的质量问题。在实施过程中，若发现产品质量问题存在，应对原因

进行详细分析，制定对策，切实解决问题。

④实施持续改进。对实施的特殊过程进行定期评估，找出存在的问题及不足，通过改进措施实现持续优化。

（3）过程操作人员技能培训和资格认证

对于特殊过程，需要加强过程操作人员的培训和资格认证，确保操作人员能够正确、规范地操作设备，降低出错的概率。

①组织培训与考核。对操作人员进行操作说明培训和技能考核，确保其掌握操作技能。

②建立技能库。对操作人员技能情况进行明确划分和记录，并建立技能库、存档，以查阅相关技能库为依据，选派合适的操作人员操作。

（4）制定严格的物资控制制度

为了确保特殊过程的质量，需要加强对进入生产流程的物资的控制，禁止低质量、损坏或者其他未经批准的物资进入，避免对特殊过程质量的影响。

①制定物资控制制度。明确物资进场验收标准和检验方法，确保从供应商进入的物资满足特殊过程要求。

②对关键物资进行可追溯管理。对于特殊过程中使用的关键物资，需要建立可追溯的管理系统，确保在其采购、进场检验、存储、运输、使用等环节进行跟踪，并建立相应的回溯档案。

③制定物资保管规程。制定物资保管规程，标准化物资使用过程，并对用后物资进行合理处理，避免污染环境事件和安全事故的发生。

④选择合格的物资供应商。选择有稳定的生产和供应能力、质量体系得到认可的正规供应商，并对供应商进行评价、监督和考核，确保其能够稳定地提供符合要求的物资。

⑤实施质量跟踪和监控。对特殊过程中的物资质量进行跟踪和监控，及时发现有可能存在的质量问题，并采取措施解决问题。

4.4.2 特殊过程外包质量控制办法

工厂编制与实施特殊过程外包质量控制办法，一是可以规范外包操作流程，约束外包方的技术水平与质量标准，保证特殊过程的生产质量的稳定性和可靠性；二是可以通过外包特殊过程，实现生产资源的灵活配置，以应对市场需求的变化和生产规模的调整。

特殊过程外包质量控制办法
第1章　总则

第1条　目的

为确保特殊过程外包质量的稳定，提升产品质量，特制定本办法。

第2条　适用范围

本办法适用于特殊过程的质量控制工作。

第2章　工艺过程控制

第3条　制定明确的工艺标准

为所有的工艺过程制定详细清晰的标准，确保每个工序都符合要求，避免质量问题出现。同时，还需要对外包方的工艺标准进行认证和审核，确保其符合行业和国家的规定。

第4条　合理调整工艺流程

在特殊过程的外包中，应采用合适的工艺流程，并对那些对产品质量有影响的工序进行有针对性的优化，以确保产品的质量和效率。

第5条　加强工艺过程控制

建立全面的过程控制机制，包括检测、监控及反馈机制等，对工艺过程中的数据进行实时分析和监控，及时发现问题，并采取有效的解决措施，从而确保整个生产过程的稳定性。

第6条　优化设备使用

对外包方的设备进行评估并选择质量稳定和规格符合要求的设备，保持设备清洁、维修合理、调整准确、保养及时，以确保设备的正常运行，提高生产效率。

第3章 人员操作控制

第7条 加强外包人员培养和管理

加强外包人员技能培养和资格认证，确保员工能够正确、规范地操作设备和工艺过程，降低出错的概率。

第8条 建立外包人员考核机制

外包过程需要建立人员考核机制，以对过程操作人员的工作表现进行评估和考核，根据考核结果，及时解决人员方面的问题，加强人员管理和培训。

第9条 派遣专人进行监督与指导

向外包方派遣专人对其操作进行监督与指导，确保外包人员的操作符合要求。

第10条 建立外包人员流程档案

建立外包人员在生产过程中的操作流程档案，记录操作的所有细节，以便发现和解决问题，提高外包人员操作的精度和规范性。

第11条 定期组织质量分析和验收

为了更好地监督外包特殊过程的质量，应定期组织质量分析和验收，审查过程中是否存在质量问题，并及时跟进解决。同时，把质量监控、质量计划、质量分析、改进与持续性管理纳入日常工作中，以从根本上改善特殊过程质量的问题。

第4章 外包物资控制

第12条 对外包物资进行严格的质量检查

通过制定物资控制标准，对进入特殊过程的物资进行严格的质量检查，确保物资质量符合要求。

第13条 确认外包物资标准

在制定物资标准时，需要确认外包方使用的物资标准，并对其进行审核和认证，避免因物资质量问题引发生产事故和质量问题。

第14条 合理使用材料和节约成本

特殊过程所使用的物资数量和成本较高，因此需要合理使用材料，减少浪费。

第15条 执行物资库存管理制度

需要制定物资库存管理制度，对物资库存进行合理的管理，包括物资供应、入库、出库、销毁等，以确保物资的安全性和规范化管理。

第16条　定期对物资进行维护和保养

定期对特殊过程所使用的物资进行维护和保养,包括清洗、消毒、检修等,以确保物资的良好状态和使用效率。

第5章　附则

第17条　编制单位

本办法由质量管理部负责编制、解释与修订。

第18条　生效日期

本办法自××××年××月××日起生效。

第 5 章
辅助生产过程质量控制精细化

5.1 物料供应的质量控制

5.1.1 辅助材料质量控制管理办法

本办法对工厂质量管理具有以下重要作用：一是规范辅助材料采购和使用，确保辅助材料的质量符合标准和规范，从而提高产品的质量，降低产品质量问题的发生率；二是避免由于辅助材料质量问题导致的不必要的生产时间调整，提高生产效率，缩短生产周期。

辅助材料质量控制管理办法

第1章　总则

第1条　为了规范生产过程中辅助材料的使用，保证辅助材料质量符合要求，提高产品质量，特制定本办法。

第2条　本办法适用于工厂生产过程中使用的各类辅助材料的质量管理。

第3条　本办法所称辅助材料是指在生产过程中用于辅助或促进生产的材料，分为以下几类。

1.化学剂：用于加工、清洗、涂覆等生产操作中的化学品，例如，氨水、酸洗剂、防锈剂等。

2.润滑油：用于机械设备的润滑和保护，例如，机油、润滑脂等。

3.配件：包括生产和维修备品备件，例如，机器零件、工具、电线等。

4.燃料：用于产生热能或动力，如石油、天然气、煤等。

5.包装材料：用于成品包装或运输，例如，纸箱、木箱、保护膜、纸袋等。

6.辅助原材料：用于帮助原材料的加工或改变其物理化学性质，例如，催化剂、填充剂等。

7.能源消耗品：用于能量的传输和转化，例如，发电燃料、蓄电池等。

第2章　辅助材料质量控制方法

第4条　辅助材料质量控制方法有以下两种。

1.质量跟踪。对辅助材料的质量进行跟踪和监测，定期对其质量进行检测，并对结果进行统计和分析，及时发现问题并采取措施。

2.质量评价。对辅助材料的质量进行评价，形成质量评估报告，对其进行定性和定量分析，为企业质量管理提供有力的支持和参考。

第5条 辅助材料的质量控制要素包括原材料的来源、生产工艺、质量控制、储存条件、标签和说明书、检测、记录等。

第6条 针对辅助材料质量控制的不同特点，制定相应的质量控制标准体系，包括特定的检验项目、检测方法和评价方法等。

第3章 辅助材料全流程质量控制

第7条 辅助材料采购质量控制

1.采购前对供应商进行资格审查，对其生产许可证、产品质量保证书、ISO质量管理体系认证证书等进行核查。

2.合格供应商才能进入辅助材料采购的筛选程序，并根据先进性、可靠性、成本及可供性等准则来选择合适的供应商。

第8条 辅助材料验收质量控制

1.根据质量控制要求确定辅助材料验收标准，包括外观检查、物理性能检查、化学性能检查、包装标识等。

2.当辅助材料未通过质量验收时，供应商应对不合格产品负责，并及时提供相应的处理方式。

第9条 辅助材料存储质量控制

1.对存储环境包括温度、湿度、通风等因素进行控制。

2.确保辅助材料与有害物质分开和有效地标识。

3.有害物质应单独存放，以免溢出和污染。

第10条 辅助材料使用质量控制

1.在使用过程中，应严格按照规范进行使用，避免不当或过度使用。

2.使用时应留下相应的记录，包括使用方法、使用时间、使用量、使用情况等。

第11条 辅助材料质量监测

1.经常对辅助材料进行质量监测，并制定相应的监测指标和标准。

2.定期对不同的辅助材料进行检测，以确认它们的质量是否符合要求。

3.应对监测数据进行进一步分析处理，以做出相应的调整和改进。

第12条　辅助材料质量记录

为了便于调查和追责，质量控制人员需要对辅助材料的采购、入库、出库、消耗、监测、废弃等各个环节进行记录，同时要确保这些记录能够高效、准确、可靠地记录和检索。记录应包括采购记录、存储记录、使用记录、监测记录等。

第4章　辅助材料质量问题处理

第13条　质量问题处理程序

1.发现辅助材料的质量问题，应及时停止使用，确认问题的性质和影响程度，并评估其对产品的影响。

2.将有问题的辅助材料区分出来，并标识和隔离，以防止其影响正常生产。

3.对问题进行彻底的原因分析，找出问题的根源，确定相应的改进措施。改进措施应明确实施时间和责任部门，并加强质量管理和监督工作。

4.在改进措施实施之前，必须进行前置验证，确认措施的可行性和有效性，以保证改进效果。

5.实施改进措施后，需要进行跟踪和检查，监督改进效果，及时发现并纠正问题和漏洞。

6.对处理过程进行评估和记录，并及时通知相关部门，协调所涉及的所有部门共同解决问题。对处理结果应进行总结和分析，以提高质量控制能力。

第14条　质量问题责任追究

1.若采购部门在采购辅助材料过程中出现失误，应承担相应的责任。

2.若生产部门使用了未经验收或未符合标准的辅助材料，应承担相应的责任。

3.若质量管理部存在质量管理不力的情况，质量管理部门应承担相应的责任。

4.若存在生产线管制不力的情况，则生产线的相关人员应承担相应的责任，应对质量检测失败的人员进行相应培训并加强管理。

第5章　附则

第15条　本办法由质量管理部负责编制、解释与修订。

第16条　本办法自×××× 年××月××日起生效。

5.1.2 外购件、外协件质量控制办法

本办法对工厂质量管理具有以下重要作用：一是通过对外购件和外协件的质量管理，保证产品符合质量标准，降低次品率，提高产品的质量水平；二是有效地促进供应商提升自身的质量水平，进而提高整个供应链的质量稳定性和产品的竞争力。

外购件、外协件质量控制办法

第1章 总则

第1条 为了保证外购件和外协件的质量，减少工厂的质量风险和损失，特制定本办法。

第2条 本办法适用于对工厂外购件与外协件的质量控制。

第3条 本办法所称外购件与外协件定义如下。

1.外购件是指工厂为生产所需，在外部市场上采购的零部件、原材料、机器设备、其他生产物资等。这些外购件通常都是不可再加工的原材料或成品。

2.外协件是指外部企业承接工厂某些环节或全过程生产的部分产品（不包括完整的成品）。由于技术、设备或人力等方面原因，工厂无法自行完成，需要外部企业提供加工或生产服务的物品。

第2章 外购件质量控制

第4条 供应商质量控制

1.工厂应根据供应商的信誉度、技术实力、生产能力、质量管理能力等方面，对供应商进行评估和筛选。

2.工厂应建立供应商档案，包括供应商的基本情况、质量管理体系认证情况、产品质量情况等。

3.工厂应定期对供应商进行评估和监督，并及时纠正存在的问题，以保证供应商的质量水平。

第5条 采购过程质量控制

1.采购过程应严格遵守采购合同，合同中应包括具体的质量标准，以便在后续的采购过程中行使质量控制的职责和权利。

2.在跟踪订单过程时需要严格要求交货时间，并确保供应商日常生产计划和财务

计划充足，以便按期交付。

第6条 验收质量控制

1.工厂应严格按照合同规定的技术要求和质量标准，进行外购件验收，确保外购件的质量符合要求。

2.外购件的验收应按照工厂的验收规程进行，包括检查、试验、测量、样品保存等环节。

3.对于检验结果不符合要求的外购件，企业应该立即通知供应商或者调查原因，追溯异常的问题根源并及时改进。对于无法通过调查和改进获得符合标准的样品，需要考虑寻找新的可靠供应商。

第3章 外协件质量控制

第7条 供应商质量职责

1.对产品质量进行自我控制和管理，建立健全的生产质量保证体系，确保所提供的外协件产品符合国家法律法规和企业要求的质量标准。

2.对生产过程中的重要环节进行监控和控制，进行全程质量管理，防止外协件产品质量不合格，以保证企业产品的质量稳定性和升级。

3.对出现的质量问题进行及时处理和整改，构建双方共同解决的沟通机制。

第8条 技术交底

1.明确外协件加工所需材料的质量要求，以及在加工过程中需要进行的检验和测试方法。

2.明确外协件的技术要求、加工工艺、加工精度和表面处理等标准，以及加工过程中应遵守的相关工程规范。

3.向外协供应商提供产品的相关技术资料、技术文件及有关加工质量的技术文件，以使其准确理解企业的要求。

第9条 加工过程质量控制

1.制定外协件加工的标准操作程序（SOP），规范流程、加工要求及关键检验点等，以确保外协件加工过程中的稳定性和一致性。

2.对所用材料进行严格检验，确认其符合要求的质量标准，并掌握其来料数据。

3.对外协件加工过程中重要的工序、关键步骤进行监控和检验，确保加工过程稳定，并检查产品是否能够符合要求的质量标准。

4.进行质量方面的统计和分析，对质量指标进行追踪和分析，及时发现和纠正质量问题。

第10条　入厂质量检验

1.根据该批次的检验报告和合格证，确定适用的检验方法和技术标准，如外观检查、尺寸测量、硬度试验、化学成分分析等。

2.对于不合要求者，视情节采取退货、局部返修后回用等措施。

第4章　附则

第11条　本办法由质量管理部负责编制、解释与修订。

第12条　本办法自××××年××月××日起生效。

5.2　工具供应的质量控制

5.2.1　外购量具质量控制细则

本细则对工厂质量管理具有以下重要作用：一是确保可靠的外购量具应用于工厂的生产流程中，减少产品质量差异，确保产品的质量稳定性和一致性；二是减少生产中的误差，减少人工操作时间，提高生产效率；三是避免产品质量不达标，导致生产成本增加。

外购量具质量控制细则

第1章　总则

第1条　为了保证外购量具的质量达到工厂的技术要求和标准，特制定本细则。

第2条　本细则适用于工厂所购买的所有量具质量工作的管理。

第3条　本细则所称外购量具是指工厂所购买的测量、测试和检测的标准工具。

第2章　外购量具采购与验收

第4条　外购量具采购前应认证供应商资质，并考察供应商的质量管理制度和质量能力，如质量管理体系证书、质量控制方法和设备等。

第5条　通过评估和筛选，选择合适的供应商，并与其签订采购合同，下发采购订单，并约定交货时间和条件。

第6条　采购量具到厂时，需要对其进行进货验收，以确保量具符合质量标准和技术要求。验收内容包括量具的准确度、稳定性等，具体如下。

1.外观检查。检查量具的表面是否有明显的缺陷、损坏、划伤或变形。

2.尺寸检查。使用质量可靠的标准量具，对采购来的量具进行尺寸检查。检查项包括直径、长度、平行度、垂直度等。

3.精准度检验。使用精密测量仪器，检查量具的准确度和稳定性是否符合相关标准和技术要求。常用的精度检测方法包括探头法、光栅法等。

4.功能测试。如果外购量具有特定功能，需要进行测试以验证量具是否符合要求。

第7条　在通过验收后，需要将量具进行标识，标识量具名称、规格、型号、精准度、有效期、责任人、购买日期等相关信息，以便对其追踪管理。

第3章　外购量具保管与发放

第8条　外购量具应储存在专用的储物架、箱子或柜子内。储存区域应保持干燥、通风，并应将量具放在恒温的室内或防潮的仓库内存储，不应放置在受阳光直射、潮湿、震动、易受腐蚀的地方。

第9条　生产部应对量具进行保养和维护，防止其在使用过程中出现损坏和失效。定期清洁和润滑量具，确保其精度和使用寿命。在装置中使用的量具应做好清洗、防锈等保养工作。

第10条　生产部应定期对量具进行校准和检验，确保其准确度和稳定性符合标准和技术要求。

第11条　生产部应根据生产需要，适当配备量具，对于不同的量具，须制定不同的发放标准。

1.对于量具的发放应根据不同职务的人员进行分类，确保每个人员能拿到符合其需求的量具。

2.对于需要使用量具的人员，应根据其资格和能力进行评估，确保其能安全、正确地使用量具。

3.对于工作性质不同的部门和岗位，需要发放的量具也不同。例如，测量和检验部门需要的量具与生产线上的操作人员需要的量具是不一样的。

4.对于每个人员需要使用的量具数量也需要进行科学的规划和控制,避免过多的浪费或者配备不足的情况发生。

第12条　对于每个发放出去的量具,生产部人员都应向使用人员说明其正确的使用方法、注意事项及保养维护等方面的内容,确保使用人员能够正确地使用量具。

第4章　外购量具校正与修理

第13条　外购量具的校正由具有校准资质的专业机构或者内部测量鉴定室进行,校正方法主要有对比法、读数法、振荡法、逆变量法等。

第14条　量具校正需要依据相关技术标准、法规和行业规范执行,校准过程要求高度精确和可追溯,以保障被校准量具的准确性和稳定性。

第15条　外购量具的修理需要根据不同的情况做出不同的决策,具体如下:

1.量具的易损部件损坏,可以进行更换。易损部件包括弹簧、刀片、静配环等,这些部件可以根据要求进行更换,提高量具的使用寿命。

2.对于精度下降的量具,可以进行研磨或调整。一些精度较低的量具,如不锈钢刻度尺,经过长时间使用后,会出现刻度暗淡不清或边缘产生毛刺等问题,此时可以考虑研磨或调整刻度以恢复量具的精度。

3.量具损坏较严重,无法继续使用时,应进行报废处理。

第5章　附则

第16条　本细则由生产部负责编制、解释与修订。

第17条　本细则自颁布之日起生效。

5.2.2　自制量具质量控制细则

工厂生产部使用不合格或未经检验的自制量具制造产品可能导致产品质量不稳定、误差过大,甚至无法继续生产。本细则能确保自制量具精度符合标准,从而保证产品质量。

自制量具质量控制细则

第1章　总则

第1条　为了保证自制量具的质量达到工厂的技术要求和标准,特制定本细则。

第2条　本细则适用于工厂自制量具的质量控制工作，除另有规定外，均须参照本细则办理。

第3条　本细则所称自制量具指生产中所需的非标准工具和各种工艺装备。

第2章　自制量具的制造与检测

第4条　自制量具设计时需要遵循机械设计原理和安全标准，防止使用过程中发生安全事故。设备结构设计必须合理，机件清晰，由高精度材料组成，具有适合应用的配件。

第5条　设计过程中需要确定制造过程中所需的原材料及其质量要求、加工工具、设备和技术，检验方案和检验标准等，确保量具功能、性能符合要求。

第6条　在量具制造过程中，生产人员应根据设计要求和国家标准要求严格控制制造过程的每个环节，制定全面的工艺流程控制，确保量具形状、尺寸、表面和性能符合要求。

第7条　制造完成后的量具需要进行检测，检测通过后方可投入使用，具体要求如下。

1.对自制量具的外观进行检查，检查其是否存在表面缺陷、裂纹等问题。

2.对自制量具使用校准块进行检测，检查所测量的准确性是否在允许范围内，如果不在范围内，要调整、修补或重新制作自制量具。

3.如检测时需要配合其他设备或量具使用，还须进行组装测试。在组装后，进行完整性测试和功能测试，确保自制量具可以与其他设备或量具无缝连接并完成相关工作。

4.测量完成后应记录测量数据，并按照标准要求进行比较和校准。对于任何小于或超出前一校准结果的量值，须对自制量具进行进一步的适当调整或校准。

第3章　自制量具的入库与保存

第8条　仓库管理人员应对自制量具进行入库登记，并建立存货台账，记录入库时间、生产日期、产品型号、数量、放置地址等信息。

第9条　仓库管理人员应确保自制量具存放在适宜的环境中，保障量具的使用寿命和精度。

1.自制量具应按照不同类型、不同精度进行分类存放，严禁不同类型的工具混装。

2.储存环境要求干燥、温度稳定、无尘、无振动、无辐射。

第10条　仓库管理人员应对自制量具进行定期清洗、润滑、消毒等，避免使用酸、碱、刺激性溶液和腐蚀性洗剂进行清洗，避免损坏量具表面涂层和减低量具的精度。

第4章　自制量具的借用与返还

第11条　自制量具由生产部统一管理，借用应遵循以下程序。

1.借用人员填写借用申请表，注明借用的量具名称、借用时间、借用人姓名、数量和借用用途，经审核通过后方可借用。申请表上应有同意借用单位经办人和借用人员的签名及日期。

2.进行借出前，应清点量具存量并登记借出的量具品种、名称、规格、数量、借出日期、借用人员及归还日期，实行回单收取制度，借用人员签字后方可借出。

3.返还时，应进行再一次清点比对，验证合格后入库，并记录借用与归还的不同情况，做好量具的维护处理。

第12条　在借用期间，借用人应妥善保管自制量具，禁止在超时、超出计划使用范围的情况下使用该量具，并对量具进行相应检查，如发现自制量具存在问题应及时反馈。

第5章　自制量具的检验

第13条　生产部人员应对自制量具进行定期检验，从以下几个方面进行。

1.安全检查。确定量具是否存在安全隐患，以确保检验人员可以在安全的环境下进行工作。

2.清洗检查。将自制量具进行彻底清洗，以确定可能扰动测试结果的任何杂物、污垢和折射物被清除，从而可以更快、更准确地读取和测量信息。

3.精度检查。对量具的精度进行测试，如果量具的误差超过了允许范围，则应对其进行调整、更换或校准。

第14条　自制量具如在检查后发现有损坏或达不到质量要求的，要对其进行修理或报废。

第15条　将自制量具在检验前和检验后加以标志，并记录其检验情况，包括检验日期、结果和必要的维修或校准情况。

第6章　附则

第16条　本细则由生产部负责编制、解释与修订。

第17条　本细则自颁布之日起生效。

5.3　设备修理的质量控制

5.3.1　设备维修质量控制办法

本办法对设备维修质量管理具有以下重要作用：一是确保维修工作的有效性和及时性，提高设备的运行效率和稳定性；二是通过设备维修检查和评估，可以发现设备质量不良、维修疏漏等问题，以便及时进行改进和调整。

设备维修质量控制办法

第1章　总则

第1条　为了保证设备维修质量，维护安全、有效、高效的生产运行和生产秩序，促进工厂的健康发展，特制定本办法。

第2条　本办法适用于工厂所涉及的设备维修相关工作。

第3条　设备维修应当遵循"安全第一、预防为主、及时处理、保证质量"的原则。

第4条　设备维修应当有专门的维修人员负责，具备相应的技能和资质。维修人员应当经过充分的培训并取得相应的认证证书。

第5条　设备维修要按照设备制造商的规定进行，不得随意更改设备的结构和性能。

第2章　设备维修方案质量控制

第6条　在设备维修前，维修人员需要对设备进行全面的检查，确认设备需要维修的部位和内容，检查设备情况，收集设备资料和记录，以便制定后续的具体维修方案。

第7条　根据所收集的信息，确定维修内容、维修流程、维修团队组成、安全措施、维修时间等相关事项，制定出完整的设备维修方案。维修方案必须详细说明涉及的步骤和工作，包括使用的工具、材料、人员、安全管理措施等方面的内容，并确保方案的可行性。

第8条 设备维修方案制定后，需要进行内部审核和外部审核。

1.内部审核由维修组负责，审核内容包括方案的合理性和完整性，以及安全措施的可行性。

2.外部审核由设备管理部或其他相关单位负责，审核内容包括方案的适用性、合理性和是否符合安全法规的规定。

第3章 设备维修过程质量控制

第9条 建立设备维修现场管理小组，小组成员的职责和任务如下。

主管领导：负责设备维修全过程的监督、组织和管理。

技术员：对设备的技术性问题进行评估，确认维修方案和工作量，并发放具体的操作指导，以及确保维修过程中的技术指导和技术支持。

维修工：严格按照主管领导制订的维修计划执行相应的操作指导和技术方案。维修工需要参与设备的维修、检验和测试工作，确保修好的设备能够顺利恢复到正常使用状态。

监督员：对设备维修现场进行全面监督，协调各个岗位之间的工作，确保现场遵循规程操作，维修过程中不漏掉任何一个环节，对发现的问题进行及时处理，并对维修结果进行质量检查验证。

安全员：全面负责安全的管理、情况的掌握和突发事件的应急处理。

第10条 设备维修现场应做好安全管理，以确保维修工作的安全，具体要求如下。

1.对维修区域进行检查，清除杂物和危险物品。关闭设备电源并拉出插头，确保维修安全。

2.在设备维修现场设置安全警告标志，明确危险区域及安全通道，确保现场的人员和设备的安全。加装防护器材，如护目镜、手套、防护鞋等，保护现场人员的身体和健康。

第11条 设备维修工作的质量控制要求如下。

1.设备维修主管须严格管理设备维修现场，督促维修进度并进行必要的检查。维修人员必须在现场严格遵守工作流程和操作规程，确保设备维修过程安全、稳定、顺利地进行。

2.在维修过程中，需要对设备进行必要的清洗和排污处理，确保设备表面干净无油，排除掉设备内积存的杂质。

3.在维修过程中，维修人员需要仔细审核和理解设备的维修图纸，并不断地更新和补充相关信息，以确保维修效果符合设备预期性能要求。

第12条　维修过程中应当认真记录维修情况，包括维修内容、所使用的工具和材料、维修时间、维修人员等。

第4章　设备维修验收与试运行质量控制

第13条　在设备维修过程完成后，维修人员需要对维修过的设备进行测试和试运行，以确保设备能够正常工作并满足预期的性能要求。

1.在试运行过程中，维修人员需要检测设备的性能，包括设备的功能、质量和安全性等，确保设备的各项参数和操作符合现有标准和要求。

2.在试运行期间，如有必要，应对设备进行调试，以结合设备使用过程中的实际需要，调整设备的各项参数和功能，以便更好地满足使用者的需求。

第14条　设备维修验收是指在设备维修完成后对设备维修进行检查和确认，以保证设备的性能和质量符合预期并满足质量要求。

第15条　维修结束后，应当进行设备维修验收。验收人员应当具有相应的技能和资质。

1.验收人员应对设备进行全面检查，包括设备的安全性能、使用方便性、操作稳定性和使用寿命等。如有必要，还应进行更为详细和专业的测试。

2.验收人员应对设备进行严格的记录和评估，如检测报告、维修记录等。在评估时，应仔细分析记录和数据，特别是在定量评估方面。

3.设备维修验收后，如有瑕疵需要整改，维修人员应尽快处理问题，以免影响设备的正常使用。

第5章　设备维修质量评估

第16条　设备维修效果评估。评估设备维修是否可以满足预定的目标和维修标准，以评估设备的实际维修效果是否与预期一致。通常要检查设备的性能、功能、结构等方面，确保设备维修符合质量、安全和环境等方面的要求。

第17条　维修过程符合性评估。检查维修人员是否严格按照要求执行维修工作。如是否按时完成维修任务，是否遵守安全管理规定，是否正确使用设备工具，以及设备维修记录是否完整和规范等。

第18条 维修费用和时间评估。评估设备维修费用和维修时间的合理性。维修时间应在充分考虑设备维修质量的情况下，尽可能短。

第6章 附则

第19条 本办法由×××部负责编制、解释与修订。

第20条 本办法自××××年××月××日起生效。

5.3.2 设备保养质量控制制度

本制度对工厂质量管理具有以下重要作用：一是对设备进行预防性维护，从而减少设备故障，延长设备使用寿命；二是通过定期保养，避免因设备故障而导致的工厂停工、返工等情况，提高生产效率；三是预先发现设备故障，减少停机、维修时间，从而降低维修成本。

设备保养质量控制制度

第1章 总则

第1条 为了提高设备保养质量，延长设备使用寿命，避免因设备故障对生产和工作带来的影响，特制定本制度。

第2条 本制度适用于工厂所有设备的保养工作。

第3条 设备保养应符合设备制造商提供的规范和维护手册规定，确保保养质量达到要求。

第2章 设备保养计划

第4条 在制订设备保养计划之前，需要根据设备类型、使用频率和维修历史等方面的数据，确定设备的保养周期和保养项目。

第5条 在确定保养周期和保养项目后，需要制订保养计划，主要内容包括保养人员、保养时间、保养内容、保养方法和保养目标等。保养计划应该综合考虑工厂的生产计划和设备的实际情况，定期更新和完善。

第6条 保养计划制订后，设备管理部应组织相关人员对其合理性和可实施性进行审核，确保保养计划的质量，并提供意见和建议。

第7条 设备保养工作需要根据审核通过的计划来执行，使用前应指定有关人员熟悉和负责保养计划的具体实施。在保养过程中，需要按照保养计划要求进行设备保养，确保保养效果和保养质量。

第8条　对于执行完保养计划的设备，需要进行相关的评估工作，检查设备的维修状况、设备运行情况和保养效果等指标，评估设备保养计划的有效性和可行性。

第3章　设备保养标准

第9条　设备的保养周期根据设备的类型和使用频率来确定，具体要求如下。

1.下列设备需要每周或每月进行维护。

（1）使用频率高、时间长的设备。

（2）工作环境污浊或恶劣、空气湿度相对较大、易受到浸泡或者沉积的设备。

（3）工作强度较大，高环境沉积率、高摩擦位移、高温度、高转速的设备。

2.下列设备需要每季或每半年进行一次维护。

（1）设计相对简单，部件和系统相对较少。

（2）成本相对较为低廉。

（3）在相对简单的环境中运转，保养要求较为简单。

第10条　设备保养项目

设备保养项目视设备的具体类型和工作环境而定，通常包括润滑、清洁、检查和维修等。

1.设备润滑。检查润滑油的油位、油压和油质，清洁油嘴和滤芯并及时更换润滑油。

2.设备清洁。清洁设备的外表面、内部和附着零件，以确保设备整体卫生干净，不影响设备的正常运转。

3.设备检查。定期检查和测试设备的实际工作情况，检查设备的电气系统、机械系统、传动系统等，保证各个方面的功能和性能正常。

4.设备维修。更换陈旧部件、修改设备零部件、校准设备检测数据等，以确保设备的稳定性和工作效率。

第4章　设备保养过程质量控制

第11条　设备保养的日常工作由设备操作人员负责，设备操作人员必须按照设备的保养规范进行设备的维护保养工作。

第12条　每日下班前，设备操作人员应详细填写设备完整的维护保养记录，并说明设备的运行状况，此项工作由设备保养专员进行。

第13条　设备保养专员应定期收集设备的维护保养资料，并进行整理、分析，编制设备维修保养报告。

第14条　设备管理部主管应认真审阅设备保养报告，检查设备的维护保养记录，根据记录在必要时更改设备的维修保养规范，使设备的维护保养方式更加合理化。

第5章　设备保养质量检验

第15条　设备保养工作检查

1.保养标准的检查。检查设备保养标准的执行情况，保证保养标准执行的准确性和及时性。

2.保养过程的检查。对设备保养过程进行检查，检查保养操作的正确性，保证设备保养过程的完整性和准确性。

3.保养工具的检查。检查设备保养工作所使用的工具，包括国家标准化工具和工厂内部统一配备的工具，检查工具的存储和维护情况等。

4.保养记录的检查。通过检查设备保养记录，包括设备保养进度、保养人员、保养过程、保养结果等，检查设备是否完备、准确和规范。

第16条　对部分设备保养进行抽样检验，检验设备的工作状态和保养效果，判断保养质量是否满足要求。

第6章　附则

第17条　本制度由×××部负责编制、解释与修订。

第18条　本制度自××××年××月××日起生效。

5.4　辅助生产过程质量控制精细化实施指南

5.4.1　辅助生产过程检测实施方案

本方案对辅助生产过程质量管理有以下重要作用：一是避免因外购量具不准确或质量不好导致的产品质量不稳定问题；二是使工厂更好地管理外购供应链，严格保障每个外购量具的品质，进一步加强合作伙伴之间的沟通和信任，保障质量的稳定性。

外购量具检测实施方案

一、目的

确保外购的量具符合工厂标准和使用要求，提高产品的质量和工艺水平，达到稳定的生产目标，同时防止生产中出现不必要的问题和质量损失。

二、方案设计

（一）检测内容

1.外观检查。检查量具的表面装饰和外观状况，确保不存在裂纹、划痕等损坏情况。

2.尺寸测量。检测量具的长度、直径、宽度、深度、角度等尺寸数据是否与标准相符。

3.功能测试。验证量具的测量准确性、精度、稳定性等检测要求。

（二）检测工具

1.一般使用内径千分尺、游标卡尺、外径千分尺等量具测量工具。

2.高精度量具使用触发式高度规、单轴影像测量机等高精度测量设备。

（三）检测标准

1.各种型号量具的检测按GB/T 3612—2008的基本规则进行。

2.量具的化学成分分析按供需双方协商确定的方法进行。

3.量具的物理力学性能、组织结构的检验由供需双方按GB/T 5242-2017的规定进行。

4.量具的外观质量检验按GB/T 5242-2017的规定进行。

5.量具的尺寸及尺寸允许偏差检验按GB/T 5242-2017的规定进行。

（四）检测方案执行人员

1.检测人员可以是工厂的内部员工，也可以是由第三方实验室等机构提供的专业检测服务人员。

2.检测人员应具备一定的检测技能和经验，同时应接受专业技能培训。

三、方案执行

（一）检测前准备

1.收集量具检测的必要信息、清楚量具名称、型号和检测时间等信息。

2.清洁和校准量具，确保量具在检测前处于良好的工作状态。

3.准备相应的检测工具和设备，并对其进行校准，确保其准确性和可靠性。

（二）检测执行

1.将待检量具取出，使用相应的检测工具和设备进行外观检查、尺寸测量和功能测试等步骤，并记录检测结果。

2.对于不同类型的量具，需要采用不同的检测方法和设备。

3.检测过程中应保证操作规范、仪器精准、检测数据准确。

（三）检测结果处理

1.检测合格。检测合格的量具应进行接收确认，并及时记录入库，用于生产、检测等用途。对合格量具进行封存或标记，确保其不会被错用或混淆。制作合格证明，标注量具的名称、型号、规格、检测日期、检测方法及检测机构等信息。

2.检测不合格。对于不合格的量具，应与供应商协商进行退货、更换或返厂修理，并要求其改进生产工艺和检测方法。

四、注意事项

1.严格遵守最小变形原则、阿贝原则、封闭原则、最短测量链原则进行测量。

2.量具校准和检测必须在稳定的环境下进行，以确保检测结果的准确性。

3.对于量具的校准、维修等工作，应进行详细而准确的记录，以备查阅。

五、方案保障

1.人员培训。针对检测人员，提供必要的培训，包括量具检测标准和规范，检测设备和仪器的使用方法，检测过程中的注意事项及数据记录与处理等方面的知识和技能培训等。

2.设备维护。为了确保检测设备和仪器的精度和稳定性，需要对其进行定期维护和校准，以确保检测结果准确可靠。

3.质量跟踪。跟踪外购量具的使用情况和检测记录，对检测结果进行监控和分析，通过对不合格量具的追踪和处理，提高检测程序和结果的质量和可靠性。

5.4.2　辅助生产过程质量问题解决方案

辅助生产过程质量问题解决方案可以帮助工厂及时发现和解决辅助生产过程中的

质量问题，确保生产过程中的一致性和可重复性，提高产品质量并降低质量风险。这对于工厂质量管理是非常重要的。

辅助生产过程质量问题解决方案

一、针对问题

（一）物料供应问题

1.供应商的物料品质不符合要求或提供的质量数据不准确。

2.物料的类型或规格错误。

3.运输过程中的损坏或污染。

4.物料储存条件不适宜。

（二）量具检验问题

1.量具准确性差导致出现质量问题。

2.量具的重复使用周期太长导致精度下降或者无法发现问题。

3.量具的存储和保护不当导致损坏或精度下降等问题。

（三）设备维护保养问题

1.设备使用时间长或备件没有储备导致设备损坏。

2.维修保养不及时或工人操作不当导致设备故障或质量下降。

3.设备需要的校准和调整不及时或不准确导致数据不准确。

二、具体解决方案

（一）物料供应

1.确定供应商的选择标准和要求，评估供应商的能力和质量表现，选择合适的供应商。

2.进行随机抽样检查，确保物料质量符合企业的质量标准。

3.建立物料储存区域，以防物料受到损害或污染，检查储存条件是否合适。

4.追踪物料的来源和质量，建立供应链质量管理体系。

（二）量具检验

1.建立量具检定标准和流程，确保量具的准确性和可靠性。

2.定期对外购量具进行检验，确保量具符合相关要求和标准。

3.维护好量具的状态，包括定期检查和校准量具，确保量具的准确性。

（三）设备维护保养

1.建立设备维护保养流程和标准，定期对设备进行检查、保养和维护，确保设备处于最佳状态并降低故障率。

2.对设备进行定期校准和检测，确保设备能够正常工作且输出精确数据。

3.培训设备维护人员，提高其维护设备的技能水平和安全意识，防止设备故障导致的生产延误和产品质量下降。

三、方案执行

（一）方案执行人员与职责

1.生产管理负责人。确定操作规程和行动方案，实施质量管理体系并监督其有效性，对辅助生产过程的质量控制、检测、验证等事项进行管理，确保各个环节符合质量要求和标准。

2.质量管理人员。执行问题解决方案，审核和确认辅助生产过程是否符合质量标准、规范、法律法规要求及相关程序和文件的要求，并及时发现和处理质量问题和改进建议。

3.技术支持人员。提供技术支持和建议，协助质量管理人员和工作人员解决技术问题，提高技术水平和操作效率。

4.监察人员和验收人员。负责监察和验收生产过程和结果，确保生产过程的合规性和产品/服务的质量、准确性和可靠性。

（二）方案执行规程

1.确立操作流程和步骤，确保每个环节都有明确的操作步骤和标准。

2.针对每个环节，制定相应的操作标准和指导书，对操作方法、要求、注意事项等进行具体阐述，以便工作人员能够清楚地了解实施要求和进行操作。

3.在执行解决方案时，需要设立相应的操作规程和流程，确保操作清晰、执行标准化和规范化。规范操作和流程可以有效地避免误操作和失误，保证解决方案的实施质量。

4.在执行操作规程的每个环节中，都需要加强质量控制和检测，保证每个环节所产出的产品和服务符合质量要求，并能及时纠正可能产生的问题。

5.对于方案实施过程中发现的问题和缺陷，需要及时整改并进行调整。对于方案实施后的效果，需要进行跟踪评估和反馈，以便后续方案的改进和完善。

6.针对实施解决方案过程中出现的问题和改进建议,需要及时进行总结和反馈,采用适当的措施予以纠正。此外,需要建立持续改进机制,以保证始终按照最优化的方案实施和完善质量管理体系。

四、结果预测

1.提升辅助生产过程质量。落实本方案可以保证辅助生产过程标准化、流程规范化。通过质量控制、检测等方面的具体措施,可以保证辅助生产过程质量、可靠性和稳定性的提升。

2.提高生产效率。通过优化辅助生产流程、提高操作效能和减少操作风险,减少非经济效盈利环节和成本的浪费,提高资本周转率和经济效益。

第 6 章

生产服务过程质量控制精细化

6.1 供应与保障

6.1.1 材料供应管理办法

本办法主要解决以下问题：一是供应商评估问题。通过评估供应商的信誉度、质量管理体系等，选择符合质量要求的材料供应商。二是材料验收标准问题。通过严格的验收标准，确保采购材料的质量符合生产需要。

材料供应管理办法

第1章 总则

第1条 目的

为确保供应材料的质量符合生产需要，保证生产过程的稳定性和产品的一致性，特制定本办法。

第2条 适用范围

本办法适用于材料供应工作的管理。

第2章 材料采购管理

第3条 评估材料供应商

建立供应商评估体系，评估供应商的信誉度、质量管理体系和供货能力等。对供应商进行审核，选择符合质量要求的供应商。

第4条 规划材料需求

1.根据产品生产计划和质量要求，编制材料需求计划，明确所需材料的种类、数量和质量标准。

2.与采购部、仓储部密切配合，确保材料需求的准确性和及时性。

第5条 管理采购合同

1.建立完善的采购合同管理制度，明确双方责任和权益，确保采购合同的合法性和合规性。

2.确保采购合同中明确包含质量要求和验收标准，明确规定供应商的质量责任。

第6条　审查材料样品

1. 审查供应商提供的样品，验证其是否符合质量要求和规范。

2. 制定样品审查的具体流程和标准，确保样品评估的客观性和准确性。

第7条　明确验收标准

1. 制定严格的材料验收标准，包括外观、尺寸、化学成分、物理性能等方面的要求。

2. 验收标准应与产品的质量要求一致，确保所采购材料的质量符合生产的需要。

第3章　材料仓储管理

第8条　标识分类材料

1. 对采购的材料进行标识和分类，包括材料名称、批次、规格、质量等信息。

2. 建立标识和分类的统一规范，方便材料的追溯和管理。

第9条　保管保养材料

1. 建立合理的材料保管和保养制度，确保材料的安全性和稳定性。

2. 定期检查材料的储存条件和环境，确保材料不受潮、不变质、不被污染。

第10条　管理库存材料

1. 建立库存管理制度，根据生产计划和材料消耗情况，合理控制库存水平。

2. 定期盘点库存，及时发现和解决库存偏差和异常情况。

第4章　材料使用管理

第11条　配送发放材料

1. 建立材料配送和发放程序，确保材料按照需求进行准确的配送和发放。

2. 对配送和发放的材料进行记录，包括数量、批次和接收人等信息。

第12条　监控材料使用

1. 建立材料使用监控机制，对材料使用情况进行记录和分析。

2. 定期检查材料使用情况，及时发现和解决异常情况和材料浪费。

第13条　追溯材料来源

建立材料追溯体系，确保能够追溯材料的来源、采购记录和使用情况。在需要时能够快速追溯材料，进行质量问题的溯源和处理。

第14条　定期质量评估

1. 对材料供应管理进行定期的质量评估，包括供应商绩效评估和材料质量的评估。

2.基于评估结果，识别改进的机会和问题，制订改进计划和措施。

第15条 持续改进措施

1.建立持续改进机制，推动材料供应管理的持续改进。

2.借鉴行业实践经验，引进先进的技术和管理方法，不断提高材料供应的质量水平。

第5章 材料质量问题处理

第16条 处理异常材料

1.建立异常材料处理流程，包括报废、退货或返工等措施。

2.对异常材料进行分类和分析，找出原因并采取措施，避免类似问题再次发生。

第17条 改进供应商管理

1.对供应商的质量问题进行记录和评估，根据问题的严重性和频率，采取相应的管理措施。

2.与供应商开展有效的沟通和合作，共同解决质量问题，并推动供应商的持续改进。

第6章 附则

第18条 编制部门

本办法由×××部负责编制、解释与修订。

第19条 生效日期

本办法自××××年××月××日起生效。

6.1.2 工具供应管理办法

本办法主要解决以下问题：一是低质量工具供应问题。通过筛选合格的供应商，避免低质量工具进入生产服务过程。二是工具不符合需求问题。该办法能确保所采购的工具符合生产流程和产品质量要求。三是工具管理混乱或丢失问题。该办法能提高工具管理的效率和可追溯性。

工具供应管理办法

第1章 总则

第1条 目的

为了规范工具供应管理,确保生产服务过程中使用的工具质量可靠、适用性强,特制定本办法。

第2条 适用范围

本办法适用于生产服务过程中所使用工具的供应和管理。

第2章 工具需求管理

第3条 分析工具需求

根据生产流程和产品质量要求,对所需工具进行详细地分析和确定,确定工具的种类、规格、质量要求和使用频率等。

第4条 检查更新工具

1.建立工具定期检查和更新制度,确保发现和淘汰不合格或老化的工具。

2.根据工具使用状况和质量要求,制订合理的更新计划,确保工具始终处于良好状态。

第3章 工具采购管理

第5条 选择工具供应商

1.建立供应商评估体系,评估供应商的信誉度、质量管理体系和供货能力等。

2.选择合格的供应商,确保所供应的工具符合质量要求。

第6条 明确工具质量标准

1.制定明确的工具质量标准,包括外观、尺寸、材质、耐久性等方面的要求。

2.在采购合同中明确工具的质量要求,确保供应商了解并符合质量标准。

第7条 审查工具样品质量

1.对供应商提供的工具样品进行审查和评估,验证其是否符合质量要求和规范。

2.确保样品审查的流程和标准的准确性和一致性。

第8条 验收检测工具质量

1.建立严格的工具验收和检测流程,对采购的工具进行质量检验和性能测试。

2.确保工具的质量符合要求,符合生产使用的需要。

第4章　工具使用管理

第9条　监控工具使用

1.建立工具使用记录和监控机制，记录工具的使用情况、损耗情况和维修情况。

2.分析工具使用数据，及时发现和解决异常情况和工具损耗问题。

第10条　追溯工具来源

1.建立工具追溯体系，记录工具的来源、采购记录和使用情况等关键信息。

2.在需要时能够快速追溯工具，进行质量问题的溯源和处理。

第11条　评估工具质量

1.对工具供应管理进行定期的质量评估，包括供应商绩效评估和工具质量的评估。

2.基于评估结果，识别改进的机会和问题，制订改进计划和措施。

第5章　工具保管管理

第12条　工具标识和分类

1.对采购的工具进行明确的标识和分类，包括工具名称、型号、规格、生产日期等信息。

2.建立工具标识和分类系统，方便工具的查找、管理和追溯。

第13条　工具存储环境

1.确保工具存储环境符合要求，避免工具受潮、变形、腐蚀等。

2.控制工具存储温度、湿度和光照等因素，保证工具质量的稳定性。

第14条　工具检查保养

1.建立工具定期检查和保养制度，对工具进行定期检查、清洁和维护。

2.及时发现工具的异常情况，采取措施修复或更换，保证工具的正常使用和质量稳定。

第6章　工具质量问题处理

第15条　异常工具处理

1.建立异常工具处理流程，包括报废、退货或返修等措施。

2.对异常工具进行分类和分析，找出原因并采取纠正措施，避免类似问题再次发生。

第16条　管理供应商

1.对供应商的工具质量问题进行记录和评估，根据问题的严重性和频率，采取相应的管理措施。

2.与供应商开展有效的沟通和合作,共同解决工具质量问题,并推动供应商的持续改进。

第7章 附则

第17条 编制部门

本办法由×××部负责编制、解释与修订。

第18条 生效日期

本办法自××××年××月××日起生效。

6.2 保管与运输

6.2.1 现场保管制度

本制度主要有以下作用:一是加强对物资的清点、验收和标识,减少物资的丢失和损坏情况;二是规定设备的安全保管和定期维护要求,确保设备处于良好的工作状态,减少设备故障和维护延误对生产服务过程的影响;三是保障物资、设备和工具的安全性,降低安全风险和事故的发生率。

现场保管制度

第1章 总则

第1条 目的

为保障生产服务过程的质量,确保物资、设备和工具的安全、完整和高效使用,特制定本制度。

第2条 适用范围

本制度适用于生产服务过程中物资、设备和工具的现场保管工作的管理。

第2章 现场保管流程

第3条 物资入库

1.确定物资入库的标准和要求,包括数量、质量、包装等,根据要求进行物资入库登记，记录物资的基本信息、来源和入库日期。

2.对物资进行检验和验收，确保其符合入库标准和质量要求，将物资按照分类和标识要求摆放到指定的保管区域。

第4条 物资出库

1.根据生产服务需求，进行物资出库申请和审批，确保出库的合理性和准确性。

2.进行物资出库登记，记录物资的出库日期、领用人员和用途，对出库物资进行核对和确认，确保准确性和完整性。

第5条 物资归还

1.确定物资归还的条件和要求，包括物资状态、数量和归还日期等。

2.进行物资归还登记，记录物资的归还日期、归还人员和验收情况。对归还的物资进行核对和确认，确保准确性和完整性。

第6条 检查清点

1.定期进行现场保管区域的检查和清点，核对物资、设备和工具的数量和状态。

2.记录检查和清点结果，及时发现问题并采取相应的纠正措施。

第7条 安全保管

1.制定安全保管措施，包括防火、防盗、防潮等，确保物资、设备和工具的安全性。

2.定期检查保管区域的安全设施和措施，确保其有效性和完好性。

第3章 现场保管控制

第8条 保管区域控制

1.将现场划分为不同的保管区域，根据物资的性质和特点进行分类和摆放。确保物资有序、清晰地放置，防止混乱和交叉使用。

2.建立出入保管区域的管理制度，限制只有授权人员可以进入保管区域。通过制定出入登记制度和使用门禁控制等措施，确保现场保管的安全性和可控性。

3.在关键的保管区域安装监控设备，如摄像头、传感器等，用于实时监测保管区域的情况。监控设备的安装可以有效防止盗窃、损毁等问题，并提供记录和证据。

第9条 保管物资控制

1.为各类物资、设备和工具设置明确的标识和标志，包括编号、名称、规格、存放位置等信息，以便于辨识、查找和管理，避免混淆和错误使用。

2.对于某些特殊物资，如易受潮、易受热、易变质的物品，需要进行温湿度控制。通过调节空调、加湿器、除湿器等设备，确保保管区域的温湿度在合适的范围内，以防止物资受损。

第10条　废弃物处理控制

建立废弃物处理制度，规定废弃物的分类、封存和处置方式。确保废弃物的正确处理，遵守环境保护和相关法规要求。

第11条　不良事件控制

建立不良事件处理机制，对于发生的保管方面的问题或不良事件，及时进行调查、分析和处理。

第4章　现场保管人员管理

第12条　明确岗位职责

1.明确现场保管人员的岗位职责和工作职责，确保每个人都清楚自己的职责范围和工作任务。

2.对现场保管人员进行岗位培训，包括物资分类、标识和保管流程等方面的知识和操作技能培训，培养他们的专业知识和技能，从而提高工作质量和效率。

第13条　建立考核机制

1.制定明确的质量控制考核指标和评估体系，涵盖关键过程、产品质量和客户满意度等方面。

2.设定考核周期和频率，例如，月度、季度或年度进行绩效考核，确保考核的及时性和连续性。

3.根据考核结果，对表现优秀的人员给予奖励和激励，对绩效不达标的人员采取相应的纪律处分或培训措施。

第14条　提供成长机会

1.为现场保管人员提供职业发展机会和晋升通道。通过培训和学习计划，帮助他们提升自己的技能和知识，为他们的职业生涯提供发展的机会。

2.鼓励现场保管人员进行知识共享和学习，促进团队的学习文化建设。组织内部培训、交流和分享会议，提升团队整体的专业素质和能力。

第5章 现场监督与改进管理

第15条 现场监督

1.组织相关人员定期进行现场巡视和检查,确保各项质量控制要求的执行情况。

2.建立现场报告和反馈机制,及时向上级汇报质量控制的执行情况和发现的问题,并采取相应的纠正措施。

第16条 持续改进

1.对于发现的问题和不足,进行深入分析,找出根本原因,并制定相应的改进措施。

2.建立良好的反馈和沟通机制,鼓励员工提出改进建议,并及时对员工的反馈进行回应和解决。

3.制订相关的学习和培训计划,提升员工的质量控制知识和技能,促进持续改进的能力。

第6章 附则

第17条 编制单位

本制度由×××部负责编制、解释与修订。

第18条 生效日期

本制度自××××年××月××日起生效。

6.2.2 现场运输制度

本制度主要解决以下问题:一是减少产品在运输过程中的质量损失和破损问题,确保产品完好无损地到达目的地;二是避免产品的错发问题,确保产品按照订单进行装载和运输;三是减少运输延误和不准时交付问题,确保产品按时、准确地交付。

现场运输制度

第1章 总则

第1条 目的

为确保物料、半成品等在生产过程中的顺利流动,保证生产进度的顺利推进,提高生产效率、确保物料质量和保障员工安全,特制定本制度。

第2条 适用范围

本制度适用于生产服务过程中产品的现场运输工作的管理。

第2章 现场运输操作管理

第3条 分析物料特性

对生产过程中所涉及的物料进行分类,并分析其特性。常见的物料包括原材料、半成品和成品。每种物料具有不同的特性,例如,重量、尺寸、易损性、堆叠性等。对物料进行分类和特性分析,有助于确定合适的运输方式、运输工具和运输容器。

第4条 选择运输方式

评估不同物料的运输距离,并选择合适的运输方式。运输方式包括手动运输、叉车运输、输送带运输等。根据不同物料的特性和运输距离,选择合适的运输方式是确保运输效率和质量的关键。

第5条 判断运输频率

运输频率应根据生产线的需要进行合理安排,以避免物料的短缺或过剩。运输的容量也需要根据生产需求和运输工具的承载能力来确定。合理安排运输容量可以减少运输次数,提高物料运输的效率,并减少物料在运输过程中的搬运次数和潜在的质量问题。

第6条 规划运输路线

1.进行运输路线规划,借助地图和导航系统,结合实际道路条件和交通流量,选择最优的路线。

2.在规划运输路线时,需要考虑运输工具的尺寸限制,如高度、宽度和转弯半径等,以确保运输工具顺利通过路线上的障碍物和狭窄区域。

第7条 设计运输包装

为保障物料在运输过程中的安全性和质量,选择适当的运输容器和进行合理的包装设计至关重要。运输容器可以是托盘、货架、箱子等。合理选择运输容器,既能保护物料免受外部冲击和挤压,又能提高装载效率和操作便利性。

第8条 培训运输操作

1.为了确保运输过程的安全性和质量控制,需要制定相应的运输操作规程,并进行员工培训。

2.通过培训,使员工熟悉运输操作规程,掌握正确的操作技巧,提高运输过程的安全性和效率。

第9条 监控运输过程

为了实时监控和改进运输过程，可以采用传感器和监控系统，实时监测物料的位置、温度、湿度等关键参数，及时发现异常情况并采取相应措施。

第3章 现场运输安全管理

第10条 完善规章制度

1.制定并执行运输安全规章制度，明确各方责任和义务。

2.确定运输安全管理的基本要求，包括运输工具的安全检查、产品的安全装载和保护等。

第11条 检查运输工具

1.确保运输工具处于良好的技术状况，定期进行维护和检修。配备必要的安全设备，如灭火器、急救箱等，并确保其完好有效。

2.对运输人员进行安全培训，确保其具备相关驾驶技能和资质。

第12条 产品安全管理

1.确保产品包装符合安全要求，采取适当的固定措施，防止产品在运输过程中发生移动或损坏。

2.对运输的危险品进行严格管理，确保其符合相关法规和安全要求。

3.在产品上标识相关安全信息，包括警示标识、标签、说明书等，提醒运输人员和接收方注意安全事项。

第13条 预防评估风险

1.识别潜在的运输安全风险，并进行评估，确定应对措施。

2.制定并执行相应的预防措施，减少或消除安全风险，如加强产品保护、加装安全设备等。

第4章 现场运输事故处理

第14条 保护现场安全

1.在事故现场采取必要的安全隔离措施，确保其他人员的安全，并设置明显的警示标志。

2.如发生火灾或泄漏事故，迅速采取灭火和泄漏处理措施，减少事故扩大和对环境的影响。

第15条　调查分析事故

1.成立事故调查组，展开全面的事故调查，确定事故原因和责任。

2.收集现场证据和相关信息，进行细致的分析和评估，找出导致事故的根本原因。

第16条　排除修复故障

1.对事故中涉及的设备或运输工具进行故障诊断，找出故障点和影响因素。

2.采取必要的修复措施，确保设备和工具恢复正常运行，并制定改进措施以防止类似事故再次发生。

第17条　记录报告事故

1.详细记录事故经过、处理过程和结果，包括事故发生的时间、地点、损失情况等。

2.编写事故报告，向上级主管部门和相关方面进行及时报告，同时推动事故的调查与处理。

第5章　附则

第18条　编制单位

本制度由×××部负责编制、解释与修订。

第19条　生效日期

本制度自××××年××月××日起生效。

6.3　试验与检验

6.3.1　试验管理办法

本办法主要有以下作用：一是明确试验过程中的标准化操作流程和规范要求，以提高试验的准确性和可重复性；二是通过规范试验过程和要求，发现和解决潜在的质量问题，提高产品和服务的质量水平。

试验管理办法

第1章 总则

第1条 目的

为确保生产服务过程质量，规范试验管理，提供试验操作指南和规范要求，特制定本办法。

第2条 适用办法

本办法适用于生产服务过程中的各类试验活动。

第2章 编制试验计划

第3条 确定试验计划要求

1. 明确试验的目标和预期结果，确定试验所涉及的范围和具体内容，包括试验的参数、样本数量、测试方法等。

2. 评估所需的人力、物力和设备资源，合理安排试验的时间计划，确保试验能按时进行并完成。

第4条 调整试验计划

1. 如有必要修改试验计划，需要申请变更，并经过相应的审批程序，包括调整试验目标、范围、时间计划等。

2. 及时通知相关人员和部门变更的内容及影响。

第5条 分解试验任务

1. 确定每个试验任务的责任人，负责任务的具体执行和管理。

2. 与相关人员沟通任务分配的内容和要求，确保他们理解和接受任务，并获得他们的确认。

第3章 执行试验计划

第6条 试验前准备

1. 确保试验设备和工具的运行状态良好，进行必要的维护和校准。

2. 仔细检查试验所需的材料，包括原材料、样品等，确保其质量符合要求。

3. 检查试验场所的环境条件，如温度、湿度、洁净度等，确保条件符合试验要求。

第7条 试验过程控制

1. 确保试验操作人员熟悉试验步骤和方法，遵循操作规程进行操作。

2. 监测和控制试验过程中的各项参数，如温度、压力、速度等，确保其在规定范围内。

3.试验过程中进行必要的记录，包括开始时间、结束时间、试验参数、观察结果等。

第8条　评估试验结果

1.根据试验目标和要求，对试验结果进行评估和分析，包括数据的统计和处理。

2.确定试验结果是否符合质量要求，并提出合理解释和解决措施。

第9条　编制试验报告

1.根据试验结果和评估，编制试验报告，包括试验目的、方法、结果、分析和结论等内容。

2.确保试验报告的准确性和完整性，清晰地呈现试验过程和结果，以为后续的分析提供参考和决策依据。

第4章　试验设备管理

第10条　选择试验设备

1.根据试验需求和要求，选择合适的试验设备，确保设备能够满足试验的目的和要求。

2.考虑设备的准确性、精度、可靠性和适用性等因素。

第11条　维护保养设备

1.建立设备维护和保养计划，包括定期检查、清洁、润滑和更换零部件等。

2.配备专业人员进行设备维护和保养工作，确保设备的正常运行和稳定性。

第12条　设备操作规程

1.建立设备操作规程，明确设备的操作流程、步骤和安全注意事项。

2.培训试验操作人员，确保其掌握正确的设备操作技能和知识。

第13条　控制设备运行

1.设立设备运行记录，记录设备的运行状态、参数和异常情况等。

2.对设备进行实时监测和控制，及时发现和处理设备运行中的异常情况。

第5章　试验数据管理

第14条　采集试验数据

1.根据试验需求和要求，确定合适的数据采集方式，如传感器、记录仪等。

2.确保数据采集设备的准确性和可靠性，进行校准和验证。

第15条　分析试验数据

1.使用适当的数据分析方法，对试验数据进行统计、趋势分析、相关性分析等。

2.解释试验数据的含义和趋势，识别异常或异常趋势，提出改进措施和建议。

第6章　附则

第16条　编制部门

本办法由×××部负责编制、解释与修订。

第17条　生效日期

本办法自××××年××月××日起生效。

6.3.2　检验管理办法

本办法主要有以下作用：一是帮助预防和控制质量风险。通过建立合理的检验计划，及早发现潜在的质量问题并采取相应的纠正措施，避免质量事故的发生。二是提高生产效率，降低生产成本。三是有助于提高客户满意度，增强客户的信任和忠诚度。

检验管理办法

第1章　总则

第1条　目的

为确保生产服务过程中的产品质量符合要求，并对检验工作进行规范管理，特制定本办法。

第2条　适用范围

本办法适用于所有涉及生产服务过程中的检验活动。

第2章　制订与执行检验计划

第3条　制订检验计划

1.根据产品的特性和质量要求制订检验计划，明确检验项目、频次和方法等。

2.检验计划应定期评估和更新，确保其与产品要求的一致性。

第4条　选取检验样本

1.根据抽样原理和抽样方案选取合适的检验样本。

2.检验样本的选取应符合统计学原理,并考虑产品特性和质量要求。

第5条 执行检验计划

1.检验人员应按照检验计划和要求进行检验工作,包括样品接收、检验操作和结果记录等。

2.检验过程中应注意严格遵守操作规程和标准,确保结果的准确性和可靠性。

第3章 检验记录与分析管理

第6条 记录检验过程

1.检验人员应及时、准确地记录检验过程和结果,包括样本信息、检验方法和结果等。

2.检验记录应保存完整且具备可追溯性,方便日后进行数据分析和结果复核。

第7条 分析检验数据

1.根据检验记录和数据,进行数据分析和统计,发现潜在问题和趋势。

2.对异常数据和问题进行分析和解释,并采取相应的纠正和预防措施。

第8条 评价检验结果

1.对检验结果进行评价,判断产品是否符合质量要求。

2.根据评价结果,采取相应的行动,包括接收、退回或返工等。

第4章 不合格品管理

第9条 判定不合格品

1.根据不合格品的定义和标准,判定产品的合格性和不合格性。

2.判定过程应准确、公正,确保不合格品得到及时处理。

第10条 处理不合格品

1.应对不合格品进行分类、标识和隔离处理,防止混淆和误用。

2.不合格品的处理应根据不同情况采取相应的纠正和预防措施,确保质量问题的解决,防止再次产生不合格品。

第11条 追溯不合格品

1.对不合格品进行追溯,确定不合格的原因和责任归属。

2.对不合格品的处理结果和教训进行反馈,以避免类似问题再次发生。

第5章 检验改进管理

第12条 评估检验管理

1.定期评估检验管理工作的执行情况和效果。

2.根据评估结果，提出改进建议和措施，推动检验管理工作的持续改进。

第13条　培训检验管理

1.对检验人员进行定期培训，提高其专业知识和技能。

2.培训内容包括新的检验方法、标准和要求等，以及质量意识和质量管理的知识。

第14条　改进检验流程

1.根据实际情况和质量目标，优化检验流程，提高效率和准确性。

2.引入新的技术和方法，提升检验的科学性和可靠性。

第15条　改进质量标准

1.根据市场需求和技术发展，不断改进产品质量标准。

2.与相关部门和客户进行沟通和合作，了解他们的需求和期望，确保质量标准的有效性和适应性。

第16条　总结分享经验

1.对检验工作的经验进行总结和分享，以促进知识的积累和传承。

2.建立经验库和交流平台，方便不同部门和团队之间的经验交流和学习。

第6章　附则

第17条　编制部门

本办法由×××部负责编制、解释与修订。

第18条　生效日期

本办法自××××年××月××日起生效。

6.4　环境与卫生

6.4.1　环境维护办法

本办法主要有以下作用：一是有效保护生产服务过程中的环境，减少或消除污染物排放，降低环境风险；二是能够提高生产服务过程的质量水平，确保产品和服务符合质量要求，增强客户满意度；三是降低环境事故的发生概率和影响范围，保护员工的生命安全和财产利益。

环境维护办法

第1章 总则

第1条 目的

为确保在生产服务过程中的环境保护和可持续发展，特制定本办法。

第2条 适用办法

本办法适用于所有生产服务过程中的环境维护工作。

第2章 环境评估与规划管理

第3条 评估工厂环境

1.进行环境质量评估，包括生产环境中的噪声、振动、温湿度等因素的调查和测量。

2.确定环境质量标准，与质量标准相协调，并确保符合相关法规和标准。

第4条 规划工厂环境

1.制订环境维护计划，包括定期检查和维护环境设施，以确保环境质量的稳定性。

2.确定环境维护的责任人，明确其职责和权限，确保环境维护与质量控制的有效整合。

3.开展培训计划，提高环境维护人员的质量意识和环境管理技能。

第5条 评估环境风险

1.进行环境风险评估，识别可能对质量产生负面影响的环境因素和潜在风险。

2制定相应的风险控制措施，确保环境因素不会对生产质量造成不可接受的影响。

3.定期审查和更新环境风险评估，以应对环境变化和新的风险因素。

第6条 监测记录环境

1.建立环境监测系统，定期监测和记录与质量相关的环境参数，如噪声、振动、温湿度等。

2.对监测结果进行分析和评估，以及时发现环境质量异常，并采取相应的纠正措施。

3.形成环境监测和记录的文档化报告，作为质量管理的依据和持续改进的参考。

第3章　设备和工具维护管理

第7条　维护生产设备

1.制订设备维护计划，包括定期检查、保养和维修设备，以确保其正常运行和符合质量要求。

2.定期对设备进行环境适应性测试，确保设备在各种环境条件下的稳定性和可靠性。

第8条　维护生产工具

1.确保工具的完好性和适用性，及时更换损坏或失效的工具，以防止其对环境和产品质量造成影响。

2.建立工具清单，包括工具的数量、型号和维护记录，以便跟踪和管理工具的使用和维护情况。

第9条　选择设备工具

1.在选择设备和工具时，考虑其环境友好性，例如，低能耗、低噪声、低排放等特性。

2.优先选择符合环境和质量标准的设备和工具，以减少对环境和产品质量的不利影响。

第10条　校准设备工具

1.建立设备和工具的校准计划，定期进行校准，以确保它们的准确性和可靠性。

2.校准过程应符合质量要求，并进行记录和跟踪，以便验证设备和工具的测量结果的准确性。

第4章　生产现场维护管理

第11条　现场清洁与卫生

1.建立清洁与卫生管理制度，包括生产现场的日常清洁、卫生消毒等工作。

2.定期清洁生产设备、工作台面、地面等，以防止污染物的积累和交叉污染。

第12条　垃圾处理与分类

1.设立垃圾分类容器，制定垃圾分类方案，确保垃圾的正确分类和处置。

2.定期清理和处理垃圾容器，防止异味和环境污染。

第13条　现场环境维护

1.检查和维护生产现场的环境设施，如照明设备、通风系统等，确保其正常运行和安全性。

2.预防和修复可能导致环境污染和质量问题的设备故障或漏水等问题,确保生产现场的安全和环境卫生。

第14条　库存管理

1.建立合理的原材料和成品库存管理制度,防止过期、变质和混淆等问题对环境和产品质量造成影响。

2.定期清点和检查库存,确保库存数量准确,避免过多或过少,对生产和质量控制产生不利影响。

第5章　环境污染控制管理

第15条　废物处理

1.制订废物处理计划,确保废物的分类、存储和处理符合相关法规和标准。

2.建立废物管理记录,包括废物的产生量、处理方式和处置结果。

第16条　液体和气体排放控制

1.监测和控制液体和气体的排放,确保符合环境保护要求。

2.定期检查和维护排放设备,确保其正常运行和有效过滤。

第17条　环境事故应急预案

1.制定环境事故应急预案,包括环境事故的识别、报告、处置和恢复措施。

2.开展应急演练,提高环境事故应对和处置的能力。

第6章　附则

第18条　编制部门

本办法由×××部负责编制、解释与修订。

第19条　生效日期

本办法自××××年××月××日起生效。

6.4.2　卫生清扫办法

本办法主要有以下作用:一是确保生产现场和工作环境的清洁与卫生,从而保障产品的质量和卫生安全;二是确保设备和工作台面的清洁,减少其对生产过程中的干扰和障碍,提高生产流程的效率;三是确保创造一个清洁、舒适和安全的工作环境,减少事故和职业病的发生。

卫生清扫办法

第1章 总则

第1条 目的

为确保生产服务过程中的卫生环境符合质量要求，提高产品和服务的质量和客户满意度，特制定本办法。

第2条 适用办法

本办法适用于生产服务过程中的各类场所，包括生产车间、办公区域等卫生清扫工作的管理。

第2章 卫生清扫管理

第3条 制订卫生清扫计划

1. 制订卫生清扫计划，明确清扫频率、区域范围和责任人，协调清扫计划与生产计划，确保清扫工作不影响生产进程。
2. 检查和维护清扫工具和设备，确保清扫工具和设备的质量和适用性，确保清洁效果和卫生要求的达标。

第4条 培训考核清扫人员

1. 对清扫人员进行培训，包括卫生清扫操作规范、清洁剂和消毒剂的正确使用等内容。
2. 定期组织培训和考核，确保清扫人员掌握规范的操作流程和高水平的技能。

第5条 记录卫生清扫信息

1. 建立卫生清扫记录，记录清扫日期、区域、清扫人员等信息。
2. 定期审核和分析清扫记录，发现问题并采取纠正措施。

第3章 清扫区域管理

第6条 清扫生产车间

1. 定期清洁生产设备、工作台面和地面，确保生产车间的整洁和无污染。
2. 检查和维护通风系统，保证空气质量符合标准。

第7条 清扫办公区域

1. 定期清洁办公桌面、椅子、地毯和窗户等，提供舒适和清洁的工作环境。
2. 检查和维护办公设施，如照明设备、空调系统等，以确保其正常运行并保障安全性。

第8条 清扫公共区域

1.定期清洁公共区域，包括走廊、楼梯、洗手间等，确保这些区域的整洁和卫生。

2.提供足够的垃圾桶和垃圾分类设施，促进垃圾分类和环境保护。

第9条 清扫储存区域

1.组织并实施储存区域的定期清理和整理，防止杂乱和积尘，确保物品的安全和卫生。

2.遵守储存区域的防火和防爆要求，确保储存物品的安全性。

第10条 清扫外部区域

1.清扫和维护生产场所的外部区域，包括道路、停车场、绿化带等，提供整洁和安全的环境。

2.定期清理和处理外部区域的垃圾和污水，防止对周边环境和水源造成污染。

第4章 清洁消毒剂使用管理

第11条 清洁剂选择

1.选择符合质量标准和环保要求的清洁剂，避免使用含有有害物质的清洁剂，要考虑清洁剂的杀菌和除臭效果，确保清洁的彻底性和卫生要求的达标。

2.根据清洁剂的使用说明和比例，正确配制和使用清洁剂。注意清洁剂的作用时间和清洗方法，确保清洁效果和产品质量的一致性。

第12条 消毒剂选择和使用

1.选择符合质量标准和卫生要求的消毒剂，考虑其对不同细菌和病毒的杀灭效果。

2.根据消毒剂的使用说明和比例，正确配制和使用消毒剂，保证消毒效果的可靠性。

第5章 卫生问题处理

第13条 问题识别和记录

1.及时发现卫生清扫中的问题，如污染、异味、清洁得不彻底等，记录并标记问题区域。

2.对发现的问题进行分类和分析，确定问题产生的原因和影响。

第14条 纠正措施

1.针对问题制定纠正措施，包括重新清洁、更换清洁工具、调整清洁剂使用方法等。

2.跟踪纠正措施的执行情况，确保问题得到及时解决和整改。

第15条 改进措施

1.定期评估卫生清扫管理的效果，包括对清洁质量、工作效率等指标的监测和评价。

2.基于评估结果，提出改进建议，优化清扫工作流程和管理方式，提高清洁质量和效率。

第6章 附则

第16条 编制部门

本办法由×××部负责编制、解释与修订。

第17条 生效日期

本办法自××××年××月××日起生效。

6.5 生产服务过程质量控制精细化实施指南

6.5.1 生产现场质量巡检管理办法

本办法可以解决以下问题：一是通过定期的质量巡检，可以及时发现生产现场存在的问题，如设备故障、工艺异常、人员操作不规范等；二是能够发现潜在的风险因素，如设备老化、工艺参数偏差、环境污染等；三是通过对员工工作纪律、个人卫生和操作技能的评估，及时发现问题并提供培训和指导，提高员工的质量意识和操作技能。

生产现场质量巡检管理办法
第1章 总则

第1条 目的

为确保生产现场的产品质量符合要求，促进产品质量的稳定和提升，特制定本办法。

第2条 适用范围

本办法适用于所有生产现场质量巡检活动，包括设备、工艺、人员和环境等方面的巡检。

第2章 现场质量巡检组织管理

第3条 成立巡检小组

1.成立质量巡检小组，小组成员包括巡检组长、巡检员和相关部门人员。确定各个角色的职责和权限，确保组织内部的协调和配合。

2.巡检组长负责组织、指导和监督巡检工作，合理安排巡检任务，协调处理巡检问题，并向上级汇报巡检结果。

第4条 培训巡检员

选派合适的巡检员，要求其具备必要的专业知识和技能。进行有针对性的培训，包括质量标准、巡检程序、问题识别与分析等方面的知识和技能培养。培养巡检员的综合能力，包括观察力、分析能力、沟通能力等。

第3章 现场质量巡检内容管理

第5条 设备巡检

1.对生产设备进行定期巡检，包括设备的外观、运行状态、传动系统、控制系统等方面。

2.确保设备运行正常，无异常噪声、异味和泄漏等现象，且符合相关质量标准和规范要求。

第6条 工艺巡检

1.对生产工艺进行定期巡检，包括工艺参数的监测、工艺流程的确认和操作规程的执行情况等。

2.确保工艺参数在规定的范围内，工艺流程符合既定要求，操作规程得到严格执行，以保证产品质量的稳定性。

第7条 人员巡检

1.对生产现场人员进行巡检，重点评估人员的工作纪律、个人卫生、操作技能等方面。

2.确保人员按照操作规程进行工作，具备必要的技能和知识，遵守安全和质量规定，以保证产品质量和人员安全。

第8条　环境巡检

1.对生产现场环境进行定期巡检，包括空气质量、温湿度、灰尘和噪声等环境参数的监测。

2.确保生产现场的环境符合相关卫生和安全要求，避免环境因素对产品质量产生不良影响。

第4章　现场质量巡检程序

第9条　分配巡检任务

1.根据巡检计划，指派合适的巡检员或巡检小组负责执行巡检任务。

2.分配巡检的具体时间和区域，确保生产现场的全面覆盖和有效巡查。

第10条　做好巡检准备

1.准备所需的巡检工具、设备和测量仪器，确保其完好可用。

2.检查巡检记录表格和相关文件的准确性和完整性。

第11条　开展巡检工作

1.根据巡检计划和要求，逐项检查生产现场的质量状况。

2.进行详细的观察和检测，确保产品符合规格和标准。检查工艺参数和设备运行状态，确保工艺流程正常进行。

第12条　记录巡检结果

1.详细记录巡检过程中发现的问题、异常情况和改进建议。

2.记录巡检数据、测量结果和采样情况，确保准确性和可追溯性。

第13条　分析巡检结果

1.对巡检结果进行综合分析和评估，识别出现的问题和改进机会。确定相应的整改措施和时间计划，并指定责任人负责执行。

2.监督和跟踪整改措施的执行情况，确保问题得到及时解决和整改。

第14条　编制巡检报告

1.汇总巡检结果和整改情况，编制巡检报告。报告中应包括巡检时间、巡检内容、问题描述、整改措施和建议等详细信息。

2.提交巡检报告给相关部门和管理层，以促进决策和质量改进。

第15条　评估巡检工作

1.定期评估巡检工作的效果和绩效，检查巡检过程的有效性和改进机会。

2.根据评估结果，持续改进巡检程序和管理措施，提高质量控制水平和生产效率。

第5章 附则

第16条 编制部门

本办法由×××部负责编制、解释与修订。

第17条 生效日期

本办法自××××年××月××日起生效。

6.5.2 生产服务质量考核管理办法

本办法主要有以下作用：一是有助于提高企业对生产服务质量的关注和重视，增强员工的质量意识和责任意识；二是有助于发现和纠正潜在的问题和缺陷，推动持续改进和提升生产服务质量水平；三是有助于培养企业的质量文化，让每个员工都积极参与到质量改进和提升的过程中，实现持续质量改进的目标。

生产服务质量考核管理办法
第1章 总则

第1条 目的

为提高生产服务质量水平、规范考核流程，持续改进生产服务质量，通过有效的考核和评估，识别和解决质量问题，提升客户满意度，增强组织的竞争力，特制定本办法。

第2条 适用范围

本办法适用于生产服务质量考核工作的管理。

第2章 考核体系管理

第3条 考核指标分类

1.质量指标：包括产品合格率、不良品率、客户投诉率等，用于衡量生产过程中产品的质量。

2.交付指标：包括交付准时率、交付完整性、交付准确性等，用于评估产品和服务的交付能力。

3.客户满意度指标：包括客户调研结果、客户评价反馈、客户投诉处理情况等，用于衡量客户对产品和服务的满意程度。

4.创新改进指标：包括创新提案数量、改进实施率、创新成果应用情况等，用于评估团队的创新能力和改进效果。

第4条　指标权重分配

1.质量指标：40%。

2.交付指标：30%。

3.客户满意度指标：20%。

4.创新改进指标：10%。

第5条　考核指标评估方法

1.质量指标评估方法：可以采用抽样检验、质量抽查、不良品统计等方式来评估产品的质量。

2.交付指标评估方法：可以通过跟踪交付时间、核对交付文件和物品完整性等方式来评估交付的准确性和效率。

3.客户满意度指标评估方法：可以通过客户调研问卷、定期客户反馈会议、客户投诉处理记录等方式来评估客户满意度。

4.创新改进指标评估方法：可以通过收集创新提案、改进实施情况跟踪等方式来评估创新和改进的贡献。

第6条　考核周期频率

考核周期包括月度、季度或年度。考核频率可根据考核的目的和实施成本进行权衡，以确保考核的及时性和有效性。

第7条　考核对象范围

考核对象可以包括生产服务团队、供应商、合作伙伴等。考核范围可以涵盖生产服务的各个环节和流程，例如，设计、采购、生产、交付等。

第3章　考核流程操作

第8条　制订考核计划

1.制订考核计划，确定生产服务质量考核的周期、对象、指标权重、评估方法。

2.制订考核计划表，将考核周期、考核对象、考核指标、权重、评估方法等信息整合在一张考核计划表中，作为考核工作的参考依据。

第9条　分析考核数据

1.根据考核计划，收集相关的数据和信息。数据来源可以包括内部系统、报告文件、调研问卷、客户反馈等，要确保数据的准确性和完整性。

2.对收集到的数据进行定量和定性分析，利用统计方法和数据可视化工具，识别出存在的问题、趋势和关联性。

3.根据考核指标和权重，对数据分析结果进行综合评估。评估可以基于指标达标率、得分、排名等方式进行。

第10条　编制考核报告

根据考核数据和分析结果，编制详细的考核结果报告。报告中应包括整体评估结果、各项指标的得分、优点和改进机会等内容。

第11条　解读考核报告

1.对考核结果进行解读和分析，提供有关结果背后原因的解释和建议，确保报告内容准确、清晰且具有实际指导意义。

2.组织沟通与讨论会议，将考核结果报告与相关方共享，并进行深入讨论和交流。会议可以涉及对得分较低的指标的具体改进措施的讨论。

第12条　制订行动计划

根据讨论会议的结果，制订具体的行动计划。行动计划应明确责任人、时间表和预期成果，以推动改进和提升生产服务质量。

第4章　考核结果应用

第13条　分析考核结果

1.分析考核结果报告中的数据和分析结果，比较不同指标的得分和排名，识别出绩效较差的领域和关键问题。

2.根据考核结果分析，明确存在的问题，并将其记录下来。问题包括质量不达标、交付延迟、客户投诉等。

第14条　制定改进方案

1.组织相关方的讨论会议或工作坊，共同提出改进方案的意见和建议。借助集体智慧，获取更多的改进思路。

2.根据问题原因分析的结果和讨论会议的意见，制定具体的改进措施。每个改进措施应明确责任人、时间表和预期成果。

第5章　考核结果反馈与奖惩机制

第15条　考核结果反馈

1.安排与相关部门、团队或供应商的反馈会议，确保及时向他们传达考核结果和分析报告。

2.在反馈会议中，解读考核结果和报告的关键信息，与参会者共同讨论结果的意义和影响。

3.突出考核结果中的改进机会，鼓励参与者思考和提出改进措施，促进持续改进和提升绩效。

第16条　奖励机制

1.制定明确的奖励标准和评选规则，根据考核指标和绩效目标来确定奖励的条件和标准。

2.确定不同类型的奖励，例如，奖金、奖状、奖品或员工认可等，以满足不同人员的需求和激励方式。

3.建立奖励申请、审批和发放的程序和流程，确保公正、透明和及时。

第17条　惩罚机制

1.制定明确的惩罚规则和惩罚类型，对不达标绩效和违规行为进行惩罚。

2.建立惩罚申请、审批和执行的程序和流程，确保公正、合规和透明。

3.严格按照程序和规定执行惩罚，并进行详细记录，确保惩罚的一致性和可追溯性。

第6章　附则

第18条　编制部门

本办法由×××部负责编制、解释与修订。

第19条　生效日期

本办法自××××年××月××日起生效。

第7章

外协、委托、驻厂监造质量控制精细化

7.1 外协生产质量控制

7.1.1 外协生产优质厂商选择流程

工厂制定外协生产优质厂商选择流程，一是可以规范外协生产优质厂商选择行为，提高工作效率；二是可以通过选择优质的外协厂商，降低生产成本，提高工厂的盈利能力；三是可以降低生产过程中的风险，避免因为外协厂商的问题导致生产延误或者出现产品质量问题。

（1）外协生产优质厂商选择流程

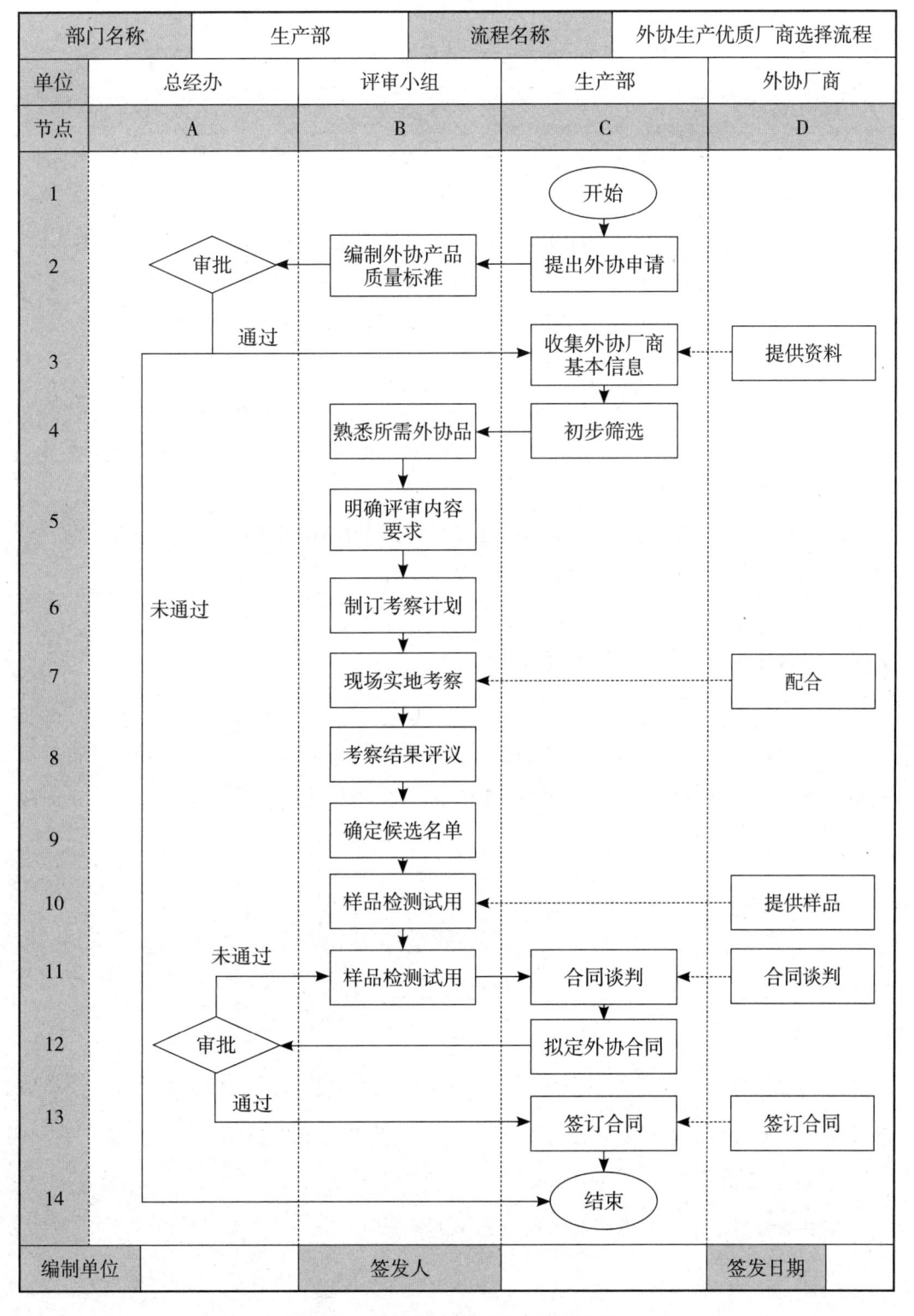

部门名称		生产部		流程名称		外协生产优质厂商选择流程	
单位	总经办		评审小组		生产部		外协厂商
节点	A		B		C		D
1					开始		
2	审批	←	编制外协产品质量标准	←	提出外协申请		
3	通过	→			收集外协厂商基本信息	←	提供资料
4			熟悉所需外协品		初步筛选		
5			明确评审内容要求				
6	未通过		制订考察计划				
7			现场实地考察	⋯			配合
8			考察结果评议				
9			确定候选名单				
10			样品检测试用	←			提供样品
11	未通过		样品检测试用		合同谈判	←	合同谈判
12	审批	←			拟定外协合同		
13	通过	→			签订合同	←	签订合同
14					结束		

| 编制单位 | | 签发人 | | 签发日期 | |

图7-1 外协生产优质厂商选择流程

（2）执行关键节点

外协生产优质厂商选择流程执行关键节点如表7-1所示。

表7-1 外协生产优质厂商选择流程执行关键节点

关键节点	细化执行
B2	评审小组在编制外协产品质量标准时，应将外协产品的质量标准及检验要求单独成册，报总经办进行审批
B2	在编制外协产品的质量标准及验收规范时，必须以工厂的产品质量标准为依据，不得随意提高或降低相关的质量标准与检验规范
C3	生产部应调查外协厂商的生产能力、产品质量、技术条件、产品价格、管理水平等
C3	生产部可通过工厂现有资料、公开招标方式、产品展示会等收集外协厂商信息
B7	评审小组根据考察计划到外协厂商工厂进行现场实地考察，并对每个外协厂商提出评定意见
B7	评审小组在现场考察时，应重点考察外协厂商的生产能力、产品质量、外协价格、售后服务、抗风险能力等

7.1.2 外协生产厂商质量控制办法

工厂制定外协生产厂商质量控制办法，一是可以督促外协生产厂商的产品符合质量要求，保证产品质量；二是可以避免因为质量问题导致的生产延误与返工，从而降低生产成本，提高生产效率。

外协生产厂商质量控制办法
第1章　总则

第1条　目的

为规范对外协生产厂商加工产品的质量管理，确保外协产品符合本工厂及产品的质量要求，特制定本办法。

第2条　适用范围

本办法适用于外协生产厂商的质量管理工作。

第2章　外协生产准备阶段的质量控制

第3条　资质审查

1.与外协生产厂商签订合同前，要对其进行资质审核，确保其具备生产所需的技术和设备。

2.在合同中明确产品的质量标准和要求，以及外协生产厂商的责任和义务。

第4条　确定产品质量标准

1.确定产品质量标准时，需要考虑产品的具体用途、市场需求及消费者的期望。

2.明确外协生产厂商应满足的技术要求和规格时，需要对相关技术指标进行详细的说明，并与其生产部进行沟通以确认其理解情况。

第5条　全面评估生产设备及生产工艺流程

1.对生产所需生产设备进行检查、校准，确保其运行正常、精度可靠。

2.对生产所需工艺流程进行分析、优化，尽可能减少不良品率，提高生产效率。

第6条　完善生产计划

1.根据产品的生命周期及市场需求等因素，制订详细的生产计划，并要求外协生产厂商严格按照计划执行。

2.提前做好原材料及设备的采购工作，并与供应商建立长期稳定的合作关系，以确保原材料供应的及时性和质量稳定性，保证外协生产的稳定性。

第7条　制定生产异常处理方案

1.针对可能出现的生产异常情况，例如，设备故障、工人伤病等，制定详细的应急处理方案，并进行演练，规避外协生产过程中的风险。

2.对外协生产过程中的数据进行实时监控、分析，发现异常情况时及时进行处理，并进行记录，以便后续分析总结。

第3章　外协生产阶段的质量控制

第8条　建立完善的质量管理体系

1.确定产品质量目标和指标，明确外协生产责任人，并进行动态监控。

2.建立稽核制度，对外协生产过程和质量检验过程进行监督和审核。

第9条　制定严格的工艺标准与操作规程

1.对每个生产环节制定明确的工艺标准和操作规程，确保操作的一致性和可追溯性，规范外协生产厂商的生产行为。

2.对外协生产人员进行有针对性的培训，帮助其快速掌握工艺流程与操作规程，提高其质量和安全意识。

第10条　强化产品检验与测试

1.根据产品的特点和需求，确定合适的检验和测试方法，定期对外协产品进行检验与测试，确保其符合产品质量标准。

2.对检验和测试结果进行记录和分析，及时发现和解决外协生产过程中的质量问题。

第11条　加强现场管理

1.建立安全管理体系，制订应急预案和安全培训计划，确保外协生产人员安全。

2.对生产现场进行定期巡检，发现和解决现场问题，确保生产环境的安全和卫生。

第4章　交货检验阶段的质量控制

第12条　交货检验

1.按照生产计划，在交货时间前7个工作日，通知外协生产厂商，要求其按时交货。

2.外协生产厂商结束生产后，通知生产部验收，验收合格后，由仓储部人员办理入库手续。

第13条　验收内容

对外协产品的验收内容主要包括以下四项。

1.外协产品外观。

2.外协产品结构。

3.外协产品尺寸。

4.外协产品性能。

第14条　验收方法

1.对外协产品的验收采用抽样验收的方法进行，在验收过程中，应做好相关记录与分类。

2.在验收结束后，填写"外协产品质量验收单"，对于不合格的外协产品，应及时上报并解决。

第15条　验收结果处理

1.对于验收不合格的外协产品，可要求外协生产厂商进行返工，并对返工过程进行跟踪与监督，确保外协产品质量能够达到既定标准。

2.根据外协产品质量验收结果，定期编制"外协产品质量检验报告"，上报总经办审核，并将其作为对外协生产厂商考核依据。

第5章　附则

第16条　编制单位

本办法由质量管理部负责编制、解释与修订。

第17条　生效日期

本办法自××××年××月××日起生效。

7.2　委托加工质量控制

7.2.1　委托加工质量控制规程

工厂制定委托加工质量控制规程，一是规范了对委托加工工厂的评估与选择行为，确保选择更合适的委托加工工厂；二是明确了委托加工产品的质量要求，加强管控力度，以便提高委托加工产品的质量。

委托加工质量控制规程
第1章　总则

第1条　目的

为确保委托加工工厂产品的质量符合本工厂的生产要求，规范委托加工的生产管理，特制定本规程。

第2条　适用范围

本规程适用于委托加工的质量控制工作。

第2章　委托加工工厂的评估与选择

第3条　资质审查

在选择合适的委托加工工厂之前，应对其展开资质审查，要求其提供以下证明材料，以确保其拥有足够的质量保证能力。

1.必须提供的资质证明：包括QS证书、营业证件、组织机构代码证、环评证书、经备案有效的相应产品的质量标准等。

2.参考资质证明：如其他可以证明其质量保证能力的资质，如体系认证证书。

第4条　实地考察

1.对于具有初步合作意向的委托加工工厂，由生产部与质量管理部共同进行实地考察。

2.对委托加工工厂的实地考察内容如下。

（1）场地是否符合要求，如厂区、库房、车间等。

（2）生产资源是否充足，如生产设备、生产人员、生产工艺等。

（3）生产过程管理是否符合要求，如过程质量控制、产品防护等。

（4）产品质量检验是否符合要求，如足够的检验设备、完善的检验程序等。

3.将实地考察意见汇总整理，以报告的形式交由总经办审核。

第5条　样品审核

1.对委托加工工厂进行初步的筛选后，向其要求提供生产样品。

2.生产部与质量管理部共同对委托加工工厂提供的样品进行审核，确认委托加工工厂所用材料及生产工艺等符合要求。

第6条　确定最终委托加工工厂

1.针对生产样品的审核结果，确定最终委托加工工厂，并交由总经办审核。

2.总经办审核通过后，与其签订合作协议，约定双方的权利与义务。

第3章　委托加工生产过程中的质量控制

第7条　建立委托加工质量管理体系

1.根据产品构成及其包装，梳理重点原辅料及涉及生产安全的原材料，确定原辅料检验标准。

2.根据产品生产工艺和生产参数，制定工序质量标准及附件。

3.根据国家标准、行业标准和工厂标准，制定产品验收标准。

4.根据产品生产工艺和工序质量标准，确定CCP（关键控制点）监控点、监控频率及方法，并制定CCP监控记录表。

第8条 监控与测量委托加工过程

1.原辅料确认

委托加工工厂须严格按照合作协议执行生产计划，应在每次生产前对原辅料进行确认，并整理成册，定期向工厂汇报。

2.生产过程监控

（1）首件确认。委托加工工厂应在每次生产前，进行小批量生产，并交由本工厂确认，确认无误后，才能正式批量生产。

（2）过程巡检。生产部与质量管理部应派遣专人不定期对委托加工生产过程进行巡回检查，巡检内容包括生产工艺执行情况、CCP运行情况、成品质量情况等，并做好检查记录。

第9条 现场检验与过程改进

委托加工工厂应对加工成品进行现场检验，以确保产品具有优良的性能，满足标准的要求。若在加工过程中，产品出现质量问题，则须对加工工艺和流程进行及时改正。

第10条 提供技术支持

1.为保证产品质量，生产部可向委托加工工厂提供技术支持，对生产全过程进行指导与监督。

2.委托加工工厂应该严格按照既定生产技术与生产工艺执行生产计划，以保证产品的质量。

第4章 委托加工成品的质量控制

第11条 交货检验程序

1.生产部与质量管理部共同制定成品验收标准，并在生产前告知委托加工工厂，要求其严格遵循成品验收标准。

2.委托加工工厂生产的产品，由其整理归纳后，自行安排人员进行检验，合格后连同检验报告发回本工厂。

3.生产部收到产品后，通知质量管理部共同对产品进行现场抽样，并进行质量检验，合格后方可入库，如检验不合格，则与委托加工工厂协商处理。

第12条　交货检验内容

验收产品时，要根据产品的名称、型号、规格、数量等，按照生产清单逐一进行检查验收，验收内容如下。

1. 产品包装质量。产品的包装是否符合交货日期与产品特性的要求。

2. 检测标志确认。产品是否带有委托加工工厂的检测标志，检测标志是否完整与正确。

3. 关键部件确认。产品的关键部件是否齐全、是否能够正常组装与使用，精密度与尺寸等数据是否准确。

4. 对于功能性产品，可对其进行试用，确认其是否符合使用要求。

5. 其他应检验的内容。

第13条　交货检验要求

1. 在检验过程中，应及时检查与记录检验结果与问题，保留相关记录和资料，以便日后追溯与统计分析。

2. 在检验过程中，应严格按照检验规程进行，保证检验结果科学准确，不得徇私舞弊。

第14条　检验结果处理

委托加工工厂产品出现质量问题的，对其进行以下处理。

1. 根据质量问题的严重情况，在不违反产品安全的前提下，首次出现的问题将给予退货处理，并要求委托加工工厂进行返工。

2. 若委托加工工厂出现第二次质量问题，在退货基础上，暂停其三个月的供货资格。

3. 若委托加工工厂连续三次出现质量问题，立即取消其合作资格。

第5章　附则

第15条　编制单位

本规程由质量管理部负责编制、解释与修订。

第16条　生效日期

本规程自××××年××月××日起生效。

7.2.2 委托加工质量检验规范

工厂制定委托加工质量检验规范，一是可以确定合适的检验方法，确保委托加工产品的质量符合相关标准；二是可以规范委托加工产品检验行为，简化工作流程，提高工作效率，降低产品质量的风险。

委托加工质量检验规范

第1章 总则

第1条 目的

为规范委托加工质量检验工作，保障加工产品的品质，特制定本规范。

第2条 适用范围

本规范适用于委托加工的质量检验工作。

第2章 委托加工食品检验规范

第3条 检验前的准备工作

1.根据委托加工食品的详细信息，确认要检验的内容与标准。

2.对检验设备进行调试与试运行，确认其是否能够正常运行。

3.安排专业人员负责实施检验工作，并做好相关记录。

第4条 检验标准的确定

检验人员按照国家标准、行业标准及自身要求，确定不同食品的检验标准。

第5条 检验方法的确定

检验人员针对不同食品的特性与不同的检验内容，采用不同的检验方法。

第6条 检验内容的确定

1.外观质量检验：可使用肉眼或者显微镜等对食品的颜色、气味、质地、外观等进行检验。

2.化学成分检验：可使用物料化学分析方法，检验食品中营养成分、添加剂等是否符合安全标准。

3.微生物污染检验：可使用菌落计数法、PCR聚合酶链式反应技术，检验食品中是否存在细菌、霉菌、病毒等微生物污染。

4.内容物污染：可采用重量法、计量法等，检验食品是否含有规定的成分与重量。

第7条　检验文件的备案

1.在检验过程中，应建立相应的检验记录，内容包括检验项目、检验结果、检验时间、检验人员等，并交由专人进行管理与备案。

2.检验文件应以书面形式通知委托加工工厂，并收取其反馈。

第3章　委托加工电子产品检验规范

第8条　检验标准与依据的确定

1.电子产品的检验标准应遵循国家及行业标准和质量管理体系等，以确保检验结果准确可靠。

2.电子产品的检验依据应包括既定检验标准、质量要求与用户需求等方面。

第9条　检验方法的确定

1.电子产品的检验应使用有效的检验方法，包括常规检测方法与现代检测方法等。

2.检验方法应参考行业标准和质量管理体系要求，为检验提供充分的准备和依据。

第10条　检验内容的确定

1.包装检验。检验电子产品的包装是否完好，产品是否破损。

2.内部器件的检验。检验电子产品的内部器件情况，包括连接器的连接情况、器件的运行情况等内容。

3.性能检验。对电子产品进行系统的稳定性能检验，确认其是否达到设计要求与相关标准。

4.兼容性检验。对电子产品进行兼容性检验，以确认其电磁协调能力是否达到有关标准。

第4章　委托加工机械设备检验规范

第11条　检验标准与工具的确定

1.依据国家及行业相关标准，针对不同的机械设备确定不同的检验标准。

2.在检验机械设备时，多采用目视、万用表、测量仪器、实际操作等方式进行。

第12条　检验内容的确定

1.外观检验。以目视或者测量仪器的方式，检验机械设备表面是否平整、是否有损伤、划痕、锈蚀等缺陷。

2.电气系统检验。使用万用表、测量仪器等检验电气系统，确认其是否正常，是否符合国家安全标准与设计规范。

3.传动系统检验。采用测量仪器、测量设备等检验传动系统，确认其传动效率、噪声、振动等是否达到设计要求。

4.液压系统检验。检验液压系统的工作压力、流量、温度等指标是否符合设计要求，检验液压系统的管路、阀门、油泵等元件是否正常、无损伤。

5.安全检验。检验设备的各项安全装置是否正常，能否保障人员和设备安全，检验设备的安全门、限位开关、急停按钮等安全装置是否齐全、可靠。

第13条　检验要求的确定

检验人员应严格遵守相关检验标准和质量管理体系要求，认真执行各项检验要求和程序，确保机械设备检验流程规范化和标准化。

第5章　附则

第14条　编制单位

本规范由质量管理部负责编制、解释与修订。

第15条　生效日期

本规范自××××年××月××日起生效。

7.3　驻厂监造质量控制

7.3.1　驻厂监造质量检验规范

工厂实行驻厂监造质量检验规范，一是可以优化检验时间和工作流程，提高工作效率；二是可以通过规范的检验流程，确保产品质量的可靠性与稳定性。

驻厂监造质量检验规范

第1章 总则

第1条 目的

为确保产品生产质量得到有效控制，不合格品不进入本工厂，对委托工厂进行现场辅导，协助委托工厂品质提升，特制定本规范。

第2条 适用范围

本规范适用于驻厂监造的质量检验工作。

第3条 职责权限

本规范所述检验活动均由驻厂人员进行。

第2章 原材料检验规范

第4条 按照检验标准进行

1. 针对每种原材料，依照不同的国家标准和行业要求建立相应的检验标准和方法，确保每批次的原材料质量符合要求。

2. 对每个批次的原材料进行全面检验，包括外观、标称含量、纯度、杂质含量、不溶物、水分含量等指标，以确保原材料的质量符合要求。

第5条 采用现代化分析方法

对于不同种类的原材料，可以采用国际通用的分析方法，如高效液相色谱、气相色谱、紫外-可见光谱等先进技术，对原材料进行快速、准确地检验，从而有效提高检验效率。

第6条 遵循检验要求

1. 严格按照检验要求进行检验，保证检验过程的精确性和可操作性。

2. 对每个批次的原材料进行严格的检验，不允许任何一个批次的原材料不经检验投入生产活动。

第7条 采用适当的样品采集方法

1. 样品采集应按照规定的方法进行，以避免操作不当对样品带来的影响。

2. 合理选择采样位置、采样数量、采样设备和采样方式，保证样品的准确性和代表性。

第8条 建立完整的检验记录

1. 应对每个批次的原材料建立完整的检验记录，包括检验日期、检验内容、检验结果和结论等信息。

2.对于检验数据,应当及时、准确地记录下来,并进行统计和分析,以便追溯质量问题来源和处理方法。

第3章　中间品检验规范

第9条　制定中间品检验标准

1.按照国家和行业标准,结合实际生产情况,制定中间品检验标准和方法。

2.检验标准和方法应当明确、翔实,能够适应生产过程变化,以确保中间品质量符合要求。

第10条　检验内容的确定

1.外观。检验中间品的形状、颜色、透明度、气味等,以确保中间品的视觉质量达到标准。

2.标称含量。检验中间品中指定成分的含量是否符合要求。例如,有些产品中需保证对主要成分的含量维持在一定范围内。

3.纯度。检验中间品中各种成分的含量是否符合标准,以确保中间品的化学纯度达到要求。

4.杂质含量。检验中间品中的不良成分或杂质物质的含量,以确保中间品的杂质控制达标。

5.不溶物。检验中间品中的不溶物含量,以确保对中间品的溶解度和还原性没有影响。

6.水分含量。检验中间品中的水分含量,以确保通过控制水分含量来保证产品质量。

第11条　遵循检验要求

1.对于每种中间品的生产过程,应当制订相应的检验计划和检验频率,对中间品进行全面检验,以及时发现和解决问题。

2.确保检验设备的完好性,并严格按照操作要求进行检验,以保障检验的准确性。

第12条　实施检验数据分析

1.对检验数据进行严格的记录和统计分析,找出生产过程中的问题和瓶颈,以及解决问题的实际方案。

2.建立中间品检验的评级标准,对中间品进行评分,以及根据评级结果制定相应的制度、标准和管理方法。

第4章　成品检验规范

第13条　确保全面检验

1.成品检验需要对每个批次的成品进行全面检验,以确保其符合质量标准和技术要求。

2.成品检验涵盖外观、尺寸、硬度、密度、拉伸强度、耐磨性等多个方面,以确保成品质量和性能达标。

第14条　检验方法科学合理

1.成品检验需要使用高精度检验仪器,如X光检验仪、超声波检验仪等,以确保检验结果的准确性、可靠性。

2.结合检验设备的实际情况,对设备进行校准和维护,确保仪器的可靠性和准确度。

第15条　检验成品性能

1.成品检验需要对成品的用途和特点进行考虑,进行有针对性的性能测试,以确保其满足产品技术标准和要求。

2.对于某些类型的机械零部件,需要进行硬度和韧性测试,以确保其具备足够的耐用性。

第16条　建立检验记录与档案

成品检验需要建立完整的检验记录,包括检验流程、检验结果和结论等信息。除此之外,还需要建立质量保证档案,记录每个批次的成品检验记录和质量证明等信息。

第5章　附则

第17条　编制单位

本规范由质量管理部负责编制、解释与修订。

第18条　生效日期

本规范自××××年××月××日起生效。

7.3.2　驻厂监造质量控制制度

工厂制定驻厂监造质量控制制度,一是可以规范驻厂人员的行为,要求其通过各种方式，全面、及时地发现生产线上出现的问题，并提出改进意见，以保证产品质量；二是驻厂人员通过贯彻工作制度，能够第一时间掌握生产过程中的各个环节，快速判断生产线上的问题与风险，提出合理的措施并针对问题进行解决。

驻厂监造质量控制制度

第1章 总则

第1条 目的

为规范委托加工工厂的生产行为，保证产品质量，提高生产效率，特制定本制度。

第2条 适用范围

本制度适用于驻厂监造的质量控制工作。

第3条 职责权限

本制度所述控制工作均由驻厂人员进行。

第2章 生产前的质量控制

第4条 前期介入

1.根据产品的特性与质量要求，协助委托加工工厂，制定切实可行的生产方案与生产标准。

2.确定各项质量检验细节、指标及监控点，要求委托加工工厂遵循，避免产生质量隐患。

第5条 评审原辅料供应商

1.协助委托加工工厂制定严格的供应商审核、评估标准与程序，明确供应商的要求，如资质要求、生产时间、交货时间、成本等方面。

2.协助委托加工工厂建立供应商数据库，记录关键信息，如供货能力、资质、质量等，定期更新相关数据。

3.协助委托加工工厂对供应商进行定期考核，及时发现问题。对供应商的产品或服务进行随机抽查或者定向检查，评估供应商质量表现，及时反馈问题，对不良行为采取惩罚措施，保护自身利益。

第6条 检验与测试生产设备

1.协助委托加工工厂制定设备校验和检测的标准规范，并按计划进行定期检查和维修。制定各种设备的检测标准规范，并按照计划进行定期检查和维修，以保证生产设备的完好性。

2.协助委托加工工厂对所有设备建立档案，记录维护情况和检查结果，确保设备运行正常。对每台设备建立档案，记录设备的检查维护情况，明确设备的关键部位，为后续的生产设备维护提供更加有效依据。

3.协助委托加工工厂及时维修或更换不合格的设备，避免影响生产质量。对于检测出的问题设备，要优先进行维修，如果无法解决问题，就要更换设备，避免对质量产生影响。

第7条　制订生产计划

1.与委托加工工厂共同制订生产计划和生产管理制度，包括质量标准、控制标准、产品生产排期、人员培训和操作规程等，以提高生产工作流程的规范性和可实施性。

2.向委托加工工厂的生产部发布详细的质量标准与控制标准，并确保相关人员充分理解。

第3章　生产中的质量控制

第8条　实施过程控制

1.驻厂人员应控制环节数据，确保生产流程稳定，并及时调整或优化生产工艺流程，以确保稳定、高效和一致的生产。

2.驻厂人员应收集反馈数据，及时分析认证工艺流程，发现可能出现的问题和细节，提高产品质量。

第9条　进行数据采样与检测

1.驻厂人员可制定检测方案，对每个生产环节的检查对象进行细致检测和记录，并要求委托加工工厂执行。

2.驻厂人员应建立合理的检测标准，确保关键数据得到合理的检测。

3.驻厂人员统计并分析大规模检测数据，评估生产质量，寻找可改进之处。

第10条　组织进行培训活动

1.协助委托加工工厂制订详尽的员工培训计划，对生产线人员及技术人员进行定期的技能培训和质量教育，提高员工的技术水平和质量意识。

2.委托加工工厂应对员工进行质量管理教育，确保员工知晓每个环节对于生产质量的重要性，建立并养成良好的工作习惯和态度。

第11条　及时发现与处理生产异常

1.协助委托加工工厂建立生产质量异常跟踪记录系统，记录和管理所有的质量问题并及时进行分析和处理。

2.对于发生的问题进行详细记录，对记录进行归类整理，定期对记录进行回顾汇总和复盘，从而保证生产中质量异常问题得到快速跟进和解决。

第4章　生产后的质量控制

第12条　制定检测标准与程序

1.驻厂人员应与委托加工工厂一起，制定严格的产品检验标准和流程，确保每个环节得到有效控制，保证产品的质量稳定性。

2.对于抽样检测中发现的问题，应及时进行处理。在产品达到标准前，不可发布合规检测报告。

第13条　确保全面检验

1.成品检验需要对每个批次的成品进行全面检验，以确保其符合质量标准和技术要求。

2.成品检验涵盖外观、尺寸、硬度、密度、拉伸强度、耐磨性等多个方面，以证明成品质量和性能是否达标。

第14条　对产品进行追溯管理

1.协助委托加工工厂对零部件和产品进行跟踪追溯管理，记录每个零部件的来源、在生产系统内的使用流程，以及从零部件到产品的使用期限和质量。

2.结合检验设备的实际情况，对设备进行校准和维护，确保仪器的可靠性和准确度。

第15条　保留生产记录

1.编制生产记录，对每个工序和生产过程进行记录，定期对记录进行整理和回顾，并分析其中存在的问题。

2.对于不合格产品或产品质量异常的问题，进行详细记录和交叉比较分析，找到问题和原因，并制定有效的纠正措施，以预防问题再次出现。

第5章　附则

第16条　编制单位

本制度由质量管理部负责编制、解释与修订。

第17条 生效日期

本制度自××××年××月××日起生效。

7.4 外协、委托、驻厂监造质量控制精细化实施指南

7.4.1 外协、委托生产质量保证实施方案

工厂制定外协、委托生产质量保证实施方案，一是可以明确生产过程中的质量要求与标准，保证外协及委托的生产质量得到有效控制，以提高产品质量；二是可以规范外协及委托的生产质量保证实施行为，简化工作流程，提高工作效率。

外协、委托生产质量保证实施方案

一、目的

为严格控制外协、委托生产质量，保证其生产的产品质量稳定可靠，降低不良品率，达到客户满意，特制定本方案。

二、范围

本方案所述外协、委托生产质量保证实施主要针对以下合作商。

1.与本工厂签订合作协议的外协厂商与委托加工工厂。

2.经过层层筛选确定合作意向但尚未签订合作协议的、具有极强合作意愿且与本工厂合作的次数达到____次以上、过往生产质量合格率达到____%以上的、外协厂商以及委托加工工厂。

三、部门协同

（一）质量管理部

1.负责制定外协、委托生产质量保证实施方案，明确生产过程中的质量管理要求和标准。

2.负责建立外协、委托生产跟踪系统，实时掌握生产过程中可能出现的质量问题，

并及时采取预防和改进措施。

3.进行严格的产品验收和检验，确保生产出的产品质量符合客户和工厂要求。

（二）生产部

1.根据本工厂年度生产计划，确定外协、委托生产任务，并组织实施和监督。

2.向外协厂商及委托生产工厂提供工艺流程、生产技术、生产工艺等方面的帮助。

3.对外协、委托生产现场进行不定期现场监督与协调，确保产品按时交付。

（三）财务部

负责编制合作协议并参与的签署与审核过程，确保合作协议的内容合法、合规，符合法律法规与相关财务政策。

四、外协、委托生产质量保证实施措施

（一）提供技术支持

向外协厂商、委托生产工厂提供如下技术支持，以保证其生产质量。

1.派遣____名高级工程技术人员，包括设备研究人员____名，生产设计人员____名。

2.提供高级质量检测设备____台。

3.提供CAD工作站技术服务。

4.其他技术性的支持。

（二）派遣专业人员协助

1.指定____名专业人员负责外协、委托生产的全过程，包括原材料采购、加工、成品检验等环节。

2.建立外协、委托生产质量控制小组，制定质量标准和流程，并进行监督和管理。

（三）提供机械加工装备与工艺工装

1.提供高级组装设备____套。

2.提供精密检测仪器____台。

3.协助机械加工装备维护与保养工作。

4.提供工艺工装设计人员____名。

（四）建立质量管理体系

1.协助外协厂商与委托生产工厂建立健全完整有效的质量管理体系。

2.协助外协厂商与委托生产工厂完善各级质量管理机构与规章制度。

（五）明确外协厂商、委托生产工厂责任

1.要求外协厂商、委托生产工厂签订合作协议，严格遵守相关法律法规与既定标准，明确生产责任。

2.在生产期间，派遣人员监督外协厂商、委托生产工厂生产过程，及时发现和纠正可能存在的质量问题，针对问题提出解决措施。

（六）确定产品检验标准与程序

1.为各个环节制定严格的产品检验标准，以确保产品质量与规格符合预期要求。

2.制定合理科学的产品检验程序，合理安排产品检验频次，对产品进行全面、真实的检验，确保产品的质量。

（七）推进信息化监督

推行信息化管理，利用信息技术加强对外协、委托工厂生产过程的监控和管理，确保数据及时准确，使问题能够及时被发现并得到解决。

五、效果预期

1.外协、委托生产质量得到有效控制与保证。

2.产品合格率达到____%以上，不良品率达到____%以下。

3.资源利用率达到____%以上。

4.生产效率提高____%。

7.4.2 驻厂监造质量抽检实施办法

工厂制定驻厂监造质量抽检实施办法，一是可以通过对产品的检验，及时发现质量问题并进行纠正，保证产品质量；二是及时发现与处理生产中的缺陷，减少返工的情况，降低经营成本与损失。

驻厂监造质量抽检实施办法
第1章　总则

第1条　为加强驻厂监造质量抽检管理，规范驻厂监造质量抽检工作，依据国家相关法律法规与工厂实际规定，特制定本办法。

第2条　驻厂人员对其负责的委托加工工厂内生产的产品实施抽样、检验并进行处理的工作（以下简称质量抽检），适用本办法。

第3条　驻厂人员依据质量抽检要求与程序，组织有关人员进行质量抽检。

第2章　抽样

第4条　在实施抽样时，抽样人员不得低于两人，应当熟悉相关法律法规、规章制度等。

第5条　有下列情形之一的，抽样人员不得抽样。

1.不属于被抽检产品类别、不用于销售的。

2.产品或者其包装上标注"试制""处理""样品"等字样的。

3.产品的数量或者状态不符合抽样要求的。

4.其他不得抽样的情形。

第6条　抽检的样品应当按照规定的方法随机抽取，不得由委托加工工厂自行提供。抽取的样品保质期应当满足异议复检的时限需要。

第7条　抽取的样品分为检验样品和备用样品，抽取样品不以破坏性试验方式进行检验，并且不会对样品质量造成实质性影响。

第8条　抽样人员应根据样品的形状、材质、规格等特性，分别对检验样品与备用样品分别封样，并注明抽样日期与封样日期。

第9条　抽样人员应使用规定的抽样单，并要求委托加工工厂与驻厂人员确认抽样单信息后，签字确认。若抽样单需要更正或补充，应当由抽样人员在更正或者补充处签字确认。

第10条　抽样时，可采用录像、拍照等方式，记录抽样、认证、封样、签章、封存状态等关键环节与内容。

第11条　抽样人员在选取样品时，应考虑样品的类型、数量和选择标准，保证样品的客观性和代表性。

第12条　驻厂人员应指定专人对抽样过程进行管理与控制，确保抽检过程的科学性与公正性。

第3章　检验

第13条　检验人员在收到样品时，首先应对封样状况、样品外观及形状等可能影响检验结果的内容进行检查，并核对收到的样品与任务要求样品是否一致。

第14条　检验人员应按照规定的检验项目、检验方法与判定规定等进行检验，若检验中发现样品失效导致检验无法进行，检验人员应当立即停止检验，并通知驻厂人员及时处理。

第15条　对于需要委托加工工厂配合安装、调试的检验样品，委托加工工厂应做好安装、调试等协助工作，并做好记录。

第16条　检验人员根据检验结果编制检验报告。检验封面、首页、样品照片、结果汇总等应当完整。检验报告结果汇总页中所列各检验项目，其顺序、名称应当与评价规则或者实施要求一致。

第17条　检验人员在3个工作日内将检验报告交给驻厂人员。驻厂人员将结论为不合格的抽查结果通知书、检验报告送至委托加工工厂。

第4章　异议复检

第18条　若委托加工工厂对抽样过程、样品真实性、检验结论有异议，应当自收到检验报告起3个工作日内，向驻厂人员提出异议申请，驻厂人员按照规定对其进行异议处理。

第19条　异议处理应当遵循以下原则。

1.对抽样过程有异议的，核查相关证据后维持或者撤销原抽检结果。

2.对样品真实性有异议的，核查样品确认情况及递交的证明材料后，维持或撤销原抽检结果。

3.对检验结论有异议的，由驻厂人员重新组织人员进行复检，复检结论将作为最终结果。

第20条　初检人员协调委托加工工厂、复检人员及异议提出人共同确认复检用样品的状态，并完成样品交接手续。

第21条　复检人员应当按照原评价规则或者实施细则对异议相关的检验项目进行复检，并将复检结论及时送至驻厂人员及异议提出人处。

第22条　出现下列情况时，复检人员应当停止复检，并以原抽检结果作为最终结果。

1.异议提出人无正当理由拒绝配合办理复检手续、确认和交接样品、安装和调试的。

2.因异议提出人原因，导致复检样品在运输、安装、调试过程中受损且无法进行复检的。

3.复检样品因各种原因被损坏、替换、变卖的。

4.其他需要终止复检的情形。

第5章　附则

第23条　编制单位

本办法由质量管理部负责编制、解释与修订。

第24条　生效日期

本办法自××××年××月××日起生效。

第 8 章

仓储运输质量控制精进化

8.1 入库与出库质量控制

8.1.1 物料、半成品、成品入库质量保证办法

本办法对工厂质量管理具有以下重要作用：一是及时发现和处理质量问题，避免因质量问题导致生产停滞、返工、报废等，从而提高生产效率，降低生产成本；二是可以提高产品质量的稳定性，降低不良品率。

物料、半成品、成品入库质量保证办法

第1章 总则

第1条 为保证工厂物料、半成品、成品入库质量，规范物料、半成品、成品管理，特制定本办法。

第2条 本办法适用于工厂物料、半成品、成品入库质量保证的所有工作，对物料、半成品、成品从进货、检验到入库实行全程质量控制。

第3条 质量管理部和相关部门应根据本办法的规定，履行各自的职责，提高物料、半成品、成品入库质量，保证管理水平，确保物料、半成品、成品入库质量的可靠性和稳定性。

第2章 物料入库质量保证

第4条 物料采购

1.采购部应选择有资质的供应商，并明确供应商应提供的材料标准和质量证明文件等。

2.采购部应根据物料品控要求，明确采购质量标准，并与供应商进行协商，达成一致意见。

3.采购部应核对供应商提供的材料标准和质量证明文件是否匹配。

第5条 物料检验

1.新进物料应按照品质要求执行入库检验，并依据合同和技术标准判断其是否符合要求。

2.执行检验人员应对检测设备进行开机及日常的校验。

3.对于外观无损伤可视物的检测应使用检测标准要求的检验工具进行细致的检查。

4.对于需要物理、化学方法检测的材料，应按照合同约定的技术标准进行检测。

第6条　物料储存

1.物料应有严格的库房管理制度，由专人管理。

2.仓储管理人员应将新进物料放置在专门的仓库区域，要进行分类存放、标记、记录和管理，不同种类、批次的物料不能混杂存放。

3.仓储管理人员应对物料进行储存期限管理，并对超过储存期限的物料进行处理。

第7条　物料入库

1.物料入库应先进行质量检测，符合合同要求的方可入库。

2.应按照质量管理规定对入库的物料进行记录，并仔细检查包装和标识。

3.对入库质检合格的物料，应及时进行入库，并进行标识、设置隔离标记确保妥善保管。

第3章　半成品入库质量保证

第8条　半成品生产制造

1.生产部在半成品生产制造过程中应建立标准化、规范化的作业程序，杜绝任何不规范、不合格的生产行为。

2.在半成品生产制造过程中，应加强对员工的管理与培训，提高员工的生产技能，确保半成品生产过程中的质量安全。

3.在半成品生产制造过程中，应确保生产设备、工具的完好性，并严格执行正确的操作程序，确保生产过程中不出现任何质量问题。

第9条　半成品质量检测

1.根据不同的半成品类型和客户需求，制定出相应的检测标准。

2.建立科学的半成品品质检测流程，包括检测前准备、检测规范、样品处理、检测结果判定等环节，确保检测的全过程都能够得到准确的落实。

3.使用现代先进的检测设备，包括X射线探测器、红外线光谱仪、紫外线/可见光分光光度计等，确保检测的准确性。

第10条　半成品入库

1.建立科学合理的入库审批流程，包括发起入库申请、经过内审和外审以及最终审批等环节，确保入库申请单据的真实性和合法性。

2.对于每批入库的半成品，要进行相应的质量检验，检查半成品的合格率是否符合规定标准。

3.对于已审核通过的入库申请，要按照规定的操作流程进行入库操作，包括清点半成品数量、标示质量编号和生产日期、贴上标签、存放于指定仓库等。

4.管理好半成品库房，定期检查库房环境，防止火灾、盗窃和其他意外发生。库房应有完备的库存管理系统，及时更新库存信息，以便管理人员能随时了解库存状况和流向。

5.对于存在质量问题的半成品，要及时做出返工决定，并严格执行返工程序，保障返工后的半成品质量符合要求。

6.对于质量问题严重的半成品，要按照规定程序进行冻结处理，防止其流入生产线中，给工厂带来不良影响。

第4章　成品入库质量保证

第11条　成品入库检验

1.质量管理部对每批入库的成品必须开展全面的检查，每批次至少抽检10%（若批次为一，不少于3个），尽量避免供方混入次品或假货。

2.成品入库应制定合理可实施的检查标准，并对供方的质量做出评价。

3.成品入库检查应保证真实性、准确性，对于不符合标准的成品，必须做好记录，按工厂、质量管理部的有关口径做出处理，并追究责任。

第12条　成品入库质量保证措施

1.对于生产车间提交的入库报告，必须审核确认，并同时将质量评价报告、入库检查表、质量评价表、非合格品记录与入库报告一同归档，以备日后查阅。

2.如有非合格品在入库过程中被发现，应当采取控制性措施，如卡控、屏蔽、隔离等，并按特定制度通知相关部门确定原因，进行处置。

3.对于经历过质量事故的原材料或产品，必须采取特定的检验方法，确保其安全可靠。

4.为提高员工对于成品入库质量保证管理的重视程度，工厂必须定期或定向开展员工相关的质量培训，如五个检查点、成品上线审查要点等。

工厂必须建立定期评估制度，对不同部门或个人的质量管理与工作业绩进行评估，以达到提高质量保证的目的。

第13条 不良成品控制措施

1.不良入库品除了进行处置，还须根据不同的产品类别和不良情况制定不良品统计分析表。

2.产品质量问题初步确认后，应立即启动问题解决流程，按照工序或产线轮流开展相关技术评审和解决，保证停机时间最短。

第5章 附则

第14条 本办法由质量管理部负责编制、解释与修订。

第15条 本办法自××××年××月××日起生效。

8.1.2 物料、半成品、成品出库质量保证办法

本办法对工厂质量管理有以下重要作用：一是确保出库的物料、半成品、成品符合质量标准，减少"次品""退货"等问题出现的可能性；二是规范出库程序，实现出库各环节的有效控制和管理，从而使库存管理更加准确和合理；三是提高物料、半成品、成品在仓库之间的合理流动，及时响应生产调度，促进各部门的协调配合，进而提高生产效率和工作效率。

物料、半成品、成品出库质量保证办法

第1章 总则

第1条 为了确保物料、半成品、成品出库的质量，提高物料使用效率和降低物料损耗率，特制定本办法。

第2条 本办法适用于工厂所有出库物料、半成品、成品，包括原材料、零部件、半成品、成品等。

第3条 物料出库应当符合工厂的出库标准和要求。

第4条 出库人员必须严格遵守管理规定，不得违反出库流程和规范操作。

第2章　出库前质量保证

第5条　对物料、半成品、成品进行检验。检验的方式和方法应该符合相关标准和规范。对于需要特殊测试的物料或产品，应制定相应的检测方案并进行验证。

第6条　对产品的标识、包装、储存等方面进行检查，确保产品的标识和包装符合要求，并在适当的条件下储存。

第7条　对于不符合质量标准的物料，应及时处理，避免出库。

第8条　对产品进行审批，确保产品符合相关要求后方可出库。审批程序可能涉及多个部门或人员，例如，质量管理部、销售部、生产部等。

第3章　出库程序

第9条　出库指令的发出。当确认需要出库时，出库指令将由相关部门发出，并包括出库数量、出库日期、目的地等信息。

第10条　出库准备。根据出库指令，负责人应该检查物料、半成品、成品是否符合出库要求，包括以下工作。

1.将货物从货架或储位中取出，根据要求进行分类、清点。

2.逐一检查出库货物的数量、规格、型号、质量等，确保出库货物符合规格标准。

3.按照领料单指示，组织货物装车、衡重等工作。

4.对出库单据进行认真审核，确保信息准确和符合实际操作情况。

第11条　出库审批。由质量管理部对出库产品进行审批，以确保产品符合出库条件。

第12条　出库操作。进行出库操作前，必须核实货物和出库单据的一致性。货物出库后，应立即更新记录系统的库存数量。该环节包括以下工作。

1.人员配合，将货物装上物流车辆。

2.配合物流工厂安排现场押运人员。

3.制定出库方案，驾驶员参照配货单执行出库运输工作。

4.负责人对运输要求和安全细节进行安排和指导。

第13条　出库报告。出库完成后，应及时向相关部门汇报出库数量、目的地、运输状态等信息，并更新相关记录系统。

第4章 出库后质量保证

第14条 出库后，出库人员应当及时清点库存，核实出库数量和规格型号是否一致。

第15条 对于出库后发现质量问题的物料，应当及时进行记录，建立追溯体系，确保不合格物料得到及时处理。

第16条 出库后，领料人员应当按照规定的用途和数量使用物料，并及时反馈物料的使用情况。

第17条 对于未使用完毕的物料，领料人员应当妥善保管，防止出现损失或污染等情况。

第18条 质量管理部应当对出库流程和质量管理进行定期检查和评估，不断改进出库工作质量。

第5章 附则

第19条 本办法由质量管理部负责编制、解释与修订。

第20条 本办法自××××年××月××日起生效。

8.2 储存与保养质量控制

8.2.1 重点物料仓储质量保证办法

本办法对工厂质量管理有以下重要作用：一是保证重点物料的安全储存，避免重点物料发生质量问题，影响产品质量；二是通过对重点物料存储的优化，减少库存空间的占用，降低存储成本；三是保证重点物料能够及时投入生产中，确保生产计划的顺利进行。

重点物料仓储质量保证办法

第1章 总则

第1条 为保证重点物料质量安全和有效储存，特制定本办法。

第2条　本办法适用于所有涉及重点物料质量仓储的单位和部门，适用于所有重点物料。

第3条　本办法所指重点物料包括原材料、半成品、工业零部件、特种材料、高精密零部件、电子电器零部件等。

第2章　重点物料的接收与检查质量保证

第4条　验收人员对重点物料的接收应当进行验证并记录，确保物料的品质符合规定，且符合生产要求。

第5条　验收人员必须对重点物料的质量进行检查，包括外观、尺寸、重量、包装等方面。

第6条　对重点物料进行抽样控制以确保样品的质量和规格符合要求。

第7条　重点物料的检查要依据相应的标准和规范，确保物料符合安全、质量和环保要求。

第3章　重点物料储存与盘点质量保证

第8条　储存条件

1.对于不同类型的重点物料，仓储管理人员应区分不同的储存条件，逐一列明其温度、湿度、光照等要求。

2.对于易燃、易爆和有毒有害的重点物料，要建立专门的储存场所，并注明相应的防护措施。

3.重点物料的储存位置应具备良好的通风、干燥和适当的温度控制条件。

4.重点物料的储存区域要划分清晰，标识明确，物料名称、规格和数量等信息应当醒目，以便仓储管理的工作人员进行清点和管理。

5.重点物料仓库应配备防火系统和防火设备，定期检查并维护。

6.重点物料的储存位置不得堆积过高，以免危及储存安全；重点物料与危险品要分开存储，以免交叉污染和发生安全事故。

第9条　储存要求

1.加强对重点物料的管理，对储存情况进行记录和跟踪，确保重点物料的安全和有效储存。

2.危险品要求建立专门的储存场所，并设立"危险品"警示标志，禁止堆放混合货物。

3.重点物料的储存应根据物料类型、性质和结构特点进行分类、分级，制定专门的储存方案和管理措施。

4.对重点物料的储存应制定储存时间限制和早期预警措施，确保储藏状况有利于养护与出库使用。

第10条 盘点管理

1.定期对仓库内的重点物料进行盘点，记录物料的实际存放数量与账面存放数量数据，及时进行调整。

2.盘点前要进行必要的准备工作，如仓库内物料整理、标识及设备检查等。

3.盘点结果应经管理人员确认签字，及时更新物料存储记录，确保库存数据准确无误。

第4章 重点物料的出库与销毁质量保证

第11条 重点物料出库

1.对于重点物料的出库，必须进行严格审核，并根据规定的要求进行出库操作。

2.出库过程应当进行验证，并制定出库记录、发票和运输文件，确保物料安全、准确和无误。

3.重点物料出库应当进行合理的发放和管理，按照发放的数量、日期和收发明细准确记录，确保物料的使用量、使用方式和使用时间符合规定。

第12条 重点物料销毁

1.对质量不符合要求的重点物料，必须进行销毁，并建立相应的销毁程序和记录。

2.重点物料的销毁应当按照相关规定进行。不能再次使用的物料应当经过特判和安全销毁，防止造成环境污染和重大安全隐患。

第5章 安全保障

第13条 建立重点物料储存安全管理制度，包括物料存储场所的安全监测、安全用电、危险产品的储存与运输、人员用火、消防安全、灭火器具的配备与维护等。

第14条 对于储存的易燃、易爆和有毒有害的重点物料，要加强安全管理，建立安全预警机制。

第15条 加强员工的安全培训，提高应急处理能力，确保重点物料的安全储存和使用。

第16条 对关键重点物料应采取可靠的备份和备用方案，确保生产的顺利进行和合格的成品产品的生产。

第6章 附则

第17条 本办法由质量管理部负责编制、解释与修订。

第18条 本办法自××××年××月××日起生效。

8.2.2 成品保管质量保证办法

本办法对工厂质量管理有以下重要作用：一是保证成品的质量，防止因为生产后的疏忽和不当的储存等问题导致产品质量下降；二是可以实现高效的成品入库、出库及储存，避免因为产品堆积或错放等问题浪费生产时间，同时也随时为生产线提供成品保障。

成品保管质量保证办法

第1章 总则

第1条 为确保成品质量，实现物资管理标准化、规范化和科学化，防止成品受损、丢失或变质，保证成品出库的质量和数量符合要求，提高客户满意度，特制定本办法。

第2条 本办法适用于工厂各类成品的保管质量保证。

第3条 本办法的原则是依据法律法规和工厂成品质量方针，制定适合工厂具体情况的成品保管质量保证办法。

第2章 成品仓库质量保证

第4条 仓库应根据成品储存的特性和需求，设置设备，控制仓库内的温度和湿度，以保持成品的质量。

第5条 仓库应定期清洁和通风，以保证空气质量，防止成品发霉、变质。

1.根据实际情况设置降尘设备，控制环境中尘埃含量。

2.在特定情况下，对仓库内空气进行净化或除臭。此类措施应由专业人员进行操作。

3.仓库内应设置根据储存成品种类和数量的空气调节设备，保证仓库内空气干燥、通畅、符合储存要求。

第6条　仓库内灯光应符合照明标准，以确保从事仓库内员工的工作条件。对于某些储存在暗处的成品，仓库应做好光照环境的控制，保护储存成品，使其免受光照和日晒的影响。

第7条　仓库应做好卫生清理工作，及时清理垃圾，消毒消臭，维持仓库内部良好的卫生环境。

第8条　仓库应具备防火设备，如灭火器、烟雾探测器等，并定期对其进行检查和维护，及时发现并消除隐患，以便在紧急情况下进行抢救和处置，确保仓库内成品和人员安全。

第3章　成品储存质量保证

第9条　为保证成品的质量，成品储存条件应符合以下要求。

1.成品储存区应贴有成品储存区标识，储存条件应符合成品的质量要求。

2.成品储存库应保持干燥、通风、防潮、防虫、防鼠、防火等设施的正常运作和使用。

第10条　仓库管理人员应规划合理的成品储位，严格执行成品质量管理规定，要求符合以下要求。

1.将成品分种类、规格堆放，并记录储存时间和数量。

2.将储位分类、编号，将储位信息登记在库存台账上。

3.每架成品高度不得超过2.5M，整齐摆放。

4.每排成品不得超过划线0.1M。

第11条　成品入库前应进行质量检验，待合格后方可储存于库内。成品的入库应填写入库单，按照规定的程序经审核确认后，方可进行储存。

第12条　成品入库后，如发现有漏仓、混仓、污仓及不足称等情况，应根据实际情况进行返工处理，计量不足可采取补足或返工等措施。

第13条　成品出库前应进行库存核对，确保出库成品的数量准确无误。成品出库应填写出库单，应提前办理相关手续，并经审核确认后方可出库。

第14条　成品出库应贯彻先入先出的原则。成品因存放时间过长，有变化的因素存在时，应重新化验，达到标准要求的方准出库。

第4章　成品盘点与报废质量保证

第15条　仓库管理人员应按计划进行成品盘点，并做好盘点记录，及时上报。

1.盘点期间各工作人员应全力配合，确保盘点的公正、准确。

2.发现成品盘亏或损坏等问题，应及时追踪、记录，并向负责人报告。经过核实，无法召回或恢复的，应当按照规定程序报废。

3.部分成品不得小于明细数量，不允许部分损耗或者消失，如在成品管理中发现问题，应当及时上报并按照规定程序处理。

第16条　发现过期、质量不合格或严重受损的成品，应立即报废，并记录报废情况。

1.成品过期、变质或者出现质量问题的必须按照有关法律法规进行处理，切勿参差不齐。必须由成品管理员审批后执行报废程序。

2.成品报废应做好记录和排查，并按规定检视存货情况和损失情况，及时采取措施，防止财产、人员、生产等损失。

第5章　附则

第17条　本办法由×××部负责编制、解释与修订。

第18条　本办法自××××年××月××日起生效。

8.2.3　仓管员质量责任管理办法

本办法对工厂质量管理有以下重要作用：一是使仓管员增强质量管理意识，提高服务意识和安全意识，更好地履行责任；二是使仓管员更好地了解、掌握仓库的质量安全控制和管理流程，确保物料质量符合工厂要求；三是使仓库管理规范化、标准化、流程化，可以缩短操作时间，减少操作问题、疏漏、缺陷的发生。

仓管员质量责任管理办法

第1章　总则

第1条　为提高仓管员的质量责任意识和保障工厂仓储服务的质量，特制定本办法。

第2条　本办法适用于工厂所有仓库的仓管员。

第3条　仓管员应强化自我管理，保持良好的职业道德和高度的责任感，遵循以下质量原则。

1.以客户为中心，严格遵守工厂关于仓储服务的规章制度，强化质量责任，提高服务质量。

2.遵循"及时、准确、规范、安全"的服务原则，强调质量监控，保证货物安全、准确、快速进出仓库。

3.对于工作过程中发现的质量问题，应当及时向上级领导报告和处理。

4.在业务所涉及的范围内，主动参与质量改善活动，提供建议和意见。

第2章　仓管员质量职责

第4条　入库质量职责

1.确保货物品质符合要求。仓管员应当在货物收到时仔细检查，确认货物品质符合要求。对于不合格的货物，应当及时与供应商联系，协商解决办法，确保货物符合相关标准要求。

2.准确记录货物信息。在货物入库时，仓管员应当及时对货物品种、数量、规格、质量等信息进行登录和记录，并记录货物的来源、收货时间和处理方法等，确保客户查询到的货物信息准确可靠。

3.妥善存放货物。仓管员应当根据货物的特性和需求，对入库货物进行分类、整理并妥善存放，确保货物的安全性和完好性。

4.确保入库过程合规。在入库过程中，仓管员应该遵守相关的质量安全规范，保证操作合规，并及时汇报异常情况和责任事项，确保货物在入库过程中不受损害或损失。

第5条　保管质量职责

1.对存储区域进行管理。仓管员应确保存储设施和存储区域符合卫生、环保、安全、防护等相关要求，防止产品受潮、受热、受损、被污染等现象的发生。

2.定期检查产品质量。仓管员应定期检查存储产品的质量、数量、状况，并及时发现和处理存在的问题。

3.确保产品正确存放。确保仓库存放的产品符合客户要求的型号、尺寸、数量、质量和包装等，并应进行分类、储存，以便核查及时销售。

第6条　出库质量职责

1.根据客户要求对货物进行检查。在货物出库前，仓管员应根据客户的要求对货物进行检查，防止出现货物损坏、丢失等情况。

2.遵循出库程序。仓管员应严格按照出库程序操作，确保出库过程合规。例如，确认订单、审核单据、调配货物、核对货品、记录等。

3.确保货物的准确性。仓管员应当核对货品的种类、数量、规格、质量等信息，确保货物准确无误地出库。

4.妥善保护货物。仓管员应将货物妥善包装，避免其在运输过程中损坏或受污染。

5.跟踪货物运输。仓管员应紧密配合物流运输团队，及时跟踪货物运输情况，确保货物安全送达目的地。

6.准确记录货物信息。在货物出库时，仓管员应及时对货物品种、数量、规格、质量等信息进行记录，并记录货物的来源、出库时间和运送方式等，确保客户能准确可靠地查询货物信息。

第7条 安全职责

1.遵守安全规定。仓管员应当遵守工厂及国家相关的安全规定，保证工作场所及周围的安全清洁，杜绝触电、火灾、爆炸等安全事故的发生。

2.安全检查。仓管员应当定期对仓库及货物进行安全检查，检测储存条件是否满足储存要求，检查货物是否有损害、受污染、变质等情况。

3.废弃物处理。仓管员应妥善处理仓库废弃物，如对有害产品应进行及时转移处理。

第3章 质量问题处理

第8条 在日常工作中，仓管员应当通过严格遵守工作流程，掌握好每个细节，确保每份货物的进出仓库准确、合规，不会出现丢失、错过、混淆等质量问题。同时，仓管员应当主动关注其工作过程中可能出现的质量问题，及时发现并汇报问题。

第9条 一旦仓管员发现或接到客户对所处理货物有质量疑问的投诉，应当及时报告质量管理部门，给出具体描述和情况，尤其是问题发生的时间、处理过程、原因和解决方案等。

第10条 在质量管理部门接到问题报告后，应当对问题进行深入分析，对问题进行分类、归类和整理，识别主要问题和原因，并与仓管员沟通，以确定最终的处理方案。

第11条 根据对问题的分析和客户的需求，质量管理部门和仓管员共同制定一套改善措施，对问题进行根源分析，提出改进措施，制订改善计划，明确改善措施的责任人和时间节点。

第12条　仓管员应当积极实施制订的改善措施和改善计划，及时对改善计划进行跟踪和监控。在实施改善方案的同时，仓管员应当及时了解改善计划的实施情况并定期评估方案的有效性。

第13条　仓管员应当在业务过程中注重整体预防和技术创新，运用质量控制技术，建立和完善部门信息管理系统，推进仓库运作信息化，尽可能避免因操作失误和疏忽而导致的后果。

第4章　质量责任追究

第14条　如果质量问题是由于仓管员操作不当、疏忽失误等原因引起的，仓管员应承担相应的责任，仓库领导应根据实际情况做出相应的处理措施，如对仓管员进行警告、罚款、停职、调离、开除等。

第15条　如果质量问题是由于仓库领导的管理不当、指挥不力等原因引起的，仓库领导应当承担相应的责任，进行自我反省和检讨，并采取相应的整改措施，防止类似问题再次出现。

第5章　附则

第16条　本办法由仓储部负责编制、解释与修订。

第17条　本办法自××××年××月××日起生效。

8.3　运输与配送质量控制

8.3.1　装卸搬运质量管理办法

装卸搬运作业是工厂生产、加工和仓储的重要环节，直接关系到产品质量、安全和效率。强化装卸搬运流程的质量管理，能够从根本上推动产品质量的提升，有效遏制物料损耗与安全事故的发生，同时优化作业流程，显著提升工作效率与整体运营效能。

装卸搬运质量管理办法

第1章 总则

第1条 为规范装卸搬运作业，提高作业效率和质量，保障员工安全和财产安全，特制定本办法。

第2条 本办法适用于工厂装卸搬运作业过程中的各个环节。

第3条 装卸搬运应遵循"安全第一、质量为上、效率为先"的原则。

第2章 装卸搬运计划

第4条 按照产品特性和运输环节的要求，制订装卸搬运计划，明确任务、责任和要求。装卸搬运计划应包含装卸搬运作业地点、时间、物资类型、装卸搬运任务等详细信息。

第5条 质量管理部负责对装卸搬运计划进行评估、审核，确保计划的科学性和合理性，以提高装卸搬运作业的效率和安全性。

第6条 对于不符合要求或者不能有效执行的装卸搬运计划，必须及时进行修订或者修改，以避免出现安全和效率等方面的问题。修订后的计划需经相关部门的审批和确认后方可实施。

第3章 装卸搬运操作

第7条 装卸搬运作业应根据计划规定的时间节点和作业任务完成，并由质量管理部对执行情况进行跟踪和监督，若有必要，应及时调整计划。

第8条 装卸搬运作业开始前，相关人员应进行现场检查及安全检查等，具体要求如下。

1.装卸搬运作业前应安排人员进行现场踏勘，明确作业路线和变化情况。

2.装卸搬运作业前，必须进行安全检查，并制定安全防范措施，确保作业的安全性和合法性。

第9条 装卸搬运作业应按照规定流程和操作要求进行，确保作业质量和安全，具体要求如下。

1.装卸搬运过程中应进行检查，确保不误装类似物，并严格防止货物因碰撞或摩擦而受损。

2.对于重量较大或危险品的装卸搬运作业，应由专业人员进行操作，不得由未经培训的人员执行。

3.装卸搬运作业中应加强对设备和工具的管理，确保其使用效率和质量。

4.作业人员在装卸搬运过程中须认真观察，发现问题应及时进行报告，不得自行处理。当监测到危险情况时，必须立即停止作业，并通知相关人员参与决策或采取紧急应对措施。

第10条　装卸搬运作业结束后，应对产品进行全面的检查，具体要求如下。

1.对作业进行抽样检验和外观检查，并按照相关标准进行检测。

2.检验结果应记录在作业记录表中，并及时通知相关部门和责任人。

3.对于不合格作业，应及时进行返工或报废处理，并进行原因分析和改进措施的制定。

第4章　装卸搬运质量监督

第11条　质量管理部应对装卸搬运作业进行质量监督，具体监督职责如下。

1.质量监督人员应熟悉装卸搬运作业中的质量标准和安全标准，按照规定的程序和要求对装卸搬运作业进行全面检查和监督。

2.对装卸搬运作业的各项参数和指标进行检查和监测，并对相关问题和隐患予以记录和反馈。

3.及时发现和处理装卸搬运作业中的质量和安全问题，并对造成质量问题和安全问题的人员和原因进行追究和分析，提供合适的改进和预防措施。

4.对装卸搬运作业中存在的安全隐患，质量监督人员应及时向有关部门和岗位人员报告，督促其及时采取纠正和预防措施。

5.与有关部门和岗位人员紧密配合，协同工作，保证装卸搬运作业的质量和安全。

第12条　作业人员应严格遵守安全标准，加强现场安全监控，防范事故的发生。

1.工厂应加强对从业人员的安全教育和培训，提高其安全意识，增强装卸搬运作业的安全性。

2.装卸搬运作业中应对危险源进行识别和评估，并采取相应的防范和控制措施。

3.对于装卸搬运作业中发生的安全事故，应及时报告和处理，并进行事故原因分析和改进措施的制定。

第13条　质量管理部应对装卸搬运人员进行培训，提高其质量意识和安全防范意识，加强对操作环节的监督和控制，改善装卸搬运作业的质量水平。

第14条　对于违反装卸搬运作业质量和安全规定的人员，工厂应及时采取相应的违规处理措施。

1.违规处理措施包括口头警告、书面警告、记过、撤职等，根据违规情节的严重程度予以处理。

2.对于严重违规行为，应及时移交相关部门进行处理，保证装卸搬运作业的质量和安全。

第5章　附则

第15条　本办法由质量管理部负责编制、解释与修订。

第16条　本办法自××××年××月××日起生效。

8.3.2　运输与交付质量管理实施细则

本细则对工厂质量管理有以下重要作用：一是规范运输和交付流程，确保原材料和成品运输和交付安全，减少意外事件的发生；二是规范运输和交付过程，避免运输过程中的损坏、丢失等问题，确保原材料和产品的质量和数量稳定，减少二次加工、返工、报废等质量成本，降低工厂的生产成本。

运输与交付质量管理实施细则

第1章　总则

第1条　为了确保产品运输与交付的质量，特制定本细则。

第2条　本细则适用于产品运输与交付质量工作的管理，除另有规定外，均须参照本细则办理。

第3条　运输与交付质量管理由工厂质量管理部门负责设计、实施和监督。

第2章　运输质量管理

第4条　运输准备

1.在货物装车前，必须对装车货物的数量、种类、规格、质量、包装等进行验证，确保货物适合运输和无损坏。

2.结合高级地图、气象信息和运输经验，选择高效、安全、短距离的路线，制定规划方案，最大限度地提高物流的效率，同时避免运输拥堵和道路危险等因素的发生，保证运输质量。

3.在运输前应对运输设备进行检查，检查其运行状态是否正常、是否安全可靠。

4.在运输前应采取保险措施，减少货物不可预见的损失。

第5条　运输过程监控与控制

1.通过物联网技术，监控运输车辆的实时位置、速度、温度、湿度、气压等关键数据和参数，及时发现运输异常情况，并进行相应控制，保障运输过程的安全性、及时性和稳定性。

2.运输车辆应按运输路线、规定速度行驶，避免超速而造成的安全隐患，对车辆、货物的损失和压缩运输时间导致的潜在质量问题。

第6条　运输交接

1.货物运输到达目的地时，运输员应及时进行交接，并留下交接证明。

2.收货方应对货物进行检验，检查货物数量、种类、规格、质量等是否符合要求。

3.收货方应及时签收货物，在签收单上标明货物的相关信息。

第7条　运输事故处理

1.发生运输事故后，运输人员应立即采取行动保障现场的安全和稳定，保护受伤人员和现场人员安全，及时救援伤员，确保人员安全状况得到合理的控制。

2.对运输事故原因进行调查和分析，定位事故发生的根本原因和过程，采取相应的防范措施，降低事故再次发生的风险和概率。

3.对运输事故中的货物进行严格的检查和清点，保证货物原貌原态的及时回收和处理，对运输表现良好的货物进行审核和复验，重新入库后再次投入生产或销售。

4.对事故的每个环节都进行清晰的记录和报告，将所有相关信息进行分类归档，对运输过程中的风险因素和问题进行深入分析，为今后制定更为科学和有效的应急预案和措施提供依据。

第8条　运输质量评价

1.根据运输服务的性质和流程，制定相应的服务标准和性能指标，以此衡量运输服务提供商的表现。这些指标可以包括运输速度、安全程度、货物损失率、客户反馈等。

2.通过各种方式，包括调查问卷、客户投诉、市场情报等多渠道的采集和整理，收集和分析来自客户的需求和反馈信息，并根据这些信息来制定改进措施。

3.通过收集的信息和数据进行综合分析，并根据指标进行排序和比较，评估运输服务提供商的综合性能，以此来判断其服务是否达到客户预期。

第3章　交付质量管理

第9条　交付准备

1.在交付前应对产品或服务进行检查、测试、验证，确保产品或服务符合标准和客户的要求。

2.在交付前应对产品或服务进行清洁、修复、调试等操作，确保产品或服务的完好度和功能性。

3.对于需要交付给客户的计算机软硬件、资料和文件，应按照相关法律法规进行备份和转移，以便进行交付。

第10条　交付过程质量控制

1.在交付前应检查交付订单、购买合同及收款凭证等相关文件是否完整，客户所提供的相关资料、信息是否一致。

2.在交付过程中，应当根据客户要求填写产品或服务的说明书和使用手册等相关说明以供客户使用。

3.对于客户不熟悉的服务及产品，应当向其提供技术培训和使用指导。

4.在交付过程中，应当避免出现产品污损、破损、丢失等情况，确保交付的产品或服务的完好性和完整性。

第11条　交付验收

1.在客户确认签收前，应当对产品或服务进行检验和测试，确保产品或服务满足质量要求和客户需求。

2.交付验收应当按照客户的要求进行，确保对客户需求的全面满足。

3.在交付后，应当及时进行回访和调查，收集客户的反馈意见，以便及时对客户提出的意见进行答复和处理。

第12条　不合格品处理

1.产品出现质量问题，工厂应该对相关产品进行检测和分析，找到产品出现问题的根本原因，并采取相应的措施进行整改和改进，以确保产品质量的稳定性。

2.发现产品质量问题后，工厂应该及时与客户进行沟通，并向客户提供替代品或进行退货处理等，在尽可能短的时间内解决问题，保障客户权益。

3.如果产品质量问题影响客户正常使用或生产，工厂应该立即停止销售，并尽快召回已出售的不合格产品。

4.及时向公众、客户和供应商披露产品质量问题，并根据不同的情形适当公布相关质量信息，以便公众对产品进行评估和选择，从而更好地维护工厂形象和客户信任。

第4章　质量监督

第13条　运输与交付质量监督应当配备专业人员，随时监控运输与交付质量，及时发现问题，然后采取合理的措施进行处理。

第14条　质量管理部长期对运输质量和客户满意度进行监控，定期调查客户的反馈信息，以使其持续改善。

第15条　在运输与交付过程中，如果发现质量问题，应及时通报至有关部门，听取意见和处理建议。如采取改进措施，应当跟踪实施效果，确保质量问题得到根本解决。

第16条　应加强对运输与交付工作人员的培训和考核，确保员工素质的提高和运输与交付质量的不断改进。

第5章　附则

第17条　本细则由质量管理部负责编制、解释与修订。

第18条　本细则自颁布之日起生效。

8.4　仓储运输质量控制精进化实施指南

8.4.1　运输服务质量提升方案

工厂生产过程中需要运输大量原材料和产品，而原材料和产品的运输安全是质量控制的关键环节。通过实施运输服务质量提升方案，可以有效提高运输服务的质量，避免运输过程中发生的损坏、丢失等问题，从而保障原材料和产品的运输安全性。

运输服务质量提升方案

一、问题解决

1.运输中出现的货损、漏货、延误等问题。

2.配送错误和计划管理问题。

3.员工服务态度和技能水平问题。

二、方案设计

（一）提高管理水平

1.建立完善的服务质量认证制度，确保工厂运输服务的标准化、规范化和程序化。

2.加强管理人员的培训和素质提升，建立完善的运输服务管理机制。

3.确立服务质量考核和考核结果的公示机制，鼓励运输工厂在服务质量上进行持续改善。

4.通过信息化手段，提高运输服务管理的效率和信息化水平。

（二）优化运输方案

1.根据客户需求和运输产品的实际需要，制定合适的运输方案。

2.优化调度计划和运输路线，提高运输效率和准确度。

3.采用先进的运输技术和设备，提高运输能力和服务水平。

（三）完善服务流程

1.建立完善的服务流程和服务标准，提升运输服务质量。

2.建立客户服务部门和投诉反馈机制，方便客户提出建议和意见，以及报告在运输中遇到的问题。

3.通过电话、短信和即时通讯等方式，提供全天候的客户服务。

（四）加强安全管理

1.建立全面的安全管理制度，对车辆、驾驶员和货物进行安全管理。

2.加强对车辆的维护和保养，确保车辆在运输过程中的安全和稳定。

3.对驾驶员进行培训和考核，提高驾驶员的安全意识和技能。

（五）完善服务质量监测与反馈机制

1.建立全面、科学、准确的服务质量监测和评估机制，及时发现和处理服务质量问题。

2.建立完善的服务质量反馈机制，通过用户满意度调查、客户投诉与意见建议等方式，及时获取用户对服务质量的评价和建议。同时，确保监测部门处理和落实反馈信息。

（六）提高服务能力

1.加大人才引进力度，提高人员素质和服务能力。

2.对核心业务和服务进行技能培训，提高服务人员的专业水平。

3.引进一流设备和技术，提高运输服务的水平和效率。

4.提供全面、智能化的数据管理与统计服务，以增强数据管理与分析能力，从而进一步提升服务质量。

三、方案执行

1.落实责任制。由专门的负责人统一负责方案的实施和执行，分工明确，责任到人。

2.强化管理监督。加强对运输服务员工的管理和监督，定期开展业务能力及服务业务技能培训，同时要建立相关的监督机制以保证方案的推进和实施。

3.加强客户反馈。建立客户反馈机制，针对客户反馈的问题进行有效的整改措施，并对外公布相关整改措施和效果。

4.建立KPI（关键绩效指标）考核体系。制定运输服务质量提升方案和KPI，每季度进行KPI考核。通过对考核结果绩效目标的评估，确保方案的有效实施和达到预期的效果。

5.持续改进。方案执行过程中需要随时对方案进行调整和优化，针对反馈的问题及时整改和改进，并准备好应对突发事件的应急预案。

四、预测成果

1.提升运输效率。通过引进无人机、建立智能配送系统等措施，预计运输效率将显著提升，而且配送和服务的精准度有所提高，进而交货速度和质量也会有很大的提升。

2.减少问题发生率。通过加强员工服务培训和强化管理监督，预计货损、漏货、延误、配送错误等问题发生率将被大大降低，从而提升客户满意度和工厂的市场竞争能力。

3.提升员工素质。通过员工业务技能培训等措施，预计员工素质将得到一定提升，员工的服务态度和技能水平将得到提高。员工能够更好地服务客户，提升服务质量。

4.提升工厂形象。通过提升运输服务质量，预计工厂的口碑将更好，在公众及客户中的认知度和美誉度将显著提升。

5.建立动态调整机制。通过实施一系列措施并建立调整机制，预计工厂的运输服务业务将呈现动态调整的状态，工厂能够更好地应对市场需求和客户需求的变化，保持市场竞争力。

8.4.2 仓储服务质量提升方案

工厂所需的原材料和成品都需要储存在仓库中，通过仓储服务质量提升方案，可以提高仓库管理和运作水平，有效保障原材料和成品的储存安全，确保原材料和成品的数量和品质不受影响。

仓储服务质量提升方案

一、问题解决

1.仓库管理不规范，导致仓储产品混乱，难以检索与管理。

2.储存过程中出现货损、污染，影响货品质量。

3.物流信息管理不完善，无法及时更新货物状态信息。

二、方案设计

（一）提高管理水平

1.建立完善的仓储服务质量管理机制与管理制度，包括入库、出库、库存管理、货物保管、库内设施设备管理等方面，确保管理规范化。

2.采用信息化手段，提高仓储服务管理的效率和信息化水平。

（二）优化仓储布局

1.库房规划应充分考虑货物品种、货物数量和货物特性等要素，科学合理布局和规划库房，提高库容及时性。

2.分类存储货物，根据规格、品种、尺寸，设置产品标识、标签，实现产品追踪，减少产品堆积、重叠、损坏等情况发生。

（三）完善出入库操作

1.引进先进的设备和技术，提高货物进出库操作效率和准确性。

2.制定科学的进出库流程和标准操作规程,确保仓库作业流畅和顺畅。

3.强化货物入库前的验收和质检工作,确保货物品质符合要求。

4.建立严格的货物入库和出库登记备案方式,以确定货物数量的正确性。

(四)加强货物保管

1.对于易损品和高价值产品,采用科学的保管方法和设备,以保障其安全、完整。

2.建立仓库公告牌和货物标识等,提高货物保管的可控性和规范性。

(五)加强安全管理

1.根据工厂的具体情况,制定相关安全管理制度和规章制度,明确部门职能、岗位职责、管理责任和安全风险等事项。

2.建立安全应急预案,明确应急响应流程和责任人,确保安全事故应对有效快速,提高仓库管理保障能力和安全控制水平。

3.落实防火、防盗、防水、防潮等多种防护措施,确保货物的安全。

4.加强安全培训。针对不同岗位的员工开展不同层次的安全教育培训,如火灾防范、危险品管理、仓库安全管理等方面的知识教育,强化安全意识和安全管理知识,提高员工安全管理水平,以最大限度地消除安全隐患。

三、方案执行

1.在执行新的储存方案和管理标准前,针对行业特点、工厂实际情况和节点难点,对员工和生产过程进行不断地培训和检测评估。

2.细化服务标准和流程,确保每个储存环节考虑实际情况,共同处理,实现流程质量管理。对特殊品类的储存,特别制定标准的储存过程。

3.随时调整和优化信息管理系统,对各个环节及节点的数据进行跟踪汇总,建立相关数据分析体系和监控预警体系,开发并大规模应用物流信息管理软件以提高生产和配送效率。

4.针对应急情况,定期组织员工持续执行演练,编制应急检查清单,建立相应的应急预案,及时调动保障资源,提升方案的实施效果。

四、预期成果

1.提高货物管理的效率和准确性,减少混乱和货物遗失,实现货物的快速出入库和准确追踪。

2.减少货物损失和污染,保证货物的质量和数量,提升客户的满意度。

3.提高物流信息和数据管理的精度和效率,减少运营成本,提高服务水平,提升工厂竞争力。

4.确立应急预案和检查清单,并定期进行演练,提高应急处理水平,减少应急事件和事故的风险。

09

第 9 章
产品使用过程质量控制精细化

9.1 安装与使用

9.1.1 安装质量控制实施规范

本规范主要有以下作用：一是通过有效的质量控制措施，可以减少安装错误的发生，提高安装工作的准确性和一致性；二是有效降低安装质量风险的发生概率，保护项目的质量和安全；三是树立良好的信誉和声誉，赢得客户的信任，增强企业的竞争力。

安装质量控制实施规范

第1章　总则

第1条　目的

为确保产品安装过程符合相关标准和规范的要求，保证安装产品的质量可控，特制定本规范。

第2条　适用范围

本规范适用于工厂生产的所有产品安装工作的管理。

第2章　安装前工作准备

第3条　分析安装需求

1.在安装产品前，进行详细的安装需求分析和规划，包括与客户和设计团队沟通，确保准确理解安装产品的技术要求、功能需求和期望的交付时间。

2.通过详细的需求分析，可以明确安装产品的范围和目标，并确定适当的安装方法和策略。

第4条　设计安装方案

1.根据安装产品需求和规划，设计安装方案。在设计安装方案时，要考虑多个因素，如材料选择、设备布置、施工顺序等。

2.评估安装方案的可行性、效率和安全性，以确保方案符合安装产品需求，并在最大限度上减少潜在的风险。

第5条　准备材料设备

根据设计要求采购合适的材料，并确保其质量和合规性。对所需设备进行调查、选择和准备，包括检查设备的工作状态、性能参数和安全要求。

第6条　组织培训人员

1.要确定所需的人员数量，并组织好安装队伍。同时，要确保安装人员具备必要的技能和知识，可以熟练操作相关设备和工具，并遵守安全规范。

2.提供适当的培训和指导，确保安装人员理解安装要求和质量控制措施。

第7条　准备安装环境

1.清理和整理安装区域，确保安全通道和紧急出口畅通，并为安装人员提供必要的安全设备和个人防护装备。

2.要考虑安装的环境条件，如温度、湿度、光照等对安装过程的影响，并采取相应的措施进行调节和控制。

第8条　准备安装文件

准备相关的安装文件，包括安装图纸、设计文件、技术规范等。安装图纸和设计文件应准确地反映安装产品需求和安装方案，确保安装人员可以按照正确的要求进行安装。

第3章　安装过程质量控制

第9条　安装工序控制

1.在安装过程中，将整个过程分解为多个工序，明确每个工序的质量控制点，确保安装符合设计要求和标准。

2.针对每个工序，制定详细的操作规程和质量控制要求，包括所需材料、工具和设备、工艺参数等。

第10条　工艺过程控制

1.确定关键的工艺参数和过程控制要求，确保安装过程的可控性。参数和要求可能涉及温度、压力、速度、湿度等方面。

2.在安装过程中，需要进行实时的监测和控制，以确保这些参数和要求在规定范围内。如果发现异常情况，必须及时调整和纠正，以保证安装的质量和稳定性。

第11条　安装检查验收

建立安装现场质量检查制度，确保安装过程中的质量可控。对关键工序进行质量验收，确保其符合设计要求和标准。

第12条　解决安装问题

建立问题解决机制，对安装过程中出现的问题进行及时处理和纠正，以防止问题扩大和质量受到影响。

第13条　安全风险控制

1.建立安全管理制度，确保安装人员遵守安全规范和操作程序。提供必要的个人防护装备，并进行安全培训和教育。

2.进行风险评估和控制，识别潜在的安全风险，并采取相应的措施进行控制和预防，以确保安装过程的安全性和人员的健康。

第4章　质量检验与测试

第14条　成果检验与测试

1.安装完成后，对成果进行质量检验和测试，包括对安装的设备、系统等进行全面的检查和测试。对于设备和系统，进行功能、性能、可靠性等方面的测试。

2.通过检验和测试，可以验证安装的过程是否符合设计要求和标准，并发现潜在的质量问题。

第15条　验收与测试

1.对产品的功能和性能进行全面测试和验证。根据产品的特点和要求，确定验收测试的指标和标准，并进行全面的测试和评估。

2.验收测试的结果将作为决定项目是否合格的重要依据，同时也为后续的维护和运营提供参考依据。

第6章　附则

第16条　编制单位

本规范由×××部负责编制、解释与修订。

第17条　生效日期

本规范自××××年××月××日起生效。

9.1.2　维修保养质量控制规范

本规范主要有以下作用：一是减少错误和瑕疵的发生，确保维修保养工作按规定的要求进行，从而提供高质量的维修保养服务；二是确保维修保养工作的安全性，减少事故和伤害的风险；三是确保提供稳定、可靠和高质量的维修保养服务，满足客户的需求和期望。

维修保养质量控制规范

第1章 总则

第1条 目的

为确保维修保养工作的质量和可靠性，提高设备的可用性和性能，最大限度地满足客户的需求，特制定本规范。

第2条 适用范围

本规范适用于设备、工具、设施等各类维修保养工作的管理。

第2章 维修保养质量准备工作

第3条 确定质量方针

1.维修保养部门应明确质量方针，以确保所有维修保养工作都符合既定的质量要求。质量方针应与组织的整体质量方针一致，并体现维修保养的特定需求和目标。

2.质量方针应明确强调对客户需求的理解和满足、持续改进的承诺、质量责任的分配和沟通，以及合规性要求的遵守。

第4条 设定质量目标

1.维修保养部门应制定符合质量方针的具体质量目标，以衡量维修保养工作的绩效和改进。

2.质量目标应具体、可测量、可追溯，并与组织的整体目标相一致。例如，可以设定维修保养准确性、工作效率、客户满意度、故障率等指标作为质量目标。

第5条 文件的编制和控制

1.维修保养部门应建立和维护一套完整的质量管理文件，包括质量手册、工艺规程、操作规程、标准作业程序、记录表格等。

2.文件编制应基于实际的维修保养流程和要求，确保文件内容准确、完整，并与实际操作相符合。

3.文件应进行版本控制，确保各级别人员使用的是最新版本的文件，并保留旧版本的记录。

第6条　文件的发布和培训

1.维修保养部门应确保质量管理文件得到适当的发布和传达。相关人员应了解文件的内容、要求和操作流程。

2.新员工应接受相关文件的培训，并在熟悉后正式参与维修保养工作。

第3章　维修保养流程控制

第7条　确认维修保养需求

1.当接收到维修保养请求时，维修保养部门应进行需求确认，核实维修保养对象、维修保养类型、紧急程度等信息，并与请求方进行沟通和确认。

2.需求确认应确保清晰的需求理解，避免误解和偏差，并根据维修保养对象的特点和情况，进行必要的初步评估和计划。

第8条　制订维修保养计划

1.基于需求确认和初步评估，维修保养部门应制订维修保养计划，明确维修保养的目标、范围、时间计划、资源需求等。

2.维修保养计划应考虑维修保养对象的特性和复杂性，充分评估所需资源的可用性，并与相关部门和人员进行协调和沟通，以确保计划的可行性和有效性。

第9条　执行维修保养计划

1.在维修保养执行阶段，维修保养部门应根据计划进行具体的维修保养工作，包括设备检查、故障诊断、修复、更换零部件、校准等。

2.维修保养工作应按照相关的工艺规程、操作规程和安全规范进行，确保工作的准确性、可靠性和安全性。

第10条　记录维修保养报告

1.在维修保养过程中，应记录关键的维修保养信息，包括维修保养对象的识别信息、维修保养操作的详细记录、使用的工具和材料、检测和测试结果等。

2.维修保养记录应准确、完整，并按照规定的要求进行记录和归档。记录的内容应可追溯和审核，并为后续的质量评估和持续改进提供依据。

3.维修保养报告应及时编制和提交，包括维修保养工作的总结、发现的问题和解决方案、建议的改进措施等。

第4章 维修保养质量检验

第11条 维修保养质量检验

1.维修保养部门应制订适当的质量检验计划,以确保维修保养工作的质量符合要求。

2.质量检验应包括对维修保养过程中的关键环节、关键设备和关键参数进行检查和测试,以验证维修保养的准确性和可靠性。

3.质量检验应采用合适的检测方法和工具,确保检验结果的准确性和可靠性。应对检验结果进行记录和分析,并及时采取纠正措施,以消除潜在的问题和质量风险。

第12条 维修保养质量评估

1.维修保养部门应定期对维修保养工作进行质量评估,以评估维修保养的整体质量水平和改进的效果。

2.质量评估可以采用多种方法,包括客户满意度调查、内部评审、外部审核等。评估结果应用于制订质量改进计划和决策,并为维修保养工作的持续改进提供依据。

第13条 缺陷管理与纠正措施

1.在质量检验和评估过程中,如发现维修保养工作存在缺陷或不符合要求的情况,维修保养部门应及时采取纠正措施,以消除缺陷和改善质量。

2.缺陷管理应包括缺陷的记录、分析、原因查找和纠正措施的制定。纠正措施应有针对性地解决问题,并确保类似的问题不再发生。

3.维修保养部门应建立良好的纠正措施跟踪机制,监督和评估纠正措施的执行情况和效果,并进行必要的调整和改进。

第5章 附则

第14条 编制单位

本规范由×××部负责编制、解释与修订。

第15条 生效日期

本规范自××××年××月××日起生效。

9.2 售后与保证

9.2.1 售后服务保证措施及方案

本措施与方案主要解决以下问题：一是客户满意度低的问题。通过加强沟通、提供定制化服务等方式，提高客户的满意度。二是服务质量不稳定的问题。通过建立标准化的服务流程提升服务质量的稳定性。三是售后成本高的问题。通过提升服务质量和效率，减少二次服务和投诉的次数，降低售后成本。

售后服务保证措施及方案

一、问题分析

售后服务中可能存在的问题包括响应时间长、问题解决不彻底、客户满意度低、服务质量不稳定等。

二、方案设计

（一）缩短响应时间

1.建立快速响应机制。设立24小时响应热线，确保客户问题能够及时得到回复。

2.提高问题排查效率。通过培训和知识库建设，提升售后服务团队的技术水平，缩短问题解决时间。

（二）提升问题解决能力

1.建立问题分类和分级制度。根据问题的严重程度和复杂性，制定相应的处理流程和优先级。

2.提供远程技术支持。通过远程协助工具，实现远程问题解决，减少上门服务的需求。

（三）提升客户满意度

1.加强沟通和倾听。通过定期客户满意度调查、回访和座谈会，了解客户需求，改进服务质量。

2.定制化服务方案。根据客户需求，提供个性化的解决方案和增值服务，提升客户满意度。

（四）提高服务质量稳定性

1.建立标准化服务流程。制定详细的售后服务操作手册，规范服务流程，确保服务质量的稳定。

2.培养售后服务团队。通过培训和经验分享，打造高素质的售后服务团队，提升整体服务质量。

三、方案执行

（一）建设售后服务团队

1.确定团队成员的职责和目标，明确分工和责任。

2.定期组织培训和交流活动，提升团队成员的专业知识和技能。

（二）追踪和监督售后服务

1.建立问题追踪系统，跟踪和记录每个问题的处理过程和结果。

2.定期监督和评估售后服务团队的绩效和服务质量，发现问题并及时改进。

（三）管理客户关系

1.建立客户档案和信息系统，记录客户需求和历史服务记录，提供个性化的服务。

2.定期与重要客户进行沟通和回访，了解他们的反馈和建议。

四、预期效果

1.提高响应速度和问题解决率，增强客户信任度和满意度。

2.提升客户忠诚度和口碑，促进客户重复购买和推荐。

3.降低投诉率和纠纷风险，减少售后成本和维权压力。

五、保障措施

（一）领导层的支持和承诺

1.领导层积极参与和支持售后服务保证措施，确保资源和支持的充足。

2.建立奖惩机制，激励团队成员积极提供优质的售后服务。

（二）内部审核和评估

1.建立内部审核机制，定期评估和审查售后服务保证措施的执行情况和效果。

2.根据评估结果，及时调整方案，持续改进服务质量和效率。

（三）客户满意度管理

1.设立客户满意度的管理团队，负责客户反馈的收集、分析和处理。

2.及时回应客户反馈，确保客户的问题得到解决和反馈。

（四）售后服务技术支持

1.提供先进的售后服务技术支持工具，例如，远程协助、在线视频指导等。

2.建立合作伙伴关系，与专业维修服务供应商合作，提供优质的技术支持。

9.2.2 维修网点建设与质量保证方案

本方案主要解决以下问题：一是服务不及时问题。通过合理的网点布局和流程优化，缩短用户的等待时间，提高服务效率。二是维修质量不稳定问题。通过建立严格的质量监控机制，对维修人员进行定期评估，及时发现和解决维修质量问题。三是用户不满意问题。通过建立投诉处理机制，快速响应用户的投诉和问题，提高用户的满意度，增强用户对维修服务的信任。

维修网点建设与质量保证方案

一、问题

随着用户对产品质量要求的提高，维修服务的需求也日益增加。然而，目前存在着一些问题，如维修网点覆盖不够、服务质量不稳定、维修时间过长等。这些问题严重影响了用户的体验和企业形象。为解决这些问题，需要制定维修网点建设与质量保证方案。

二、方案设计

（一）网点布局设计

1.定位分析。根据市场需求和产品销售数据，确定网点建设的地理位置，包括城市、区域、重点地区等。

2.网点密度。根据维修需求的集中程度和人口密度等因素，合理确定网点的密度和数量，以保证用户的维修需求得到及时响应。

3.空间规划。对每个网点的空间规划进行科学设计，包括接待区、维修区、备件库房、办公区等，以提高工作效率和用户体验。

（二）人员培训与选拔

1.技能要求。根据维修服务的特点和产品类型，制定相应的技能要求和标准，确保维修人员具备必要的技能和知识。

2.培训计划。建立完善的培训体系，包括新员工培训、技能提升培训、质量管理培训等，以提高员工的专业水平和服务质量。

3.选拔机制。通过面试、技能测试和背景调查等手段，选拔优秀的维修人员，建立一支高素质的维修队伍。

（三）服务流程设计

1.维修接待。建立高效的维修接待流程，包括快速登记、问题诊断、维修方案确认等，以减少用户的等待时间。

2.维修执行。建立标准化的维修执行流程，包括工单管理、备件调配、维修记录等，以提高维修效率和质量。

3.维修反馈。建立完善的用户反馈机制，及时收集用户的意见和建议，并进行改进，以提高用户满意度。

三、方案执行

（一）网点建设

1.设备投入。为每个网点配备先进的维修设备和工具，确保维修过程的准确性和高效性。

2.环境建设。提供良好的工作环境，包括通风、照明、清洁等条件，为维修人员创造舒适的工作环境。

3.售后支持。建立售后支持团队，负责网点的技术支持、备件供应和培训等，以保障网点的正常运行。

（二）质量监控与评估

1.绩效考核。建立科学合理的绩效考核机制，对维修人员进行定期评估，鼓励优秀员工，激励员工提高服务质量。

2.质量检查。定期进行维修质量检查，包括现场巡查、服务评估和用户满意度调查等，及时发现问题并采取措施解决。

3.数据分析。收集和分析维修数据，包括维修时间、维修成功率、投诉率等，发现问题的症结和改进的空间。

四、成果预测

1.提高维修效率。通过优化流程和培训人员，预计维修时间将明显缩短，提高了维修效率，减少了用户的等待时间。

2.提升服务质量。通过严格的质量监控和评估机制，预计维修服务的质量将得到明显提升，用户满意度将大幅度提高。

3.增强品牌形象。建立覆盖面广、服务质量优秀的维修网点，将有效提升企业品牌形象，增强消费者对品牌的信任和忠诚度。

五、保障措施

1.建立投诉处理机制。建立快速响应的投诉处理机制，及时解决用户的投诉和问题，以维护用户的权益和企业的声誉。

2.不断改进和创新。定期组织经验交流和改进会议，分享最佳实践，推动维修服务的不断改进和创新。

3.加强信息化建设。建立维修管理系统，实现对维修流程、数据和绩效的全面监控和管理，提高工作效率和服务质量。

4.加强沟通与协作。建立跨部门沟通机制，加强与其他部门的协作和合作，提高维修服务的整体协同效应。

5.客户反馈与满意度调查。建立定期的客户反馈机制，通过电话、邮件、在线调查等方式，收集客户的意见和建议。同时，进行满意度调查，评估客户对维修服务的满意程度，及时发现问题并采取改进措施，提升服务质量。

6.售后保修政策。建立明确的售后保修政策，明确维修服务的范围、时限和责任，为用户提供全面的售后保障，增加用户的信任和忠诚度。

7.知识管理与共享。建立维修知识库和经验分享平台，收集和整理维修案例、故障处理经验和技术文档等，为维修人员提供便捷的知识查询和学习交流平台，提高维修人员的专业水平和维修质量。

9.2.3 产品返厂维修质量保障制度

本制度主要有以下作用：一是确保维修过程的规范性和准确性，为用户提供高质量的维修服务；二是提高维修效率，增强用户对产品的信任，提升用户满意度和忠诚度；三是降低产品的故障率和返修率，减少因质量问题引起的二次返修。

产品返厂维修质量保障制度

第1章 总则

第1条 目的

为提供高质量的产品返厂维修服务，保证产品的质量和用户的满意度，提高维修效率、降低返修率，特制定本制度。

第2条 适用范围

本制度适用于保障产品返厂维修质量工作的管理。

第2章 返厂维修流程

第3条 返厂申请与受理

用户提交返厂申请，包括故障描述、产品信息等，维修服务部门对申请进行受理，并核实信息，评估是否需要返厂维修。在受理阶段，要确保及时的沟通和反馈，向用户提供相关的返厂维修政策和流程说明。

第4条 返厂物流与接收

安排返厂物流，确保产品安全运输到维修中心。维修中心对接收的产品进行入库登记和初步检查，确保产品完整且与用户申请信息一致。在接收阶段，要建立严格的物流追踪系统，确保产品在运输过程中的安全性和完整性。

第5条 故障诊断与报告

维修人员进行详细的故障诊断，利用先进的诊断工具和技术设备，确定故障原因并制定维修方案。维修人员生成故障诊断报告，包括故障原因、修复方案和所需备件等信息。故障诊断报告应当详细记录维修过程中的关键步骤和决策，为后续的维修操作提供指导。

第6条 维修执行与质量控制

按照维修方案进行维修操作，包括更换故障部件、调试和测试等。在执行过程中，要严格遵守标准化的维修流程和操作规范，确保维修操作的准确性和一致性。同时，加强质量控制，进行质量把关和验收，以确保维修质量符合要求。在维修过程中，要确保良好的沟通和协调，及时解决遇到的问题，避免延误维修进度。

第7条 维修报告与客户确认

维修人员生成维修报告，详细记录维修过程、维修结果和所采取的措施。通知用户维修完成，并提供维修报告，征得用户的确认和满意度反馈。用户可通过查阅维修报告了解维修详情，确保维修符合预期。在用户确认阶段，要认真听取用户的意见和建议，及时解决用户的疑虑和问题，以提升用户满意度。

第8条　返厂物流与发货

安排返厂物流，确保修复后的产品安全返还用户。在出库登记阶段，对修复后的产品进行再次检查，以确保产品完好、功能正常，并进行发货操作。同时，提供物流跟踪服务，让用户能够实时了解产品的返厂进度。

第3章　返厂维修质量控制

第9条　返厂维修质量评估

定期抽样评估返厂维修的产品质量。通过检查维修记录、维修报告和用户满意度反馈等信息，评估维修质量是否符合要求。通过数据分析和绩效指标，发现问题和改进的机会。评估结果应当及时反馈给相关部门和维修人员，推动质量改进措施的落实。

第10条　异常故障分析与改进

对频繁返厂维修的产品或出现质量异常的产品进行深入分析。通过技术研究、工程改进和供应链管理等方面的措施，找出故障产生的根本原因，并制定改进措施，修正维修流程或产品设计。分析结果应当与研发部门、生产部门和供应商进行有效的沟通和协作，共同推动问题解决和质量提升。

第11条　培训与技能提升

维修人员定期参加培训和技能提升课程，更新知识和技能。培训内容包括最新的维修技术、故障诊断方法和质量控制标准。同时，加强团队合作和经验分享，促进维修人员的专业能力提升。培训计划应当根据实际需求进行制订，并与相关部门协调，确保培训的有效性和可持续性。

第4章　维修质量保障管理

第12条　产品返厂质保期

提供返厂维修后的产品质保期，确保修复的产品质量稳定和可靠。在质保期内，用户可以享受免费的维修服务，以保障产品质量和用户利益。

第13条　服务满意度调查

定期对用户进行服务满意度调查，了解用户对返厂维修服务的评价和建议。通过收集用户反馈，了解用户需求和期望，及时改进和优化返厂维修服务，提高用户满意度。

第14条　质量认证与监督

定期进行内部和第三方的质量认证，确保返厂维修质量符合标准和要求。加强质量监督，对返厂维修进行抽检和监控，防止质量问题的再次发生。同时，积极响应和配合相关监管部门的质量监督和抽查。

第15条　质量控制和验收

在维修执行过程中，严格遵循标准化的维修流程和操作规范。对维修操作进行质量控制，确保维修操作的准确性和一致性。对修复后的产品进行质量验收，验证修复效果，确保产品符合质量要求。质量控制和验收应结合标准和检测方法，确保质量的可靠性和一致性。

第16条　数据分析和改进

收集和分析维修过程中的数据，包括维修记录、故障诊断报告、用户满意度调查等。通过数据分析，发现维修质量的问题和改进的机会。制定相应的改进措施，优化维修流程、技术设备和人员培训等方面，提升维修质量和效率。

第5章　附则

第17条　编制单位

本制度由×××部负责编制、解释与修订。

第18条　生效日期

本制度自××××年××月××日起生效。

9.3　投诉与索赔

9.3.1　产品质量投诉处理办法

本办法主要有以下作用：一是能够及时解决客户的问题和不满，提供让客户满意的解决方案，从而提升客户的满意度和忠诚度；二是能够深入了解产品质量问题的本质和原因，找出改进的方向和措施，从而不断提升产品的质量和可靠性；三是能够树立企业的良好形象和声誉，增强客户对企业品牌的信任。

产品质量投诉处理办法

第1章 总则

第1条 目的

为及时有效地处理产品质量投诉，维护声誉和客户满意度，特制定本办法。

第2条 适用范围

本办法适用于产品出现质量问题时客户投诉工作的管理。

第2章 外观质量投诉处理

第3条 投诉受理

1. 成立专门的投诉受理团队，负责接收和登记投诉信息。
2. 提供多种投诉渠道，包括电话、邮件、在线平台等，方便客户进行投诉。
3. 要求客户提供相关证据，如照片、视频等，以便进行调查和处理。

第4条 调查核实

1. 安排专业人员进行外观质量调查，核实客户的投诉内容。
2. 确认产品是否存在外观质量问题，判断产品是否符合产品质量标准和规范。
3. 如有需要，可以与客户约定见面或请其寄回产品进行详细检查和分析。

第5条 快速响应和解决

1. 对于属实的产品外观质量问题，立即向客户表示歉意，并提出解决方案。
2. 提供多种解决方案，如更换产品、修复产品、退款或补偿等，根据客户的需求和情况进行协商。

第6条 收集反馈和改进

1. 对产品外观质量问题的投诉进行记录和分析，了解问题的发生原因和频率。
2. 将投诉信息反馈给研发和生产部门，促使其改进产品设计和生产工艺，减少外观质量问题的发生。
3. 定期评估和监测产品外观质量，并与供应商合作，确保原材料和零部件的质量稳定。

第3章 性能质量投诉处理

第7条 投诉受理

1. 设立专门的客服热线或在线平台，接收和登记产品性能质量投诉。
2. 建立投诉分类和记录系统，以便后续处理和分析。

第8条 技术支持和诊断

1.提供专业的技术支持团队，负责对投诉进行初步诊断和问题分析。

2.要求客户提供详细的产品使用情况和故障现象，以便更准确地诊断问题。

3.如有需要，可以要求客户寄回产品，以便进行详细的测试和分析。

第9条 返厂检修或维修

1.根据产品性能质量问题的性质和程度，决定是否需要返厂检修或维修。

2.提供返厂运输和维修费用承担方案，确保客户的权益不受损。

3.维修过程中要严格按照质量标准和维修流程进行操作，保证维修质量。

第10条 解决方案和补偿

1.对于属实的产品性能质量问题，与客户进行协商，提供解决方案和补偿措施。

2.补偿方式可以包括产品替换、修理费用承担、延长质保期、给予赔偿金等。

第11条 质量改进和监控

1.将产品性能质量投诉纳入质量管理体系，进行统计和分析。

2.建立反馈机制，及时将投诉信息反馈给研发、生产和质量部门，推动质量改进措施的实施。

3.定期评估和监控产品性能质量，进行质量审核和内部审核，确保质量稳定和持续改进。

第4章 售后服务质量投诉处理

第12条 投诉受理

1.建立售后服务投诉受理中心，负责接收和记录投诉信息。

2.设立售后服务热线和在线平台，方便客户进行投诉和咨询。

第13条 快速响应和处理

1.对于售后服务质量投诉，及时回复客户并展开调查。

2.确定投诉的具体问题和责任方，并提出解决方案。

3.加强与售后服务团队的沟通和协调，确保投诉问题得到及时解决。

第14条 售后服务质量提升

1.加强售后服务团队的培训和素质提升，提高服务态度和技术水平。

2.定期进行售后服务质量评估和客户满意度调查，了解客户的需求和意见。

3.建立客户投诉数据库，分析投诉原因和趋势，制定相应的改进措施。

第15条　售后服务补偿

1.对于因售后服务质量问题造成的客户损失，及时进行补偿。

2.补偿方式可以包括免费维修、延长保修期、送赠品或优惠券等。

第5章　附则

第16条　编制部门

本办法由×××部负责编制、解释与修订。

第17条　生效日期

本办法自××××年××月××日起生效。

9.3.2　产品质量索赔处理办法

本办法主要有以下作用：一是及时处理索赔，有效保护客户的权益，提升客户的满意度和忠诚度；二是树立企业的良好形象和声誉，表明企业对产品质量的重视，从而增强客户对企业品牌的信任；三是深入了解产品质量问题产生的根本原因，找出改进的方向和措施，提升产品的质量和可靠性。

产品质量索赔处理办法

第1章　总则

第1条　目的

为了及时、公正、透明地处理客户对产品质量问题提出的索赔请求，维护客户关系，保护品牌声誉，特制定本办法。

第2条　适用范围

本办法适用于产品出现质量问题时客户进行索赔工作的管理。

第2章　索赔申请流程

第3条　索赔申请方式

1.在线申请。企业可以建立在线索赔申请系统，客户可以通过企业的官方网站或手机应用程序提交索赔申请。在线申请系统应该简洁易用，并要求客户提供必要的信息和文件。

2.电子邮件。客户可以通过电子邮件将索赔申请发送给企业的客户服务部门。

在邮件中，客户应提供与索赔相关的详细信息和文件，以便企业能够准确评估索赔请求。

3.电话申请。企业可以设置索赔申请热线，客户可以通过电话向客户服务代表提交索赔申请。在电话中，客户应提供必要的信息和文件，并与客户服务代表进行沟通和确认。

4.书面申请。对于一些特殊情况，客户可以选择以书面形式提交索赔申请。企业应提供索赔申请表格或模板，客户填写相关信息后邮寄给企业的客户服务部门。

第4条　索赔申请资料

1.购买凭证。客户应提供购买产品的凭证，如发票、收据或订单等。

2.产品描述。客户应提供产品的详细描述，包括产品型号、规格、序列号等。

3.产品照片或视频。客户应提供产品的照片或视频，以展示产品的问题或损坏情况。

4.故障描述。客户应详细描述产品的故障或质量问题，包括问题出现的时间、频率、具体症状等。

5.维修记录。如果客户曾经对产品进行维修或保养，客户应提供相关的维修记录和报告。

第5条　索赔申请接收

1.接收渠道。企业应明确指定索赔申请的接收渠道，如客户服务部门的专用邮箱、热线电话或邮寄地址。

2.申请接收确认。企业应在接收到索赔申请后及时发送确认函或短信给客户，告知申请已收到并正在处理。

3.申请信息核实。企业应对申请中提供的信息和文件进行核实和验证，确保申请的准确性和完整性。

第6条　索赔申请处理

1.申请补充。如果申请中存在缺漏或不完整的信息，企业应及时与客户联系，要求其补充相关文件或证据。

2.申请分类和处理优先级。根据不同的产品质量问题和索赔申请的紧急程度，企业应将申请进行分类和划分处理优先级。

第3章 索赔处理流程

第7条 索赔申请评估

1.核实申请信息。企业应核实申请中提供的信息和文件的真实性和准确性，与客户进行确认。

2.申请可行性分析。企业应对索赔申请进行可行性分析，评估索赔的合理性和有效性。考虑产品质量问题的性质、客户的权益和合同条款等。

3.判断索赔责任。在评估索赔申请时，企业应根据产品质量问题的原因和责任归属，判断企业的责任和义务。

4.申请受理通知。在完成申请评估后，企业应向客户发送受理通知，确认申请是否符合索赔条件，并告知进一步处理的流程和时间。

第8条 调查取证

1.收集相关信息。企业应收集与索赔申请相关的所有信息和文件，包括产品质量记录、客户投诉记录、维修报告等。

2.现场调查。如果需要，企业可以进行现场调查，直接观察产品质量问题的情况，收集更直接的证据。

3.证据分析。企业应对收集到的证据进行分析和评估，确定产品质量问题的根本原因和责任归属。

4.第三方鉴定。在某些情况下，企业可能需要将产品或相关问题委托第三方进行专业鉴定，以获取权威的评估结果。

第9条 解决方案制定

1.问题分析。基于调查取证的结果，企业应对产品质量问题进行深入分析，确定解决问题的关键节点和方式。

2.解决方案设计。企业应设计切实可行的解决方案，包括维修、更换、退货、补偿等措施，以满足客户的合理诉求。

3.方案沟通和确认。企业应与客户进行沟通，详细介绍解决方案和实施细节，并与客户达成共识和确认。

4.方案实施。企业应按照制定的解决方案，实施相应的措施，确保问题得到妥善解决，并尽量满足客户的合理需求。

第10条　最终处理

1.结果确认和验收。企业应与客户进行结果确认和验收，确保问题得到妥善解决，客户满意度得到提升。

2.记录和归档。企业应对索赔处理的结果和相关文件进行记录和归档，以备将来参考和追溯。

3.问题反馈和改进。企业应定期回顾产品质量索赔处理的过程，总结经验教训，并提出改进意见和措施，以提升产品质量和服务水平。

第4章　索赔处理效率管理

第11条　优化处理流程

1.建立标准化的索赔处理流程，明确每个环节的职责和操作步骤，确保处理一致性和效率。

2.根据索赔案件的紧急程度和重要性，合理划分处理优先级，确保高优先级的申请得到及时处理。

第12条　建立沟通机制

1.指定专人负责。为每个索赔案件指定专人负责，成为客户的主要联系人，及时回应客户的咨询和查询。

2.多渠道沟通。为客户提供多种沟通渠道，如电话、邮件、在线聊天等，以满足客户不同的沟通偏好。

第13条　提供合理方案

1.公正和合理。补偿方案应基于客观的评估和公正的原则，确保客户得到公平的待遇。

2.以客户利益为先。补偿方案应充分考虑客户的利益和需求，尽可能最大限度地满足客户的合理诉求。

3.多样化选择。提供多样化的补偿选择，如维修、更换、退货、给予补偿金等，以便客户根据自身需求做出选择。

第5章　监督评估索赔处理

第14条　设定关键绩效指标

1.处理时效。衡量索赔处理的时间效率，包括索赔申请的响应时间、处理时间和结案时间等。

2.客户满意度。通过客户反馈和对客户的调查，评估客户对索赔处理的满意度和体验感，以反映企业的服务质量。

第15条　定期评估和监控

1.数据收集和分析。定期收集和整理索赔处理的相关数据，包括处理时间、准确率、客户满意度等。

2.绩效评估。根据设定的关键绩效指标，对索赔处理的绩效进行评估，比较实际绩效与设定目标的差距。

第16条　建立反馈机制

1.客户反馈收集。建立客户反馈渠道，如投诉热线、在线反馈表等，及时收集客户的反馈意见和建议。

2.反馈分析和处理。对收集到的反馈进行分析和处理，识别出问题和改进的重点，制定相应的改进措施。

第6章　附则

第17条　编制部门

本办法由×××部负责编制、解释与修订。

第18条　生效日期

本办法自××××年××月××日起生效。

9.4　产品使用过程质量控制精细化实施指南

9.4.1　质量纠纷处理管理办法

本办法主要有以下作用：一是确保消费者在购买产品或接受服务过程中的权益得到有效保护，避免其因质量问题而遭受经济损失或其他不良影响；二是有助于提升企业的声誉和形象，树立良好的企业品牌形象，增加消费者的信任度和忠诚度；三是可以提高消费者的满意度，增加消费者的忠诚度，促进持续的客户关系。

质量纠纷处理管理办法

第1章 总则

第1条 为规范和指导质量纠纷的处理，确保公平、公正、高效地解决质量纠纷，维护消费者权益，促进经济可持续发展，特制定本办法。

第2条 本办法适用于生产企业、销售商、服务提供者及相关利益相关者，涉及产品质量、服务质量等领域的质量纠纷处理。

第2章 产品质量纠纷处理

第3条 产品质量纠纷

产品质量纠纷是指消费者因购买到质量不合格、假冒伪劣产品或者损坏的产品而产生的纠纷。

第4条 投诉受理与调查

1.生产企业应设立质量投诉受理机构，提供便捷的投诉渠道，如客户服务热线、投诉电子邮箱等，以接受消费者的产品质量纠纷投诉。

2.受理投诉后，生产企业应展开调查，包括但不限于对涉及产品进行检测、与供应商沟通等，以获取相关证据。

第5条 协商解决与赔偿

1.生产企业与消费者应积极开展协商，就质量纠纷寻求解决方案。双方可通过面谈、书面沟通等方式进行协商。

2.如果生产企业确认产品存在质量问题，应提供合理的赔偿方案，如退货、换货、维修、给予补偿金等，以满足消费者的合理诉求。

第3章 服务质量纠纷处理

第6条 服务质量纠纷

服务质量纠纷是指消费者因获得不规范、不及时或态度差等的服务而产生的纠纷。

第7条 投诉受理与调查

1.服务提供者应建立健全的投诉受理机制，接受消费者的服务质量纠纷投诉，并确保投诉渠道的畅通性。

2.服务提供者在受理投诉后，应展开调查，了解投诉背景、核实事实，并收集相关证据。

第8条　协商解决与补偿

1.双方应积极协商解决服务质量纠纷，通过面谈、书面沟通等方式进行沟通，以达成一致意见。

2.服务提供者应主动承担责任，提供合理的解决方案，包括但不限于重新提供服务、提供补偿、退款等，以消除消费者的不满。

第4章　售后服务质量纠纷处理

第9条　售后服务质量纠纷

售后服务质量纠纷是指消费者在购买产品后，与销售商就售后服务存在的问题产生的纠纷。

第10条　投诉受理与调查

1.销售商应设立售后服务投诉受理中心，接受消费者的售后服务质量纠纷投诉，并提供多种投诉渠道，如客服电话、在线留言等。

2.销售商在受理投诉后，应展开调查，了解投诉背景，核实事实，并与相关部门进行协调，以获取相关证据。

第11条　协商解决与补偿

1.销售商应与消费者进行积极的协商，就售后服务质量纠纷寻求解决方案。可以通过协商确定重新提供服务、提供补偿或退款等方式解决问题。

2.销售商应主动承担责任，提供合理的解决方案，并确保售后服务质量得到改善，以满足消费者的合理要求。

第5章　在线购物质量纠纷处理

第12条　在线购物质量纠纷

在线购物质量纠纷是指消费者在电子商务平台上购买商品时，因商品质量存在问题而与卖家或平台之间产生的纠纷。

第13条　投诉受理与调查

1.电子商务平台应设立专门的投诉受理机构，接受消费者的在线购物质量投诉，并提供在线投诉渠道，如在线客服、投诉系统等。

2.电子商务平台在受理投诉后，应展开调查，核实商品质量问题，并与相关卖家进行沟通，以获取相关证据。

第14条 协商解决与退款

1.电子商务平台应与消费者和卖家进行积极协商,就在线购物质量纠纷寻求解决方案,如通过协商确定退货退款、换货或提供补偿等方式解决问题。

2.电子商务平台应确保卖家按照协商结果及时处理退款事宜,并对卖家进行监督,以保障消费者的权益。

第6章 附则

第15条 编制部门

本办法由×××部负责编制、解释与修订。

第16条 生效日期

本办法自××××年××月××日起生效。

9.4.2 售后服务质量提升方案

本方案主要解决以下问题:一是响应速度慢,反应不及时。该问题导致客户等待时间长,增加了客户的不满意度。二是服务态度差。售后服务人员的服务态度直接影响着客户的感受和满意度。三是问题解决不彻底。在处理售后问题时,有关人员未能解决客户的问题或未提供有效的解决方案,导致客户的不满和投诉。

售后服务质量提升方案

一、问题分析

在设计售后服务质量提升方案前,要对当前的问题进行分析和定位。常见的售后服务质量问题可能包括响应速度慢、服务态度差、问题解决不彻底、信息不透明等。通过深入分析和了解问题的本质,制定出有针对性的方案。

二、方案设计

(一)售后服务流程优化

1.优化售后服务流程,简化流程步骤,提高服务效率。

2.设立专门的售后服务团队,负责处理售后服务事宜,确保服务的质量和效果。

(二)售后服务人员培训

1.对售后服务人员进行系统培训,提升其专业知识和技能水平。

2.培训内容包括客户沟通技巧、问题解决能力、产品知识等方面，以提高服务质量。

（三）售后服务信息管理

1.建立完善的售后服务信息管理系统，记录客户的问题和解决方案，方便后续查询和追踪。

2.提供给客户透明的售后服务信息，包括服务流程、处理时间、责任人等，提高信息的可获取性。

（四）售后服务评估和改进机制

1.建立售后服务评估机制，定期对售后服务质量进行评估和反馈，及时发现问题并进行改进。

2.根据评估结果，制订相应的改进计划，优化服务流程和提升服务质量。

三、方案执行

（一）项目团队成立和任务分配

1.成立售后服务质量提升项目团队，明确团队成员的职责和任务。

2.对每个方案设计的具体任务进行细化和分配，并设定明确的时间节点。

（二）培训计划和培训实施

1.制订售后服务人员培训计划，包括培训内容、培训形式和培训时间等。

2.实施培训，通过内部培训、外部培训或培训课程等提升售后服务人员的能力。

（三）流程优化和信息系统建设

1.分析和优化售后服务流程，简化流程步骤，提高处理效率。

2.开发或引入适用的售后服务信息管理系统，确保信息的准确记录和及时查询。

（四）评估和改进

1.设定评估指标和方法，定期对售后服务质量进行评估，包括客户满意度、问题解决率等。

2.根据评估结果，制订改进计划，并及时跟进改进措施的执行和效果。

四、预期效果

1.提升售后服务响应速度，缩短问题解决时间，提高客户满意度。

2.改善售后服务人员的服务态度和沟通能力，提升服务质量和客户体验。

3.建立透明的售后服务信息管理系统，提供准确、及时的信息，增加客户信任度。

4.定期评估售后服务质量，及时发现问题并进行改进，持续提升服务水平。

五、保障措施

（一）领导支持和承诺

1.公司领导层对售后服务质量提升方案给予充分支持和承诺，提供必要的资源和支持。

2.确保方案执行的顺利推进，解决项目中的困难和问题。

（二）资金和技术支持

1.提供必要的资金和技术支持，确保售后服务质量提升方案的顺利实施。

2.技术部门提供技术支持和相关系统的开发、维护等工作。

（三）绩效考核和激励机制

1.设定售后服务质量指标，并与员工的绩效考核和激励机制相结合，激励员工提供优质的售后服务。

2.建立良好的沟通渠道，听取员工的意见和建议，鼓励他们积极参与方案的改进和优化。

（四）监督和评估机制

1.设立专门的监督和评估机制，定期对方案的执行和效果进行监督和评估。

2.根据评估结果，及时调整方案，确保售后服务质量提升方案的有效实施和持续改进。

第10章

智慧工厂质量控制精细化

10.1 质量跟踪

10.1.1 生产过程质量监测管理制度

工厂实施生产过程质量监测管理制度，一是可以明确质量监测机制与范围，以更好地对生产过程进行质量监测；二是可以通过质量监测管理要求，规范质量监测管理行为，简化工作流程，提高工作效率。

生产过程质量监测管理制度

第1章　总则

第1条　为规范生产过程质量监测管理，保证产品质量，提高生产效率，特制定本制度。

第2条　本制度适用于所有生产过程中的产品质量监测。

第2章　质量监测机制与范围

第3条　利用大数据、物联网、云计算等技术，建立定期监测机制，对生产过程进行质量监测，并制定合理的监测频率。

第4条　建立完备的质量监测设备体系，包括现代化的检测仪器设备和相关软件等，在整个生产过程中实现全面监测。

第5条　利用现有技术与设备完成质量监测数据的采集和管理，通过数据分析可及时检测生产过程的问题，并进行正确的整改。

第6条　建立完善的监测流程和操作规范，以确保每个步骤的质量监测都能得到有效执行，且所有步骤可控、可追溯。

第7条　强化监测效果的分析和应用，建立监测结果分析和应用系统，使数据分析更加准确、及时、可靠，可以直观、简便、科学地反映产品质量状况和问题点。

第8条　生产过程监测范围包括以下内容。

1.生产环境监测。对生产现场的环境进行监测，包括温度、湿度、光线等，以确保生产环境在一个适宜的范围内。

2.产品生产过程监测。对生产过程中各个步骤的关键节点进行监测，如加工、测量、检验等，以确保整个生产过程符合要求。

3.产品检验过程监测。对生产完成的产品的全面检验过程进行监测，以确保检验过程符合规定的质量标准和技术要求。

4.其他需要监测的生产过程。

第9条　监测范围应覆盖每个生产过程，包括进料、生产、中间检测和成品出厂等环节。

第10条　应当对监测效果进行定量分析，分析结果应及时通知相关部门，为产品质量改进提供有价值的数据。

第3章　质量监测步骤

第11条　根据产品特性、生产工艺等因素，制订质量监测计划，明确监测目标、方法和标准，并实施计划。

1.设计并运营一系列先进的监测设备和技术，以确保监测计划和标准得到全面实施。

2.根据监测计划，建立监测数据记录档案，并时常更新，以便对监测数据进行全面跟踪和管理。

第12条　按照制订的质量监测计划，对产品质量和生产过程进行监测，并将监测数据及时录入质量监测报告。

1.在监测过程中建立质量监测工单和检测清单，确保检测过程的可操作性，准确记录监测数据。

2.将监测数据及时录入质量监测报告，将报告发送给管理人员及相关部门进行备份，确保监测数据的安全性和可追溯性。

第13条　对收集的监测数据进行分析，发现问题，制定并跟踪纠正措施，进行持续改进。

第14条　按照既定要求，向有关部门和管理人员发布监测报告，报告周期视实际需要而定。

1.报告中应当包括监测数据、分析结果、问题和改进情况及下一步工作计划等。

2.除此之外，还应及时反馈所收到的内外部的意见和反馈，确保监测报告的完善性和可靠性。

第15条　初步确认监测数据存在异议时，应迅速对生产过程进行调查并做出答复。

1.通过分析数据，得出问题产生的具体原因，结合生产实际情况制定改进措施，并监测改进效果。

2.当收集到监测数据存在争议时，应及时和准确发现问题点，并迅速回应内外部反馈信息，避免损害产品声誉。

第4章　质量监测管理要求

第16条　监测计划要求。监测计划要合理适宜。

1.合理制订监测计划，明确监测项目、方法、标准，并确定监测频率和时间。

2.根据不同产品的生产工艺和产品特性进行判断，确保监测计划的适用性、可操作性和全面性。

3.在执行过程中，需要按照制定的监测频率和时间进行监测，确保质量数据的实时感知和更新。

第17条　监测记录要求。监测记录要求准确、完整、可靠，并在规定时间内上报质量管理人员。

1.监测记录应当记录详细的检测数据，包括检测时间、地点、检测人员、检测仪器设备品牌型号和检测数据等。

2.监测记录要及时上报质量管理人员，持续跟踪和监控监测情况，确保产品质量的稳定性和可靠性。

第18条　问题处理要求。对于发现的问题，应及时整改，记录解决情况，并追踪确认效果。

1.对整改结果，应当进行记录，记录情况准确详细，并进行追踪确认，确保问题得到妥善处理并取得明显效果。

2.对同一问题，应当构建相应的解决模式，从而形成可持续的解决机制，并可根据问题性质积极进行经验总结和质量改进。

第19条　生产信息化要求。在实践过程中，提倡使用先进的信息技术，建立自动化的生产过程、信息采集和控制系统，实现实时监测和管理，增强信息化监测的可靠性和真实性。

第5章 附则

第20条 编制单位

本制度由质量管理部负责编制、解释与修订。

第21条 生效日期

本制度自××××年××月××日起生效。

10.1.2 数据预警与质量问题识别管理制度

工厂实施数据预警与质量问题识别管理制度，一是可以利用大数据技术，及时发现与识别生产过程中的质量问题，加强质量管理，提高产品可靠性；二是可以规范数据预警与质量问题识别过程中的行为，提高工作效率。

数据预警与质量问题识别管理制度

第1章 总则

第1条 目的

为了加强工厂质量管理，推进数字化管理，预防和解决生产中出现的质量问题，根据工厂质量管理要求，特制定本制度。

第2条 适用范围

本制度适用于产品生产过程中的数据预警与质量问题识别的管理工作。

第2章 数据收集与分析管理

第3条 数据收集

1.建立完整的数据收集系统，收集生产过程的各个环节的数据，确保各个点位的实时监控，实现智能化、透明化的数据采集，并将其及时上传到数据中心。

2.采用高质量、高精度、高可靠的仪器设备，对数据采集过程中涉及的关键质量指标进行标准化，保证数据的一致性。

3.加强人员培训和管理，建立数据采集和记录规程，加强人力资源管理，从而提高数据采集和质量相关意识和知识水平。

4.采用最新的通信技术，促进信息自动化实现，保证数据采集的连续性，确保数据的可靠性。

5.建立严格的监测数据管理机制，包括对数据的处理、分析、存储等方面的监管，以确保数据的真实性、可靠性和有效性。

第4条　数据分析

1.建立科学、规范、有效的数据分析过程，通过各种分析方法，对生产数据进行详细分析，得出规律和趋势。

2.数据分析应当注重综合分析，将不同环节的数据整合起来，形成全局性的数据分析结果，为质量问题识别提供基础。

3.采用有效的数据可视化方式，增强数据的辨识度和应用性，使各类数据比较直观可控。

4.采用多维度、多模块、多视角的数据分析方式，以方便实时监控和制定决策。

第3章　数据挖掘与预警管理

第5条　数据挖掘

1.建立先进的数据挖掘技术，对生产数据进行挖掘，探索数据内在的规律性，发现潜在问题。

2.数据挖掘应当注重与生产实际需求相结合，挖掘出对生产质量和效率有重要影响的数据，为质量问题识别和预警提供支持。

3.加强数据的可视化处理，采用自适应的数据呈现模式，以缩短数据识别和决策制定周期。

4.加强挖掘工作的跟踪和总结，明确数据挖掘的质量标准，不断提升数据挖掘品质和生产效益。

第6条　数据预警

1.应当建立数据预警机制，对监测到的问题及时发出预警，从而提前防范生产事故和产品质量问题的发生。

2.数据预警应当注重准确性，在预警过程中，及时发送预警信息，包括预警内容、预警等级、处理建议等。

3.建立快速判断和快速响应体系，依据预设的监控数据偏差范围，实现对异常数据自动预警，通过设备报警、信息推送等方式告知相关人员。

第4章　问题识别与误差调整管理

第7条　问题识别

1.成立问题识别小组，协同相关职能部门，利用全面、深入、细致的数据视角来识别潜在问题，及时推进问题的解决和处理。

2.制定快速响应机制，对获得的数据异常进行及时处理和命名，构建相关问题处理机制，实现问题的整体性解决。

3.建立纠正和预防措施，确保问题归因准确，目标和整改结果得以规范。

4.在质量问题识别中，对有可能导致重大质量事故或安全事故的问题，应视为关键问题，及时上报质量管理部门，并按照流程进行复查和评估。

5.质量问题入库后，应加强对复查和评估的跟踪，直到问题解决和再次审查确认。

第8条　误差调整

1.误差调整是保证数据预警与质量问题识别有效的关键。对误差进行必要的调整，可以有效防止误报和漏报现象的出现。

2.误差调整应当注重严谨性和系统性，调整结果需要被准确记录和保存，确保数据预警和质量问题识别的准确性和可靠性。

3.对于不同类型的数据和不同的数据异常，应该采用不同的调整方法和标准。如在数据预警过程中，可以通过设定数据偏差范围、多因素分析等方法进行误差调整。

4.误差调整过程中，应注重对误差来源进行详细分析，记录调整方法和效果，同时形成报告提交相关部门。

5.建立完善的各种误差调整机制，以保证数据预警和质量问题识别的准确性和可靠性。如应该建立专业的数据调查和分析小组，同时对专业人员进行专业的培训和认证。

第5章　附则

第9条　编制单位

本制度由质量管理部负责编制、解释与修订。

第10条　生效日期

本制度自××××年××月××日起生效。

10.2 质量反馈

10.2.1 内部系统质量信息反馈处理办法

工厂编制与实施内部系统质量信息反馈处理办法，一是可以明确内部各项质量信息反馈的处理标准，简化工作流程，提高工作效率；二是可以规范相关人员处理内部系统质量信息反馈处理的行为，避免因意外情况或者处理不到位引发的各种风险。

内部系统质量信息反馈处理办法

第1章 总则

第1条 为规范内部系统质量信息反馈处理行为，加强质量信息反馈工作，不断提高工作质量，提升生产效率，特制定本办法。

第2条 本办法适用于内部系统质量信息收集、反馈、传递、处理过程的管理。

第2章 设备质量问题反馈处理

第3条 利用智慧工厂系统设置设备质量问题反馈渠道，鼓励所有员工积极反馈设备的质量问题，确保设备质量问题能够第一时间得到反馈。

第4条 利用智慧工厂系统实现信息的收集、筛选与传送，及时将有关设备质量信息反馈至生产部。

第5条 根据反馈的质量信息，生产部派遣专业人员对设备进行检查与维修。对无法立即处理的设备问题要采取临时性措施。

第6条 记录设备的故障情况，并对故障原因进行分析与总结，以便后续参考。

第7条 定期检查设备维护与管理状态，采取预防性维护措施，降低设备故障率。

第8条 对设备质量情况进行有效分类，并建立设备质量档案，方便追踪各台设备的历史故障。

第3章 原材料质量问题反馈处理

第9条 建立完善的原材料质量反馈机制，明确反馈渠道与反馈者的权利与义务，并建立健全相关的处理流程。

第10条　利用智慧工厂技术对反馈的原材料质量问题进行分类，收集问题相关情况和基本信息。

第11条　根据反馈的情况进行初步判断，判断问题是由原材料供应方导致还是由生产制造环节导致的，并找出问题的根本原因。

第12条　根据问题的根本原因制定相应的措施和解决方案，如对反馈的原材料进行重新检验、更换另一批次的原材料、沟通改善供应商的质量管理体系等。

第13条　制订反馈问题的整改计划，督促相关部门和供应商按照计划实施，并跟进整改效果。同时，对已处理的反馈问题进行核查和确认，确保问题的有效解决。

第14条　在处理反馈问题的过程中，不断吸取经验教训，总结反馈过程中存在的问题和不足，进一步完善原材料质量管理的体系和机制。

第4章　生产线质量问题反馈处理

第15条　建立完善的生产线质量问题反馈机制，利用先进的信息技术收集与整理相关信息，并及时反馈给有关人员。

第16条　对反馈的生产线质量问题进行分析研究，找出根本原因。进行鉴定，确定是由人为操作失误导致，还是由生产线设备或供应材料等方面的问题导致的。

第17条　针对生产线质量问题，制定具体整改措施和实施方案，明确整改的周期和责任人，可通过多种方式，如技术改进、培训人员等，解决生产线质量问题。

第18条　有关人员按照既定方案进行整改，例如，更换工艺流程、修理或更换设备及相关零部件、改善检测标准等。同时，应当制定明确的质量验收标准，对整改效果进行反馈监督。

第19条　定期进行检查和评估，持续追踪生产线的质量问题情况，确认整改措施的成效，并及时对未能达到的目标进行彻底分析和改进，防止问题再次发生。

第5章　附则

第20条　编制单位

本办法由质量管理部负责编制、解释与修订。

第21条　生效日期

本办法自××××年××月××日起生效。

10.2.2 外部系统质量信息反馈处理办法

工厂编制与实施外部系统质量信息反馈处理办法，一是可以更好地收集与处理外部关于质量问题的反馈信息，并对其进行分析整理，为后续生产提供经验；二是可以规范对于外部系统质量信息反馈的处理行为，提高工作效率。

外部系统质量信息反馈处理办法

第1章 总则

第1条 为确保有关质量问题得到准确、及时地处理，持续改进产品，提高产品质量与客户满意度，特制定本办法。

第2条 本办法适用于外部系统质量信息反馈的处理工作。

第2章 产品质量信息反馈处理

第3条 建立产品质量反馈制度，通过多种渠道收集反馈信息，包括客户反馈、内部监测、市场调研等，全方位了解产品质量情况，及时反馈问题。

第4条 设立专门的质量反馈小组，定期组织专业培训，不断提升质量反馈人员的技能和素质。

第5条 针对不同类型问题，建立相应的处置措施，制订整改计划并跟进执行效果，完善相关质控标准和流程，加强对问题出现原因的跟踪和分析。

第6条 建立数据分析体系，通过分析反馈信息数据，及时发现产品质量隐患、问题点，制定相应的改进措施，从而为高质量的生产提供有力保障。

第7条 建立质量问题追溯机制，对反馈信息进行整合和分析，及时制定改进措施，对问题的解决效果和长期影响开展跟踪评估和监控。

第8条 建设智能化的反馈跟踪系统，引入人工智能、大数据等相关技术手段，对反馈信息进行统计分析、知识管理等方面的工作，提高客户反馈信息处理效率。

第3章 技术支持问题反馈处理

第9条 建立技术支持反馈制度，通过多种渠道及时收集客户的反馈信息，对反馈信息进行初步分析和筛选。

第10条 设立专门的技术支持反馈小组，提供高质量的技术支持服务，与客户保持联系并及时解决问题。

第11条　建立技术支持服务工作流程，根据客户不同的需求制定出不同的服务工作流程，建立完善的服务体系，提高客户技术支持的效率和质量。

第12条　针对反馈的技术支持问题，及时制定相应的解决方案，并协助反馈者完成问题的解决。

第13条　建立技术支持信息汇总库，将技术支持故障、处理方案等信息汇总在一起，以便查阅技术问题解决方案，为后续的技术支持提供帮助。

第14条　若不能提供现场服务，可通过远程技术体系，实现网络远程协助服务，解决技术问题。

第4章　售后服务问题反馈处理

第15条　在内部系统中建立专门的售后服务处理模块，明确反馈渠道和处理流程，采用数字化、自动化的方式，对售后服务问题进行跟踪和监控。

第16条　设立专门的售后服务反馈小组，通过专业的售后服务反馈工具（如反馈表、调查表等）收集售后服务反馈信息，对问题进行分类整理和分析。

第17条　对反馈信息及时响应，通过电话、邮件、社交媒体等方式与客户进行有效沟通，了解问题细节，并提供解决方案。

第18条　将售后服务问题处理的过程、结果等信息及时反馈给反馈者，与反馈者进行沟通，确保其得到满意的答复。

第19条　通过问卷、电话、社交媒体等方式展开调查，了解反馈者对售后服务质量的评价，帮助工厂发现问题并及时改进。

第5章　附则

第20条　编制单位

本办法由质量管理部负责编制、解释与修订。

第21条　生效日期

本办法自××××年××月××日起生效。

10.3 质量修正

10.3.1 计算机辅助修正管理制度

工厂实施计算机辅助修正管理制度，一是可以明确修正的流程与标准，提高修正效率；二是可以提升工厂关于计算机辅助修正的管理水平，为提高客户满意度与产品质量提供了有力的支持与保障。

计算机辅助修正管理制度

第1章 总则

第1条 为规范智慧工厂中的计算机辅助修正的过程与要求，提高计算机辅助修正的效率和质量，特制定本制度。

第2条 本制度适用于计算机辅助修正的应用与管理。

第2章 计算机辅助修正流程

第3条 可通过设备传感器、视觉识别、人工操作等方式，对生产流程中出现的问题进行采集，并对采集到的数据进行分析，以确定需要修正的数据范围。

1.数据的采集与分析应满足及时性、准确性和完整性的要求，确保数据的可靠性与时效性。

2.数据采集应满足信息安全管理要求，对采集的数据进行加密保护。

第4条 在确定需要修正的数据范围后，通过计算机辅助修正技术对数据进行自动或半自动化的修复操作，使其恢复到预期的状态。

1.修正操作记录应遵循文档操作规范，以保证操作记录真实可信。

2.在修正过程中，应严格限制工艺和产品的非法修改，并保护数据库的信息安全。

第5条 在完成数据修正后，需要对修正后的数据进行审核和确认，以确保数据修正的准确性和完整性。

第6条 在修正和审核确认后，将修正后的数据提交并更新到生产系统中，以实现对修正数据的追踪和更新。

第7条　在生产过程中，如果发现数据修正出现问题，需要进行数据回溯和追溯操作，查找修正错误的原因并进行修正。

第8条　为了防止数据丢失、数据错误或其他问题的产生，需要进行数据备份和恢复操作，以保障数据的安全和完整性。

第3章　计算机辅助修正实施要点

第9条　建立计算机辅助修正系统，对问题的登记、跟踪、审核、实施和复核进行自动化处理，并能够记录问题历史信息，方便查询分析，提高修正质量。

第10条　计算机辅助修正系统应与生产计划、工艺流程等系统进行数据交互，保持信息的一致性与完整性。

第11条　向计算机辅助修正人员提供技术培训，提高数据修正的准确性与及时性，并加强对计算机辅助修正技术的学习与掌握。

第12条　明确修正标准，确保修正的准确性、及时性及灵活性。

第13条　制定完善的修正标准和方案，确保修正的准确性和及时性，提高修正效率。除此之外，还可设定修正备用方案，以此应对可能出现的突发事件。

第14条　为避免权责不清，应明确修正责任人、审核人、执行人等角色及职责，规定相关人员的权限范围，并杜绝修正人员违规操作的情况。

第15条　建立提醒和警告系统，及时提示修正人员进行相关工作，提高管理效率和数据质量。

第16条　制定数据备份与流程恢复，定期跟踪与维护，以应对数据丢失、数据错误等问题。

第4章　计算机辅助修正效果评估

第17条　通过对修正后的数据进行抽样统计、人工验证等方式，评估修正效果的准确性，避免出现修正后仍有问题的情况。

第18条　通过对修正流程的全程把控，对修正的时间耗时、效率等进行评估，确保修正的及时性和高效性。

第19条　评估数据处理流程的有序性，包括采集、修正、审核、确认、提交等各个环节，以保障数据修正的连贯性和一致性。

第20条　对修正后的数据进行持续监控，确保数据的质量持续稳定，以免数据质量受到外部环境等因素的影响。

第21条　对修正的自动化应用程度进行评估，包括修正算法、流程自动化、数据批量处理等技术的应用程度，以提高数据修正的效率与质量。

第5章　附则

第22条　编制单位

本制度由质量管理部负责编制、解释与修订。

第23条　生效日期

本制度自××××年××月××日起生效。

10.3.2　实时质量问题修正管理制度

工厂编制与实施实时质量问题修正管理制度，一是可以及早发现问题，并对其进行处理，防止质量问题扩大，从而避免产生经济损失；二是可以通过标准化的流程，明确关键节点的责任与任务，简化处理流程，提高工作效率。

实时质量问题修正管理制度

第1章　总则

第1条　为强化实时质量问题修正管理工作，促进实时质量问题修正工作的自动化与智能化，特制定本制度。

第2条　本制度适用于工厂内部的实时质量问题修正管理工作。

第2章　实时质量问题监测与识别

第3条　利用传感器、大数据、视觉识别等现代设备与信息技术，对生产过程中的有关参数进行实时监测与采集，并将相关数据存储到数据库中。

在生产过程中设置多个数据监测点，对关键节点进行重点关注和监测，以实现对生产质量实时、精准地监测和控制。

第4条　在采集相关数据时，一定要注意数据的实时性、准确性和完整性，以确保数据的可靠性与时效性，为质量问题的解决提供可靠的信息。

第5条　利用数据分析、人工智能等技术，对收集到的数据进行挖掘与分析，识别出其中的异常情况，并进行预警处理。

针对生产过程中的不同环节，建立不同的预警机制，并制定相应的权重和阈值，确保对不同质量问题及时预警。

第6条 通过先进技术，建立质量问题模型，对不同的质量问题进行分类和分析，并对相应的质量问题制定具体的修正措施，以便迅速应对不同的质量问题。

第7条 在实施实时质量问题监测与识别的同时，要建立一套完善的质量问题反馈机制，将监测和识别出的质量问题反馈给生产人员和相关管理人员，以便及时进行问题修正和改进。

第3章 实时质量问题的修正

第8条 对于发现的质量异常问题，通过制定相关修正方案，实现质量问题的实时修正。

在制定修正方案时，需要对质量异常问题进行详细的分析，掌握异常问题的具体情况和发生原因，结合实际生产情况，制定出合适的修正方案。

第9条 在实施修正操作之前，需要进行修正方案的审核，包括技术评估、风险评估、质量效果评估等，以保证操作的可行性和效果的科学性。

第10条 修正操作应在指定的时间内或尽早实施，同时考虑生产线的安全稳定，防止修正操作影响工艺与生产效率。

除此之外，还要避免在操作过程中对生产线和人员产生安全影响，要保证操作顺利、安全。

第11条 修正操作应该通过标准化的方式进行，并规范记录，记录中应包括修正日期、负责人员等信息，要求信息完整、可靠、真实。

第12条 实施修正操作后应进行监督，以评估修正效果。同时，需要跟踪关键指标的变化，分析原因和根本问题，并调整修正策略，确保修正操作的持续有效性。

第13条 检查修正操作效果应以实际结果为准，要及时收集信息并纠正不足，为下次操作提供更有效的指导和约束。

第14条 加强跨职能部门、分管阶段、不同操作人员之间的通信交流和协调，协调不同人员的工作任务、需求和资源，促进其合作与沟通。

第4章 实时质量问题修正管理优化

第15条 根据实际情况，逐步完善实时质量问题修正的流程、标准和规范，实现对生产过程中的质量问题的实时监控和预警处理。

第16条　引入先进技术和工具，如人工智能、大数据分析、云计算等，结合工业互联网，提高对生产过程中的质量问题的监控和预测分析能力，以及对质量问题的修正效率和效果，从而促进产品质量的持续提升。

第17条　不断优化质量管控流程和机制，加强对生产过程中的质量问题的监测和识别，实现生产过程的高效管控，提高产品质量水平。

第18条　建立完善的质量数据分析系统，确保质量数据的准确性、全面性和实时性，加强对数据的分析，挖掘质量问题的深层次原因，及时发现与纠正，并逐步形成以质量为核心的闭环管理体系。

第5章　附则

第19条　编制单位

本制度由质量管理部负责编制、解释与修订。

第20条　生效日期

本制度自××××年××月××日起生效。

10.4　智慧工厂质量控制精细化实施指南

10.4.1　系统管理员责任管理制度

工厂实施系统管理员责任管理制度，一是可以规定系统管理员的责任与义务，有效强化系统管理员的责任意识，督促其更加谨慎与负责地执行任务；二是可以规范系统管理员的行为守则，促进工厂管理水平的提升。

系统管理员责任管理制度

第1章　总则

第1条　为规范系统管理员的工作行为，明确其责任权限，保证信息系统与生产线的正常运行，特制定本制度。

第2条　本制度适用于系统管理员责任的管理工作。

第2章　系统管理员的责任管理

第3条　系统管理员是智慧工厂内部信息系统的业务管理人员，应当有权操作和管理智慧工厂的信息系统。

第4条　系统管理员应当全面掌握智慧工厂信息系统的使用情况，并维护信息系统正常运行。

第5条　系统管理员应当对智慧工厂系统的安全性和性能进行评估和改进，测试网络安全策略并定期更新。

第6条　系统管理员应当对智慧工厂系统中的数据进行备份，测试数据恢复的效果。

第7条　系统管理员应当对智慧工厂网络设备、服务器、数据库等进行管理和维护。

第8条　系统管理员应当及时处理智慧工厂信息系统中的问题和故障，并根据情况制订相应的计划和措施。

第9条　系统管理员应当针对智慧工厂信息系统中的问题和故障，建立常见问题及其解决方法的数据库。

第10条　系统管理员应当提高员工对智慧工厂信息系统的使用技能和安全意识。

第11条　系统管理员应当定期审核与智慧工厂信息系统相关的重要数据和文件，并采取相应的措施进行保护。

第3章　系统管理员的考核管理

第12条　建立健全系统管理员监督机制，明确监督要点，包括网络安全策略、网络数据备份、安全时间管理等。

第13条　建立透明的内部审计和审核程序，对系统管理员的工作进行审慎评估和批判性的检查，确保操作合规。

第14条　对系统管理员建立评估和考核机制，明确其工作目标和考核指标，确保系统管理员能够正确地执行工作任务。

1.考核指标应明确分为技术能力、管理能力、安全防护能力等多个方面，尤其是在安全防护方面，要确保系统管理员有相应的能力。

2.可根据实际情况确定考核周期，确定考核节点，确保考核工作实事求是地进行。

第15条　建立鼓励制度，鼓励其他员工积极参与内部管理，举报系统管理员违规行为，增强工厂管理和内部控制的有效性。

第16条　对系统管理员的监督与考核内容如下所述。

1.是否具有责任心、工作是否认真负责、是否完成岗位基本责任。

2.是否及时发现重大网络隐患，未造成负面影响。

3.是否具有较强的网络安全意识，能够及时预防与处理网络安全威胁。

4.是否及时处理网络故障，避免网络风险。

5.是否发生重大网络故障，造成工厂经济损失。

6.其他应考核的指标。

第17条　建立健全完善的考核奖惩机制，对表现优异的系统管理员进行奖励，如晋升、获得荣誉评选、加薪、分红等。对责任未履行的系统管理员进行惩罚，如警告、降职、罚款、开除等。

第4章　附则

第18条　编制单位

本制度由质量管理部负责编制、解释与修订。

第19条　生效日期

本制度自××××年××月××日起生效。

10.4.2　质量预警协同管理制度

工厂实施质量预警协同管理制度，一是可以快速响应质量预警，及时采取措施，降低产品质量风险；二是可以协同多个部门，加强彼此之间的沟通与合作，优化内部管理机制，推进工厂的进步与发展。

质量预警协同管理制度

第1章　总则

第1条　为促进协同管理，利用质量预警的快速响应与实时处理，保障生产过程中的质量稳定性和可控性，特制定本制度。

第2条　本制度适用于质量预警的协同管理。

第2章　质量预警机制与处理

第3条　根据生产过程中的质量指标，建立相应的预警指标体系，包括但不限于生产设备状态、产品巡检数据、关键物料质量等方面。

第4条　利用智慧工厂相关系统（如MES、WMS、ERP等系统），实现对关键指标的自动化采集和监测。

第5条　采用先进的数据分析与人工智能技术，提高预警的准确性和及时性。

第6条　根据预警指标的变化趋势，制定相应的预警规则，建立预警管理模型。当预警指标发生异常变化时，系统自动触发预警功能并发送预警信息。

第7条　相关部门接收到预警信息后，应按照预警标准及时响应和处理，快速分析预警信息产生的原因和影响，并制定相应的应对措施。

第8条　若部门无法单独解决质量预警问题，可召开协同处理会议，经过讨论并达成一致意见后实施。

第9条　所有的预警信息和处理结果应在相关系统中进行记录和汇总，以便后续的监控和分析。

第10条　预警信息处理结果应及时反馈给相关人员，并提供有效的解决方案和建议，以帮助相关部门采取正确的措施和调整。

第3章　质量预警处理协同

第11条　明确各部门的职责，制定相应的任务清单，确保各部门在收到预警信息后能够快速响应，并严格执行相应的预警处理措施。

第12条　针对复杂的质量问题或需要多个部门协同处理的问题，应建立相应的协调机制，确保不同部门间快速响应和有效沟通。

第13条　建立一套完善的预警沟通机制，确保预警信息能够在最短的时间内传递给相应的部门，避免信息滞后或交叉。

第14条　建立联合会议制度，对于重大质量问题召开联合会议，由相关部门共同参与，进行协商和决策，以确保问题能得到全面、高效的处理。

第15条　因复杂问题而召开的联合会议，需要制定明确的议程，确保会议的主题和目标明确，各部门在会议前需做好充分准备。

第16条　在质量信息系统中建立交流平台，实现各部门之间的及时信息交流和互动，以提高协同处理效率。

第17条 制定统一的预警处理标准和流程，明确预警处置的时限和实施步骤，所有部门都应积极地参与其中，确保各部门的协调合作。

第18条 建立定期报告机制，协同处理过程中需要对各部门的任务执行情况进行跟踪和反馈，及时发现问题并加以解决。

第19条 加强对协同处理结果的评估和总结，制定相应的经验总结和教训，不断完善协同处理机制，提高协同工作的效率和质量。

第4章 附则

第20条 编制单位

本制度由质量管理部负责编制、解释与修订。

第21条 生效日期

本制度自××××年××月××日起生效。

第 11 章

生产质量持续改进精进化

11.1 零缺陷管理

11.1.1 零缺陷管理实施细则

本细则主要有以下作用：一是帮助识别和预防缺陷，提高产品或服务的质量水平，减少产品缺陷率，提升客户满意度；二是减少缺陷引起的重工、返工和客户投诉等成本，降低业务风险；三是通过优化流程、提高工作效率和准确性，节省时间和资源，提升生产力和运营效率。

零缺陷管理实施细则

第1章　总则

第1条　目的

为确保工厂在各个阶段的业务活动中实施零缺陷管理，提高产品或服务的质量和客户满意度，特制定本细则。

第2条　适用范围

本细则适用于零缺陷工作的管理，除另有规定外，均须参照本细则。

第3条　名词解释

零缺陷是一种质量管理理念，强调在工作和生产过程中尽可能减少缺陷，追求高质量的标准。

第2章　组织管理

第4条　组织结构

1.工厂应指定一名负责人专门负责零缺陷管理，负责协调、监督和推动零缺陷管理活动。

2.负责人应组织成立跨部门的零缺陷管理团队，包括质量管理、研发、生产等相关部门的人员，以确保全面推进零缺陷管理。

第5条　明确责任分工

1.确定零缺陷管理团队成员的职责和角色，包括制订和执行零缺陷管理计划、监控和分析缺陷数据、推动改进措施等。

2.促进团队成员之间的有效沟通和协作，确保各个部门之间的合作和资源共享。

第6条 给予行动支持

1.领导层应对零缺陷管理给予明确的支持和承诺，并将其纳入企业的战略目标和业务计划中。

2.领导层应确保零缺陷管理所需的人力、物力和财力资源得到充分保障，并提供必要的培训和支持。

第3章 过程规划与设计

第7条 设定规划和目标

1.工厂根据业务特点和市场需求，制定零缺陷管理策略，包括预防控制策略、检测改进策略等。

2.根据工厂的战略目标和业务需求，设定可衡量和可追踪的零缺陷管理目标，以评估和改进绩效。

第8条 过程设计与优化

1.确定并建立全面的零缺陷管理流程，涵盖从需求分析、设计、开发、测试到交付和售后等各个环节。

2.持续优化零缺陷管理流程，通过流程改进措施提高效率、降低风险，并加强与相关流程的衔接。

第9条 制定相关流程

1.需求管理流程。确保需求的准确性、完整性和一致性，防止因需求问题导致的缺陷。

2.设计管理流程。明确设计阶段的各项活动和任务，包括设计评审、设计验证和设计变更控制等。

3.开发管理流程。规定开发活动的步骤和方法，确保开发过程的可控性和可追踪性。

4.测试管理流程。确定测试策略、测试计划和测试方法，以确保产品或服务的质量和可靠性。

第4章 缺陷预防与控制

第10条 制定缺陷预防措施

1.设计阶段的预防措施。在设计阶段采取措施，如设计评审、风险分析和可靠性分析等，以预防设计缺陷的发生。

2.生产过程的预防措施。制定生产操作规程、工艺控制和设备维护等预防措施，以降低生产过程中的缺陷风险。

第11条　缺陷控制措施的建立和执行

1.缺陷报告和记录。建立缺陷报告和记录的机制，确保及时准确地记录和追踪缺陷信息。

2.缺陷处理流程。制定缺陷处理流程，包括缺陷评估、优先级划分、缺陷修复和验证等环节。

第12条　零缺陷管理相关的质量培训计划

1.培训需求分析。分析组织内各个岗位的培训需求，确定零缺陷管理相关培训的内容和范围。

2.培训计划制订。制订针对不同岗位的培训计划，并确保培训的有效性和培训成果的评估。

第5章　缺陷检测与改进

第13条　检测识别的工具

1.使用功能测试方法和工具对产品或服务进行测试，以确认其符合规格要求。

2.采用自动化测试工具提高测试效率和准确性，以发现潜在的缺陷。

第14条　缺陷报告的规定

1.规定缺陷报告的格式和内容，包括缺陷描述、复现步骤、缺陷等级和紧急程度等。

2.建立缺陷记录数据库或系统，记录和管理所有的缺陷信息，以支持缺陷分析和改进措施的制定。

第15条　缺陷分析的方法

1.采用适当的分析方法，如鱼骨图、5W1H法等，对缺陷进行分析和归因。

2.使用工具，如5Why法、故障模式与影响分析（FMEA）等，深入分析缺陷的根本原因，并制定相应的改进措施。

第6章　附则

第16条　编制部门

本细则由×××部负责编制、解释与修订。

第17条　生效日期

本细则自颁布之日起生效。

11.1.2　零缺陷管理实施方案

本方案可以解决以下问题：一是产品质量问题。通过本方案，可降低产品缺陷率，减少产品在生产和使用过程中出现的问题，提高产品的质量水平。二是服务质量问题。通过本方案，可识别和解决服务中存在的质量问题，改进服务流程和方法，提升客户满意度。三是生产效率问题。通过本方案，可减少废品和返工情况，降低生产成本。

零缺陷管理实施方案

一、问题分析

1.产品质量问题。产品存在质量问题，包括制造缺陷、设计缺陷、材料问题等，导致产品性能不稳定，客户投诉增多，影响声誉和市场竞争力。

2.服务质量问题。服务存在质量问题，包括交付延迟、服务态度差、售后不及时等。导致客户满意度下降，客户流失增加，影响市场份额。

3.生产效率问题。生产过程中存在低效率、浪费和重复劳动等问题。导致生产周期延长、资源浪费、成本上升，降低了竞争力和利润率。

二、方案设计

（一）设定目标

实现产品零缺陷，提供优质服务，提高生产效率。减少产品的缺陷率直至零，提升客户满意度，提高生产效率。

（二）优化流程

1.优化产品设计、生产制造和服务交付等流程，确保流程清晰、标准化。

2.建立质量控制点，制定检查和测试标准，预防和及时发现缺陷。

（三）建立规范

1.制定明确的产品质量标准和服务规范，确保产品和服务符合质量要求。

2.建立质量管理体系，包括质量管理手册、程序和工作指导书等。

（四）预防缺陷

建立缺陷预防机制，包括培训员工、强化监督和实施激励措施等。建立缺陷识别机制，包括设立质量检查点、开展自动化测试等。

（五）处理缺陷

建立缺陷处理流程，包括缺陷报告、优先级划分、缺陷的修复和后续的验证等。采取纠正措施，防止类似问题再次发生，并记录经验教训。

三、方案执行

1.制订计划。确定所需的人力、物力和财力资源，分配到相应的项目和任务中。制订详细的实施计划，包括时间表、责任人和关键里程碑。

2.沟通培训。确保方案的目标、计划和要求得到员工的理解和支持。对员工进行必要的培训和沟通，提高员工对零缺陷管理的认知和参与度。

3.监控评估。建立监控机制，定期评估方案的执行情况和效果。收集相关数据，进行绩效指标的监测和分析，及时发现偏差并采取纠正措施。

四、预期成果

1.缺陷率降低。通过有效的缺陷预防、识别和处理措施，实现产品和服务的零缺陷目标，降低质量问题的发生率。

2.质量提升。改善产品和服务的质量水平，提升组织整体的质量声誉和客户满意度。

3.成本节约。减少因质量问题产生的成本，包括废品、返工、客户索赔等，提高组织的经济效益。

4.流程优化。通过流程改进和标准化，提高工作效率和生产效率，减少资源浪费和重复劳动。

五、保障措施

1.领导支持。组织领导层的积极支持和参与，为方案实施提供强有力的支持和资源保障。

2.培训与教育。提供必要的培训和教育，使员工掌握零缺陷管理的理念、方法和技能，并增强他们的质量意识和责任感。

3.监控与反馈机制。建立监控和反馈机制，定期评估方案的执行情况和效果，并及时调整和改进方案。

4.持续改进文化。倡导持续改进的文化和氛围，鼓励员工积极提出改进建议，并及时反馈和认可优秀的实践。

11.2 六西格玛改善

11.2.1 六西格玛改善实施细则

本细则主要有以下作用：一是通过优化流程、降低缺陷率，提高产品或服务的质量；二是帮助工厂优化业务流程，提高工作效率和生产能力，减少时间浪费、资源浪费和重复劳动；三是减少不必要的成本和资源浪费，提高生产效率和效益。

六西格玛改善实施细则

第1章 总则

第1条 目的

为帮助工厂有效地运用六西格玛方法，解决问题，提高生产效率和效益，并持续改进质量，特制定本细则。

第2条 适用范围

本细则适用于工厂质量改善工作的管理，除另有规定外，均须参照本细则办理。

第2章 项目准备

第3条 项目选择

1.识别关键业务问题和目标，选择适合的六西格玛改善项目。分析组织的关键业务过程，识别可能存在的问题和瓶颈。进行问题优先级评估，确定需要解决的关键业务问题。

2.评估项目所需的资源，包括人力、物力和财力。确定项目的时间范围和时间表，考虑项目执行的可行性。预估项目的预期成果，包括质量改进、效率提升和获取经济效益。

第4条　项目团队组建

1.选择合适的项目负责人，负责项目的规划、执行和监控。指定涵盖不同领域专业知识和技能的团队成员。

2.确定团队成员的培训需求，根据其角色和职责进行培训计划。提供六西格玛培训和指导，帮助团队成员掌握六西格玛方法和工具。

第5条　项目计划

1.制定详细的项目时间表，包括里程碑和关键活动的时间安排。确定项目所需的资源，包括人力、物力和财力的调配计划。

2.根据项目的时间表，明确达成时间。规划可行性评估的时间点，评估项目的进展和可行性。

第6条　数据收集与分析

1.确定数据收集的方法和工具，例如，调查问卷、观察、记录等。确定数据来源，包括内部系统、客户反馈、市场调研等。

2.运用统计方法和六西格玛工具对收集到的数据进行分析。识别潜在的问题和改进机会，找出导致问题的根本原因。

第3章　识别和分析问题

第7条　识别描述问题

1.识别关键业务过程中的问题和瓶颈，如质量问题、效率低下、资源浪费等。收集和整理问题相关的数据和信息，明确问题的性质、范围和影响。

2.分析问题的根本原因和影响，包括对产品质量、客户满意度和业务绩效的影响。确定问题的具体描述，明确问题的性质、范围和严重程度。

第8条　分析根本原因

1.使用六西格玛工具，如因果图、5W1H分析法、统计分析等，识别问题的根本原因，找出问题的主要驱动因素。

2.综合分析因果图、5W1H分析法和统计分析的结果，确定问题的根本原因，并建立因果关系模型。

第4章　设计改善方案

第9条　设定改善目标

1.确定改善目标的性质、范围和具体指标。将改善目标与组织的战略目标相对应，确保改善项目与组织的整体发展一致。

2.确定可衡量的指标和测量方法，用于评估改善的效果。评估改善目标的可实现性，考虑组织资源、能力和时间等因素。

第10条　制定改善方案

1.确定改善方案的具体内容和步骤，包括流程改善、技术改善、培训等。根据六西格玛的原则和方法，设计符合目标的改善方案。

2.识别影响改善目标实现的关键控制点，确保改善方案的有效执行。制订关键活动的计划和时间表，确保改善方案按计划实施。

第11条　进行风险评估

进行风险评估，识别可能出现的障碍和风险，并制定相应的应对措施。

第12条　验证优化方案

1.进行方案的实验和验证，通过试点和样本测试，评估方案的有效性和可行性。

2.根据实验结果和反馈意见，对方案进行优化和调整，确保最终方案的可行性和可持续性。

第5章　实施改善方案

第13条　沟通和培训

1.进行项目启动会议和沟通，确保团队成员对项目目标和工作计划的理解和认同。

2.提供必要的培训和指导，提升团队成员的六西格玛知识和技能，确保方案的顺利实施。

第14条　实施改善方案

1.指定改善方案的负责人，负责方案的执行和协调。组建执行团队，确保方案的顺利实施。

2.分配必要的资源，包括人力、物力和财力。制订详细的实施计划，明确任务分工、时间安排和进度控制。

3.按照实施计划和步骤，逐步执行改善方案。记录实施过程中的关键数据、结果和经验教训。

第15条　数据监控与分析

1.收集和监控实施过程中的数据，进行统计分析和趋势监测，评估改善方案的效果。

2.利用六西格玛的工具和方法，如控制图、过程能力分析等，跟踪和分析数据，发现异常和潜在问题。

第16条　改进措施的调整与优化

1.根据数据分析的结果，及时调整和优化改善措施，确保改进方案的有效性和持续改进的方向性。

2.建立反馈机制和经验分享平台，促进团队成员之间的学习和交流，加速改进实施的速度和效果。

第17条　制定监控机制

设计监控和评估的指标和方法，用于跟踪改善方案的执行和效果。确定监控和评估的时间点和频率，及时调整方案和纠正偏差。

第6章　附则

第18条　编制部门

本细则由×××部负责编制、解释与修订。

第19条　生效日期

本细则自颁布之日起生效。

11.2.2　六西格玛改善实施方案

本方案主要解决以下问题：一是产品或服务质量问题。本方案可降低产品或服务的缺陷率，减少不良品率，提高产品或服务的质量水平。二是流程效率问题。本方案能优化业务流程，减少浪费和重复加工现象，提高生产效率和工作效率。三是成本控制问题。本方案可降低成本，减少浪费和不必要的资源消耗。

六西格玛改善实施方案

一、问题

1.生产线上的缺陷率高，存在过多的产品缺陷，导致不良品率较高。

2.交付时间不稳定。交付时间波动较大，导致客户满意度下降。

3.浪费和重复加工现象频繁发生。存在大量无效的操作和重复加工，浪费了资源和时间。

二、方案设计

1.团队组建。组织跨职能团队，包括管理层、技术专家和操作人员，以确保方案的全面性和可行性。团队应具备六西格玛知识和经验，能够有效地应用六西格玛工具和方法。

2.流程分析。对目标业务流程进行全面的分析和评估，确定关键环节和可能存在问题的地方。通过价值流图、流程图等工具，识别出主要的瓶颈和改善点。

3.数据收集。收集相关数据以评估当前业务流程的性能，并确定改善的方向。数据收集可以包括生产数据、质量数据、客户反馈等。通过数据分析，可以找出问题的根源。

4.核心问题识别。通过数据分析和统计方法，确定导致问题的核心因素，并制定改善目标。采用六西格玛工具，如因果图、散点图等，找出问题的主要原因，并明确改善目标。

5.解决方案制定。基于问题的核心因素，团队提出一系列具体的改善措施，并制订详细的实施计划。确保改善方案的可行性，并明确责任人和时间表。

三、方案执行

1.培训和教育。对参与方案的团队成员进行必要的培训和教育，以确保他们理解六西格玛方法和工具的正确使用。提供培训课程和实践机会，帮助团队成员熟悉并掌握六西格玛的方法和技能。

2.改善措施实施。按照实施计划，逐步推进改善措施的实施，确保各项措施的有效性和可持续性。建立明确的改善目标和关键绩效指标，并定期跟踪和评估改善的进展。

3.监控和控制。建立监控机制，跟踪改善措施的实施情况，并及时调整和纠正，以保证目标的达成。制定数据收集和分析的方法，监测关键指标的变化，并采取纠正措施，确保改善的持续性。

四、预测成果

1.缺陷率降低。通过减少变异和优化流程，缺陷率将显著降低。采用六西格玛的工具如控制图、检测图等，实时监控并控制缺陷率。

2.交付时间稳定。通过改善流程和消除浪费，交付时间将更加稳定和可靠。使用六西格玛的价值流图和时间分析，找出流程中的瓶颈和时间浪费点，并进行优化。

3.质量和效率提升。改善后的流程将提高质量和效率,降低成本并提高客户满意度。通过六西格玛的数据分析和过程能力分析,找出改善点并持续优化流程。

五、保障措施

1.领导支持。组织高层领导应提供资源和支持,确保方案的顺利实施。高层领导应积极参与并推动改善活动,并为改善团队提供必要的权力和支持。

2.绩效考核。建立与改善目标相一致的绩效考核机制,激励团队成员积极参与改善活动。将改善结果纳入绩效考核体系,利用奖惩机制激发团队成员的积极性和创造力。

3.持续改善。建立持续改善机制,通过定期评估和反馈,不断完善和优化改善方案。建立沟通渠道和改善反馈机制,鼓励团队成员提出改善建议,并及时采纳和落实。

4.信息共享。确保团队成员之间和各级别之间的信息共享。定期举行会议、工作坊和培训活动,让团队了解项目目标、进展和结果,并提供机会让团队成员提出问题和建议。

5.跨功能合作。促进不同部门和团队之间的合作与协调。六西格玛改善通常涉及多个部门和职能的协同工作,建立跨部门团队和共享目标,有助于加速改进过程。

6.创造性思维。鼓励团队成员提出创新想法和解决方案。为团队提供创造性思维培训和工具,激励他们主动参与改善活动,并鼓励他们给予积极的反馈和建议。

7.反馈机制。建立一个开放的反馈机制,鼓励团队成员提供改进建议和意见。定期召开回顾会议,讨论改进的效果和潜在的改进机会。

8.风险管理包括风险识别、风险评估、风险监控。风险识别即在方案设计和实施过程中,识别可能影响改进成功的风险和障碍,如人员变动、资源限制、技术难题等。风险评估即对识别的风险进行评估,确定其潜在影响和可能性。根据评估结果,制定相应的应对策略和预防措施。风险监控即建立风险监控机制,定期跟踪和评估风险的发展情况,并采取相应的措施应对和管理。

11.3　全面质量管理

11.3.1　全面质量管理实施细则

本细则主要有以下作用：一是提高质量水平，减少缺陷和质量问题，提升客户满意度；二是优化资源利用，提高生产效率，降低维修和报废的成本；三是通过优质的产品和良好的服务赢得客户的信任和口碑，提高市场份额，促进业务增长。

全面质量管理实施细则

第1章　总则

第1条　目的

为提升质量管理能力、优化流程和提供优质产品与服务，从而满足客户需求并提高工厂的绩效，特制定本细则。

第2条　适用范围

本细则适用于推行全面质量管理工作的管理，除另有规定外，均须参照本细则办理。

第2章　质量战略管理

第3条　战略定向

1.领导层应制定明确的质量政策，包括对质量的承诺和期望。质量政策应与工厂的使命、愿景和价值观相一致。

2.领导层应确定具体、可衡量和可追踪的质量目标。质量目标应与组织战略目标相一致，并可量化和评估。

3.领导层应确保充足的资源投入，包括人力、物力和财力。资源投入应满足质量管理活动的需求，促进持续改进和卓越绩效。

第4条　战略规划

1.领导层应制订全面质量管理的战略规划和实施计划。战略规划应包括质量目标的设定、资源的分配和执行的监控。

2.领导层应定期评估质量管理的绩效和效果。基于评估结果，领导层应进行回顾和调整，确保质量管理的持续改进。

第5条　风险管理

领导层应识别和评估与质量相关的风险，并制定相应的应对措施。风险管理应包括预防控制、纠正措施和持续改进。

第3章　质量文化与员工管理

第6条　培养质量意识

1.开展培训和教育活动，提高员工的质量意识和专业技能。通过内部沟通和宣传，传递质量价值观和标准。

2.倡导开放、透明和积极的沟通氛围。鼓励跨部门合作和知识分享，促进质量改进和问题解决。

第7条　鼓励员工参与

1.提供员工参与质量管理活动的机会，如问题识别、改进提案等。鼓励员工积极参与团队和跨部门的质量项目。

2.成立自主质量团队，由员工自主组织和推动质量改进活动。提供培训和资源支持，激励团队成员的积极参与。

第8条　制定奖励机制

1.设立奖励和认可机制，表彰对质量改进有贡献的员工。提供激励措施，鼓励员工积极参与质量活动和创新。

2.提供质量培训和发展机会，提升员工的质量技能和知识。支持员工参加相关的质量认证和学术活动。

第9条　建立反馈机制

建立员工反馈和改善机制，鼓励员工提出问题和改进建议。对员工的反馈和建议进行认真回应和处理。

第4章　流程管理和持续改进

第10条　流程管理

1.制定流程规范和标准，确保流程的一致性和可追溯性，确定流程执行的关键要点和要求。

2.设定流程绩效指标，对流程执行进行评估和监控。通过数据分析和反馈机制，识别流程改进的机会和问题。

3.使用流程改进工具和方法，优化现有流程的效率和质量。鼓励员工参与流程改进，并落实改进措施。

第11条 持续改进

1.识别和管理改进项目，确保项目按时、按质完成。制定改进项目的目标、计划和资源分配。

2.收集和分析质量相关的数据，基于数据做出改进决策。使用统计工具和方法，分析和解释数据，推动改进行动。

3.评估和记录改进成果，与组织内外分享和交流经验。建立改进成果的认可和奖励机制，激励持续改进的努力。

第5章 供应商管理

第12条 供应商评估

1.制定供应商选择和评估的标准和程序。对潜在供应商进行评估，包括质量能力、交货能力和服务能力等方面。

2.建立供应商绩效评估的指标和方法。定期评估供应商的绩效，包括质量、交货和服务等方面。

第13条 供应合同管理

确定合同管理的流程和责任人。签订明确的合同，明确质量要求、交货期限和服务条款等。

第14条 供应链协同

与供应商建立良好的合作关系，实现供应链协同。共享信息，合作解决问题，共同提高供应链的效率和质量。

第6章 客户满意度管理

第15条 客户需求管理

1.了解客户的需求和期望，确保产品或服务的符合性。建立有效的需求管理和沟通机制，确保准确理解客户的需求。

2.建立客户反馈和投诉处理机制。及时回应客户的反馈和投诉，并采取适当的措施进行改进。

第16条　客户满意度评估

1.及时了解客户的意见。定期评估客户满意度，了解客户对产品或服务的评价和意见。

2.建立良好的客户关系，包括沟通、合作和信任。提供优质的客户服务，保持与客户的长期合作关系。

第7章　附则

第17条　编制部门

本细则由×××部负责编制、解释与修订。

第18条　生效日期

本细则自颁布之日起生效。

11.3.2　全面质量管理实施方案

本方案主要解决以下问题：一是产品质量不稳定的问题。实施本方案，能降低产品质量的波动性，提高产品的稳定性和一致性。二是缺陷率偏高的问题。实施本方案，能及时发现和纠正质量缺陷，降低缺陷率，提升产品质量水平。三是生产效率低下的问题。实施本方案，能消除不必要的环节和浪费，提高生产效率。同时，通过持续改进，提升工作效率和操作技能。

全面质量管理实施方案

一、问题

工厂面临着诸多质量管理方面的问题，如产品质量不稳定、缺陷率偏高、客户投诉频繁、生产效率低下等，这些问题严重影响着工厂的声誉、客户满意度和竞争力。

二、方案设计

1.目标设定

全面质量管理实施方案的首要任务是设定明确的目标，如提高产品质量、降低缺陷率、提升客户满意度、提高生产效率等。

2. 质量管理体系建立

选择适用的质量管理标准，并在此基础上制定质量管理手册、程序文件等。这些文件应该明确规定质量管理的原则、要求和流程。

3. 流程规范和优化

通过明确定义各个环节的责任和流程步骤，确保流程的一致性和可追溯性。同时，利用流程改进工具和方法，如流程图、价值流分析等，优化现有流程，减少浪费和不必要的环节。

4. 员工培训和参与

培养员工的质量意识和技能对于全面质量管理至关重要。组织应该提供全面的质量培训，涵盖质量管理的基本知识、质量工具和方法的应用等。此外，建立员工参与机制，鼓励员工积极参与质量管理活动，如问题解决、改进项目等，以激发其贡献和创造力。

5. 数据分析和决策支持

全面质量管理需要基于数据进行决策和改进。建立数据收集和分析机制，监控和分析关键质量指标和绩效数据。利用统计工具和方法，分析数据的趋势和模式，识别问题的根本原因，并制定相应的改进措施。

三、方案执行

1. 建立执行团队

成立专门的全面质量管理执行团队，由具备相关经验和技能的人员组成。明确团队成员的角色和职责，并分配具体的任务，确保方案的顺利执行。

2. 推动质量文化

质量文化是全面质量管理的核心，需要由领导层起带头作用。领导层应向组织成员传达质量的重要性，并营造积极的质量文化氛围。通过内部沟通、培训和教育，增强员工对质量的认识和理解，激发其对质量的责任感和积极性。

3. 执行改进措施

持续改进是全面质量管理的核心原则之一。定期评估关键流程，识别改进机会，并制订改进计划。执行改进措施时，采用PDCA管理方法，即计划、执行、检查和行动，不断优化流程和提升绩效。

4.供应商管理和客户满意度

组织的供应商和客户是质量管理的重要利益相关者。建立供应商管理体系，选择和评估合适的供应商，并与其建立良好的合作关系。同时，重视客户需求，建立有效的客户反馈机制，处理客户投诉，并定期进行客户满意度评估。

四、预期效果

1.提高产品质量，减少缺陷率，提升产品的可靠性和一致性。

2.提高生产效率，降低成本，减少浪费和资源消耗。

3.提升客户满意度，满足客户的需求，增强客户的忠诚度。

4.建立良好的声誉和品牌形象，树立组织在市场中的信誉。

五、保障措施

1.提供足够的资源支持，包括人力、物力和财力。

2.建立监督和评估机制，定期对方案的执行情况进行检查和评估。

3.持续改进方案，根据评估结果和反馈意见，及时调整和改进方案内容和执行方式。

11.4　QCC 质量改善

11.4.1　QCC质量改善实施细则

本细则主要有以下作用：一是提高产品或服务质量，帮助工厂识别和解决质量问题，改善产品或服务的质量水平，为客户提供更好的体验；二是鼓励团队成员之间的合作与协作，通过集思广益，共同解决问题，促进团队凝聚力和工作效能的提升；三是帮助工厂提高竞争力，树立良好的品牌形象，获得客户的信任和满意度，从而在市场上占据优势地位。

QCC质量改善实施细则

第1章　总则

第1条　目的

为了帮助工厂在质量改善活动中明确目标、制订计划、实施措施,并评估效果,特制定本细则。

第2条　适用范围

本细则适用于QCC质量改善实施工作的管理,除另有规定外,均须参照本细则办理。

第2章　组织结构管理

第3条　成立改善小组

1.由高层管理人员和各部门代表组成,负责制定和推动QCC质量改善的战略和政策,监督和评估活动的进展和成果,并提供必要的资源支持。

2.改善小组应定期召开会议,讨论和决策与QCC活动相关的重要事项。

第4条　确定角色职责

明确团队成员的角色和职责是高效运作的关键,小组领导负责制定整体的质量改善策略和目标,负责协调各个部门的QCC活动,制订具体的QCC方案和行动计划,小组成员负责实施和监督QCC活动。

第5条　提供培训和支持

1.为确保QCC改善小组具备必要的知识和技能,工厂应提供相关的培训和支持。培训内容包括QCC方法学、问题解决技巧、团队合作和数据分析等方面的内容。

2.工厂要提供必要的资源和工具,如质量管理手册、数据收集和分析工具等,以支持QCC质量改善工作。

第6条　建立协作机制

1.工厂通过定期举行QCC会议、工作坊和座谈会,促进团队成员之间的交流和经验分享。

2.利用协作工具和平台,如在线项目管理工具、团队社交平台等,可以提高团队之间的协作效率和便捷性。

第3章 识别分析质量问题

第7条 收集分析数据信息

小组可以从多个来源获取数据,如质量报告、客户反馈、生产过程数据等。通过分析这些数据,了解当前的质量状况、存在的问题和潜在的改进机会。

第8条 识别潜在质量问题

工厂可以使用流程图、因果图、直方图、散点图等工具来分析数据,找出潜在的根本原因和关联性。工厂还可通过头脑风暴、5W1H分析法等创新方法,广泛收集各种问题和改进的想法。

第9条 筛选选择质量问题

根据改善目标、关键绩效指标和工厂的战略重点,对收集到的问题进行筛选和排序。优先选择那些对质量和绩效产生重大影响的问题,以确保改善活动的效果和成果最大化。

第10条 明确解决测量指标

指标应该能够衡量改善的成果和效果,以便在实施过程中进行监控和评估。指标可以包括质量指标、绩效指标、客户满意度指标等,具体根据问题的性质和目标的要求来确定。

第4章 设计评估解决方案

第11条 生成解决方案

改善小组可运用头脑风暴、质量工具等多种方法,鼓励成员积极参与,提出各种创新的解决方案。同时,可以借助流程改进、技术创新、员工培训等工具来支持解决方案的生成和设计。

第12条 评估最佳方案

根据问题的复杂性、成本效益、可行性等因素,对提出的解决方案进行综合评估,可以使用决策矩阵、成本效益分析、风险评估等方法来辅助评估过程。最终,改善小组应选择最佳解决方案,以便在实施过程中取得最大的改善效果。

第13条 制订实施计划

实施计划应包括具体的任务、时间表、责任人等信息,以确保解决方案的有效实施。团队成员应明确各自的角色和职责,并确保所需的资源和支持可用。

第5章 实施监督解决方案

第14条 实施解决方案

按照解决方案实施计划，有序地进行实施工作。团队成员应按照各自的角色和责任，积极参与实施过程。在实施过程中，应确保所需的资源、设备和培训等支持措施得到有效提供，并及时解决实施中的问题和障碍。

第15条 监控实施进展

1.改善小组应定期进行进度跟踪，确保实施工作按计划进行。可以使用进度表、里程碑计划等工具来监控实施的进度和完成情况。

2.改善小组应建立有效的沟通机制，确保信息畅通，及时获取实施过程中的反馈和意见。

第16条 分析实施数据

收集并分析实施过程中的相关数据，包括质量指标、绩效指标、问题解决的效果等。通过分析这些数据，团队可以评估实施的效果和成效，及时发现并解决潜在的问题和风险。

第17条 评估方案效果

改善小组应根据事先设定的解决方案评估指标，对解决方案的效果进行评估。评估结果可以用来验证解决方案是否达到预期目标，为后续的改进提供依据。

第6章 附则

第18条 编制部门

本细则由×××部负责编制、解释与修订。

第19条 生效日期

本细则自颁布之日起生效。

11.4.2 QCC质量改善实施方案

本方案主要解决以下问题：一是产品或服务质量问题。实施本方案，能够降低产品缺陷率，提高产品的可靠性和耐久性，从而提升客户满意度。二是流程效率问题。实施本方案，可以减少浪费和瓶颈，提高工作效率和生产效率。三是团队协作和沟通问题。实施本方案，可以提高团队的协作能力和问题解决能力，增强团队的凝聚力和合作精神。

QCC质量改善实施方案

一、问题

在实施QCC质量改善过程中，需要明确核心问题。以下是一些常见的问题。

1.产品质量问题：产品缺陷、不合格率高、持续性质量投诉等。

2.流程效率问题：生产、采购、供应链等流程的低效、浪费、延误等问题。

3.客户满意度问题：客户投诉频繁、反馈不满意、客户流失等。

4.成本控制问题：生产成本过高、物料浪费、不合理的人力资源利用等。

二、方案设计

1.目标设定。明确改善的目标，确保与组织的整体战略目标相一致。目标应该是具体的、可量化的和可达到的。

2.分析根本原因。通过深入的数据分析和根本原因分析，确定问题的根本原因，以制定有针对性的改善方案。可以使用质量工具和技术，如因果图、5W1H分析法、散点图等。

3.制定改善策略。根据问题分析和数据分析结果，制定改善策略。例如，可以采用流程改进、质量培训、团队协作等策略来解决问题。

4.制订行动计划。根据改善策略，制订详细的行动计划。行动计划应包括具体的任务、责任人、时间表和资源需求，确保每个行动项都有明确的指导和执行计划。

5.风险评估与管理。评估改善方案的潜在风险，并制订相应的风险管理计划。在制定方案时，应考虑潜在的障碍、资源限制、人员反对等风险，并制定应对措施以降低风险。

6.方案评估和选择。评估和比较不同的改善方案，选择最具可行性和预期效果的方案。评估可以包括成本效益分析、资源需求评估、风险分析等。

三、方案实施

1.组织与协调项目。建立质量改善项目组，明确成员角色和责任，确保各项任务按计划进行，并及时解决问题和调整计划。项目组应由跨部门的成员组成，以确保全面性和协同性。

2.沟通与培训。确保团队成员之间的有效沟通，并提供必要的培训和指导，以支持他们在改善项目中的工作。沟通和培训可以包括定期会议、培训课程、经验分享等形式。

3.实施改善措施。按照行动计划，逐步实施改善措施。应设立监测和评估机制，以确保改善措施的有效性和可持续性。及时调整方案和计划，以应对实施过程中的问题和挑战。

4.风险管理。在实施过程中，密切关注潜在风险，并采取相应的风险管理措施，以确保项目顺利进行。风险管理包括风险识别、评估、规避和应对措施的制定和执行。

四、预期效果

1.提高产品或服务质量。实施改善方案应使产品或服务质量得到显著提升，包括降低缺陷率、提高可靠性和耐久性等。这将带来更高的客户满意度和忠诚度。

2.提高工作效率。通过改进流程、减少浪费和优化资源利用，可以提高工作效率和生产效率，实现更好的时间和成本控制。

3.提高客户满意度。通过解决客户关注的问题和改进关键过程，提供更好的产品或服务，增强客户满意度，提升品牌声誉。

4.提升团队能力。改善项目的实施将促进团队合作和学习，提升团队成员的技能和能力，为组织的长远发展打下基础。

五、保障措施

1.领导支持。组织高层领导需要给予充分的支持和资源，以确保改善项目的顺利推进。领导的参与和承诺对项目的成功至关重要。

2.持续监控与评估。建立有效的监控和评估机制，定期对改善项目的进展和效果进行评估，并及时调整方案和行动计划。监控和评估可包括定期报告、指标追踪、客户反馈等。

3.奖励与认可机制。建立激励机制，鼓励团队成员的积极参与和贡献，提高改善项目的成功率。可以设立奖励制度，表彰优秀个人和团队。

4.知识管理与传承。确保改善项目的经验和知识得到有效管理和传承，以支持未来的质量改善活动。建立知识库、分享会议和培训计划，确保团队成员能够从过去的经验中学习和应用。

11.5　改进质量管理精进化实施指南

11.5.1　产品质量分析管理办法

本办法主要有以下作用：一是帮助工厂发现产品质量问题，找出问题的根本原因，并采取相应的措施进行改进；二是提升产品质量水平，通过系统的质量分析和管理，深入了解产品质量的现状和趋势，找到改进的空间和机会；三是优化生产过程，提高生产效率和产能利用率，降低成本，减少资源浪费，提升工厂的经济效益。

产品质量分析管理办法

第1章　总则

第1条　目的

为了更好地规划和组织产品质量分析工作，提升产品质量水平，满足客户的需求，并实现持续改进，特制定本办法。

第2条　适用范围

本办法适用于产品质量分析工作的管理。

第2章　产品质量管理体系

第3条　明确产品质量管理目标

基于市场需求、客户期望及企业自身的战略目标，明确产品质量的目标和指标。如提高产品的性能和可靠性，减少质量问题的发生率，提高客户满意度等。指标可以包括产品缺陷率、客户投诉率、产品可用性等。

第4条　设计产品质量管理流程

1.流程包括产品设计、原材料采购、生产过程控制、产品检测和测试、质量问题处理等环节。

2.在设计产品质量管理流程时，需要考虑流程的顺畅性、协调性和可追溯性，以确保产品质量的可控性和可管理性。

第5条 制订产品质量分析计划

为了实现产品质量管理目标，要制订一系列的策略和计划，包括质量数据收集和分析的方法和频率、问题识别和评估的流程、改进措施的制定和实施方式等。

第3章 实施产品质量分析

第6条 确定数据收集范围

在实施产品质量分析管理前，应明确需要收集的数据内容和范围，一般包括产品参数、性能指标、质量指标、客户反馈等。

第7条 设计数据收集流程

1.需要确定数据采集的时间点、采集的频率、采集的方式等。同时，还需要建立数据收集的流程，明确数据收集的责任人和步骤，确保数据的及时性和完整性。

2.在数据收集完成后，需要对所收集的数据进行整理和归档，以便后续进行数据分析和处理。同时，还需要确保数据的安全性和保密性，防止数据泄露和损坏。

第8条 使用统计分析方法

在数据分析和评估阶段，可以运用统计分析方法对收集到的数据进行处理和分析。例如，计算平均值、标准差、变异系数等统计指标，绘制质量控制图、直方图等图表，以揭示数据的变化规律和趋势。通过统计分析，可以对产品质量状况进行客观评估。

第9条 进行数据比较分析

追踪产品质量的变化趋势，发现潜在的问题和改进的机会，将产品与竞争对手的产品或行业标准进行比较，评估产品的相对优势和劣势，为改进提供参考。

第10条 识别产品质量问题

1.通过质量数据分析和监控，识别出产品存在的质量问题。将识别出的问题进行分类和优先级排序，以便有针对性地进行解决。

2.常见的问题分类包括设计问题、生产问题、供应商问题、客户问题等。

第11条 分析问题发生的根本原因

通过数据分析和评估，可以识别出存在的质量问题，并进行根本原因分析。可以运用鱼骨图、5W1H分析法、因果关系图等工具，找出问题发生的根本原因。通过问题识别和根本原因分析，为制定改进措施提供依据。

第4章　产品质量改进管理

第12条　设立质量改进目标

通过产品质量绩效和与客户的沟通，识别当前产品质量的优势和不足，并确定新的质量目标。这些目标应该是具体的、可衡量的和可达到的，并与企业的战略目标相一致。

第13条　制订改进计划表

根据评估的结果和确定的质量目标，制订改进计划和时间表。计划应明确改进的重点和优先级，并确定实施改进措施的具体步骤和时间节点。

第14条　建立改进反馈机制

建立改进反馈机制，鼓励员工提出改进建议和意见。可以设立反馈渠道，如意见箱、在线平台等，让员工能够随时向管理层反映质量问题和提出改进建议。同时，要确保对员工的反馈进行及时回应和跟进。

第15条　提供奖励认可机制

1.为了鼓励员工积极参与质量改进，可以建立奖励和认可机制。可以设立奖项，表彰在质量改进方面做出杰出贡献的个人或团队。

2.要及时给予员工积极的反馈和肯定，提高员工对持续改进的动力和参与度。

第16条　建立改进追踪机制

1.对于实施的改进措施，需要建立追踪和评估机制。跟踪改进措施的实施进展和效果，及时调整和优化措施，确保改进的可持续性。

2.评估改进措施的有效性，通过对比改进前后的质量指标和绩效，评估改进措施的成效。

第5章　附则

第17条　编制部门

本办法由×××部负责编制、解释与修订。

第18条　生效日期

本办法自××××年××月××日起生效。

11.5.2 质量改进工作推进方案

本方案主要解决以下问题：一是产品缺陷率高。通过本方案，分析和解决产品缺陷的根本原因，降低缺陷率。二是生产效率低下。通过本方案，消除浪费和瓶颈，提高生产效率，减少生产时间和成本。三是品质控制不严格。通过本方案，建立和强化严格的品质控制体系，确保产品在制造过程中符合质量标准和规范，提高产品质量稳定性和一致性。

质量改进工作推进方案

一、问题

1.缺陷率高。产品存在较高的缺陷率，导致客户投诉率上升。

2.交付延迟。产品交付周期长，无法满足客户的即时需求。

3.生产效率低。生产过程中存在浪费和瓶颈，导致生产效率低下。

二、方案设计

1.过程优化。对生产过程进行全面审视，优化关键环节和流程，消除浪费和瓶颈，提高生产效率。

2.品质控制强化。加强品质控制，引入先进的质量管理工具和技术，建立可靠的质量控制体系。

3.培训与技能提升。组织培训和学习活动，提升员工的质量意识和技能水平，确保他们具备解决问题和推动改进的能力。

4.客户导向。深入了解客户需求，与客户进行密切沟通和合作，不断提升产品的质量和价值，满足客户的期望。

5.数据驱动决策。建立数据收集和分析机制，基于数据的决策，及时发现和解决问题，推动持续改进。

6.跨部门协作。促进各部门之间的协作和沟通，打破信息孤岛，共同推进质量改进工作。

三、方案执行

1.制订详细计划。针对每个具体方案，制订详细的执行计划，明确责任人、时间表和关键里程碑。

2.分阶段推进。将质量改进工作分阶段进行,确保每个阶段的目标和任务清晰可行,并进行有效的监控和评估。

3.资源配置。合理配置人力、物力和财力资源,确保方案的执行得到充分支持。

4.激励机制。建立激励机制,鼓励员工积极参与质量改进工作,并认可和奖励卓越表现。

5.持续改进。通过定期评估和反馈机制,不断调整和改进方案的执行,确保质量改进工作能够持续推进。

四、成果预测

1.产品质量提升。通过质量改进措施的执行,产品质量将显著提升,缺陷率和客户投诉率将大幅降低。

2.交付效率提高。优化生产过程和流程后,产品交付周期将缩短,能够更及时地满足客户需求。

3.经济效益增加。质量改进将降低成本和资源浪费,提高生产效率和利润水平,实现可持续发展。

4.客户满意度提升。产品质量的提升将使客户满意度显著提高,增强客户对企业的忠诚度和口碑。

5.持续改进文化。通过质量改进工作的推进,培养和建立持续改进的文化,激发员工的创新和改进意识。

五、保障措施

1.领导支持。确保公司高层领导对质量改进工作的支持和重视,提供资源和决策支持。

2.培训与培养。为员工提供必要的培训和发展机会,提升他们的质量意识和能力。

3.持续改进机制。建立持续改进的机制和流程,定期评估和改进质量改进工作的执行效果。

4.内部协作。加强各部门之间的沟通和协作,形成协同推进质量改进工作的合力。

5.客户参与。积极与客户沟通和合作,倾听客户需求和反馈,将客户参与纳入质量改进的过程中。

6.持续学习。关注行业和技术的最新发展成果,不断学习和应用新的质量管理工具和技术。

第 12 章

质量成本控制精益化

12.1 质量成本控制

12.1.1 预防成本控制办法

本办法主要有以下作用：一是可以有效降低产品质量问题的发生，减少由此带来的损失和成本，从而提高工厂的经济效益；二是可以提高产品的质量，提高市场竞争力，从而增强工厂的竞争力和品牌形象；三是能够更好地适应市场的变化，提高市场的应变能力。

预防成本控制办法

第1章 总则

第1条 目的

为了加强工厂质量管理，降低质量成本，提高工厂盈利能力，预防质量问题的发生，特制定本办法。

第2条 适用范围

本办法适用于工厂所有质量预防成本的管理工作。

第3条 词语解释

预防成本指为预防和控制产品和服务质量问题而发生的各项成本，包括管理、培训、检测、监督等方面的成本。

第4条 管理职责

1.工厂应设立质量成本管理部门，负责全面统筹、协调和管理工厂质量预防成本工作。

2.质量成本管理部门应配备专业人员，具体职责包括但不限于制定和实施质量预防成本控制目标、负责培训、监督和评价等工作。

3.工厂须成立质量预防成本控制工作领导小组，由质量管理部经理担任组长，相关部门和人员参加，负责制订并监督执行工厂质量预防成本控制计划。

第2章　成本管理与制度控制

第5条　成本管理控制

1.工厂应按照产品质量特点和质量风险分析结果，合理设定质量预防成本指标，定期进行调整和评价。

2.工厂应加强对供应链质量管理的控制，明确供应商质量管理责任和义务，进行质量认证和监督，提升供应链的品质水平。

3.工厂应建立质量成本核算体系，确保成本核算准确、及时，为决策提供有效的数据支持。

4.工厂应建立成本控制标准，建立成本控制目标管理制度，对质量预防成本控制目标进行分解和落实。

第6条　制度管理控制

1.工厂应制定相关管理制度和规范，如质量预防成本控制流程、各项成本控制制度、员工绩效考核制度等，确保各项工作顺利进行。

2.工厂应建立质量风险评估与防控制度，通过对不同工序、产品质量风险进行分析，制定相应的控制措施，降低风险成本。

3.工厂应建立质量监控制度，定期对产品进行检验和测试，完善记录管理，及时发现和纠正产品质量问题，避免成本的进一步增加。

4.工厂应建立售后服务管理制度，解决消费者的退换货和维修问题，减少由于售后服务问题引起的质量成本，提高客户满意度。

5.工厂应建立质量投诉处理制度，对于消费者的质量问题投诉，应该及时回应，进行调查处理，并对造成的影响进行整改和补偿。

6.工厂应建立质量管理文件制度，如质量手册、程序文件、工艺文件等，确保质量管理的有效实施和跟踪。

第3章　供应与过程控制

第7条　原材料控制

为了控制工厂预防成本，在进行原材料管理时，应执行以下内容。

1.严格执行采购合同，对原材料进行质量检验和认证。

2.加强原材料储存和管理，以避免受潮、被污染等。

3.优化供应链结构，缩短采购周期和库存周转时间。

4.引进先进的物流管理技术,提高供货效率和准确性。

5.合理规划原材料使用数量和比例,降低成本,提高利润。

第8条 技术控制

为了控制工厂预防成本,在进行技术管理时,应执行以下内容。

1.建立完善的产品设计、试验、验证和评价体系,确保产品符合标准和客户需求。

2.制定科学的工艺流程,按照工艺要求开展生产,以确保产品质量和稳定性。

3.对关键环节的设备进行定期维护和检修,确保设备状态稳定。

4.加强供应商管理,制定严格的供货质量标准和认证要求,确保原材料和零部件质量。

5.研发新技术和新产品,提升工厂核心竞争力。

第9条 设备控制

为了控制工厂预防成本,在进行设备管理时,应执行以下内容。

1.选用可靠性高、稳定性好的设备,减少设备故障率和停机时间。

2.对设备进行规范化管理,建立设备档案和保养计划,确保设备状态稳定。

3.加强设备维修和保养,推行预防性维护,延长设备使用寿命。

4.定期对设备进行技术升级和改造,提高设备自动化程度和生产效率。

5.引进智能化设备和机器人技术,提高生产效率和质量稳定性。

第4章 综合管理控制

第10条 培训与评价

1.工厂应定期组织质量预防成本管理培训,以提高员工对质量管理重要性的认识和能力,培养员工的质量意识。

2.工厂应建立质量能力评价机制,通过考核和评价工厂全体员工的质量能力和贡献,鼓励员工参与质量预防成本控制工作。

3.工厂应定期对质量预防成本控制工作进行评估和检查,及时发现问题和缺陷,并采取措施加以改进和优化。

4.工厂应建立绩效考核机制,将质量预防成本控制目标纳入绩效考核体系,并对绩效进行公正、透明、科学的评价。

第11条　信息管理

1.工厂应建立质量信息管理系统，对产品和服务的质量问题进行跟踪和记录，为质量预防成本控制提供数据支持。

2.工厂应建立质量数据库，记录和分析产品质量数据、客户反馈数据、质量成本数据和市场情况等相关信息，提高质量预防成本统计和分析的精度与时效性。

3.工厂应建立质量报告制度，及时向上级机构或行业管理部门提交质量成本报告、质量风险评估报告、产品质量报告、售后服务报告等。

第12条　激励机制

1.工厂应根据员工在质量预防成本控制工作中的贡献和表现，制定相应的激励机制，如奖励制度、职称晋升等。

2.采取多种形式宣传和表彰在质量预防成本控制工作中取得显著成绩的集体和个人，激励广大员工积极参与和支持质量预防成本控制工作。

第13条　监督与问责

1.工厂应建立质量预防成本控制监督机制，将质量预防成本控制纳入工厂质量管理监督考核体系，督促各部门和人员履行监督责任。

2.工厂应建立质量预防成本控制违规处理制度，对于违反相关规定和制度的人员和部门，按照规定进行问责和纠正。

3.工厂应建立质量信息公开机制，定期向内外部公开本工厂的质量预防成本控制情况，增强工厂的透明度和公信力。

第5章　附则

第14条　编制单位

本办法由质量管理部负责编制、解释与修订。

第15条　生效日期

本办法自××××年××月××日起生效。

12.1.2　故障成本控制办法

本办法主要有以下作用：一是控制质量故障成本，减少因质量问题导致的损失和浪费，提高产品质量，增加工厂经济效益；二是促进工厂现代化管理水平的提高，使工厂管理规范化、科学化；三是通过分析故障原因和成本构成，采取有效措施进行改进，从而实现质量、成本和效益的优化，促进工厂的持续改进和创新。

故障成本控制办法

第1章 总则

第1条 目的

为了规范质量故障成本的管理和控制，降低质量故障率，提高产品质量，降低工厂运营成本，特制定本办法。

第2条 适用范围

本办法适用于工厂内所有故障成本的管理工作。

第3条 质量故障成本的分类

工厂应将质量故障成本分为内部成本和外部成本。

1. 内部成本包括人工成本、机器设备维修成本、备件更换成本、生产线停机成本、巡检成本、产品检测成本等。

2. 外部成本包括客户索赔成本、产品回收成本、维修成本、售后服务成本等。

第2章 质量故障的预防与监控

第4条 质量故障预防措施

1. 工厂应注重对产品或服务的设计预防，避免设计缺陷可能导致的质量故障成本。

2. 工厂应加强对供应链的质量控制，确保采购的原材料、零部件符合工厂的标准，从而提高物料采购质量水平，并预防供应链质量问题给工厂带来的质量故障成本。

3. 工厂应加强对生产过程的质量管理，设置检验关口，采用先进的生产技术和管理手段，预防生产过程中可能导致的质量故障成本。

4. 工厂应注重员工培训，提高员工的技能、岗位责任感和安全意识，预防员工错误操作可能导致的质量故障成本。

5. 工厂进行持续改进，完善产品设计和生产工艺，提高产品质量稳定性。

6. 工厂应建立健全售后服务机制，积极回应客户需求，及时解决产品使用中的质量问题，预防售后服务成本带来的质量故障成本。

第5条 质量故障监控措施

1.工厂应建立质量故障成本监控体系，对质量故障成本进行全面、准确、及时地监控和调度。

2.建立质量故障数据库，收集质量故障信息，并进行分类分析，监控指标应包括各项成本的预算、实际成本、差异分析、存在的问题及原因等。

3.制定质量故障风险评估流程，根据风险等级制定相应的应对措施。

4.工厂应制定除预算外的其他成本控制指标，定期开展质量故障率统计，评估产品质量稳定性，并根据情况进行相应调整。

第6条 质量故障成本分析

1.工厂应建立完整的质量故障成本核算制度，日常及时进行成本核算分析。

2.质量故障成本核算应遵循合理、准确、全面、可靠的原则。

3.各类成本应按照标准成本和实际成本相结合的方式计算。

4.工厂应注重质量故障成本控制的动态管理，及时解决成本增加及损失的问题。

5.工厂应通过质量故障成本核算，发现问题并总结经验，为后续的质量管理提供参考。

第3章 质量故障成本控制

第7条 质量管理流程把控

1.工厂应加强对质量管理流程的把控，提高质量管理水平与效益，以降低或避免产生质量故障成本。

2.工厂应注重产品或服务的质量改进与升级，以提高产品质量和客户满意度，降低质量故障成本。

3.工厂应采取合理的质量管理手段，从源头抓起，控制生产过程中的误差，降低质量故障成本。

第8条 供应商管理

工厂应强化供应商管理，规范供应商绩效考核标准，达到优质稳定的采购目标，降低采购风险和质量故障成本。

第9条 培训管理

工厂应注重员工培训和技能提高，提高员工技能水平和工作素质，以减少人员操作失误，降低人工成本和质量故障成本。

第10条　设备管理

工厂应加强设备维护保养，规范设备保养流程，延长设备使用寿命，降低机器设备维修成本和质量故障成本。

第11条　售后管理

1.工厂应建立完善的客户投诉反馈机制，对客户反馈的质量故障问题及时处理，提高售后服务满意度。

2.工厂应加强对产品或服务的质量检测和监控，保证产品或服务符合质量要求，减少质量故障成本。

3.工厂应定期开展质量故障成本分析和评估，对成本增长的原因、程度和规律进行深入分析，制定相应的控制措施。

第12条　质量故障后续管理

1.工厂建立客户反馈机制，收集客户反馈信息，及时处理质量问题并改善产品。

2.对发生严重质量故障的产品进行彻底调查，找出原因并采取措施，防止同类质量故障再次发生。

3.工厂加强对产品使用寿命和可靠性的监测和评估，有针对性地开展维修和升级工作。

4.定期进行质量成本分析，及时评估工厂质量故障管理效果。不断完善质量故障成本控制办法，以适应市场需求和技术发展。

第4章　附则

第13条　编制单位

本办法由×××部负责编制、解释与修订。

第14条　生效日期

本办法自××××年××月××日起生效。

12.1.3　损失成本控制办法

本办法主要有以下作用：一是在提高产品质量的过程中，可以将各种耗费控制在一个合理水平，以较少的消耗和占用，取得尽量好的质量；二是通过控制质量损失成本，工厂可以保证产品质量，从而在市场竞争中具有较强的生命力和竞争力；三是通过控制质量损失成本，工厂可以分清内部各单位对质量成本形成的经济责任，促使内部各单位进一步加强管理。

损失成本控制办法

第1章　总则

第1条　目的

为了实现质量成本的最小化，促进工厂的质量管理水平不断提高，规范工厂对内对外发生的质量损失成本的管理，特制定本办法。

第2条　适用范围

本办法适用于工厂内所有损失成本的管理工作。

第3条　词语解释

损失成本可分为内部损失成本和外部损失成本。

1.内部损失成本是指工厂在生产流程中应对出现的废品、返工、报废、停产等情况产生的费用。

2.外部损失成本是指工厂因生产的产品质量问题，导致客户投诉、退货、索赔和返修等产生的费用。

第2章　内部损失成本控制

第4条　内部损失成本的分类

内部损失成本主要分为废品损失费、返工维修费、停工损失费、降级损失费和质量事故处理费。

第5条　废品损失费的控制措施

1.加强开工前的检验、检查工作。

2.加强人员培训工作，保证人员具备操作资格和质量意识。

3.加强过程的测量统计与改进。

4.对产品设备自备用品库，对可以维修且有维修价值的产品进行单独管理，以备后续使用。

5.严格制定报废流程及报废审批制度，防范和监督因不合格的报废行为而产生的废品损失费。

第6条 返工维修费的控制措施

1.产品试制完成、量产前,应组织对产品流程进行全方位审查和评估。从产品设计环节及人员操作、作业指导书等多个生产环节进行不良原因分析,暴露产品缺陷,减少量产后大量地返工返修的可能。

2.生产部和质量管理部要严格执行自检和检验规范,发现问题及时处理。

3.改善产品防护措施和产品存储环境,降低此类可改善差错造成损失的可能性。

第7条 停工损失费的控制措施

1.做好火灾预防工作,在厂区内铺设通畅的排水管道,缓解小范围水灾事故,减少停工损失费。

2.对生产过程中使用的通用型原材料、燃料、辅助材料、水等物资设置安全库存并定期检查,以有效缓解发生缺料突发状况时,在短期内不影响生产。

3.对生产线的机器设备进行定期的维护保养,与设备供应商的服务人员保持通畅联系,针对如何检查和排除设备故障,对生产线设备操作人员或相关技术人员进行培训,减少因设备故障导致停工。

4.控制来料质量,准备换线方案,确保生产线持续运行,避免生产线停工带来的损失。

第8条 降级损失费的控制措施

1.生产部要重点关注对加工有严格时间要求的产品,发现品质异常后,立即组织相关人员或相关部门对不良产品进行及时、妥善的处理,防止由于拖延时间过长而导致产品形态改变。

2.质量管理部要对在生产环节发生的大批量的、非偶发原因的产品降级进行记录和追踪,分析产生高额降级损失的原因,并监督相关部门进行改善,防止同类型降级损失费再次发生。

3.在品质异常产品进入销售环节之前或销售过程中,维修部应平衡节约维修费用和提高产品维修效果的关系,提高产品品质等级,结合节约维修成本的观念维修作业,达到减免降级损失费的目的。

第9条 质量事故处理费的控制措施

1.研发部和生产部主动配合事故处理人员分析调查事故发生的原因,并提出相应的改善对策,同时对事故的处理结论进行追踪和存档,将重大事故作为培训案例通报整个部门，达到避免同类质量事故再发、减少质量事故处理费的目的。

2.质量管理部负责与原材料供应商进行及时沟通，要求其做出快速有效的处理和改善措施，以减少工厂的质量事故处理费。

3.质量管理部应与采购部一起对供应商进行评价和更换，监督供应商来料品质，以避免同类质量事故再次发生，同时，还要控制质量事故处理费。

4.质量管理部应设置事故处理责任制和关键业绩指标，对事故处理的时间进度、反馈、结案率等做出严格要求，减少质量事故拖延的时间和为相关单位带来的处理成本。

第3章　外部损失成本控制

第10条　外部损失成本分类

外部损失成本主要分为保修费用、退货损失费、折价损失费和质量索赔费。

第11条　保修费用的控制措施

1.产品售后服务部门需要事先制定保修服务的工作标准、制度和规定，使保修服务工作的开展有章可循，既要让客户满意，又要避免非约定保修产生的额外费用。

2.产品售后服务部门对保修工作人员进行培训，使之具有从事售后服务的业务素质和技术水平，防止发生二次维修和因服务不到位而引起客户不满，从而避免出现退货、换货、诉讼和索赔等情况。

3.产品售后服务部门应主动为客户提供技术咨询和日常维修保养知识，实现销售后，要及时为客户做好产品的防护性维修，提高客户对产品和服务的满意度，减少不必要的保修工作和费用。

4.合理布置保修服务网点，既能满足客户对服务时间的要求，又能减少保修费用的支出。

第12条　退货损失费的控制措施

1.加强检验，把好产品质量关，在生产、仓储、销售等过程中进行及时、有效的检验，确保在产品未进入流通领域前能够发现产品的质量缺陷，减少退货的可能。

2.销售部和质量管理部应建立标准的质量问题处理流程。当批量性质量问题导致客户抱怨、退货等事故时，应及时采取停止出货或召回等应急措施，防止更多不良品销售给客户，避免带来更大的损失。

3.制定简洁易行、合理高效的退货管理制度，将退货条件、退货手续、退货价格、退货货款回收等问题及违约责任、合同变更与解除条件等相关事宜事先与客户达成一致，对退货做出迅速反应。

第13条　折价损失费的控制措施

1.当合格产品出货后收到客户抱怨和降级销售的要求时，销售人员应对具体情况进行确认，确保客户的要求合理且产品确实存在质量瑕疵。

2.必须做降级处理时，销售人员应及时与生产部门进行沟通和讨论，针对客户的要求对后续工单做出生产调整，确保后续产品能够符合客户要求，避免再次发生降级的可能及降级损失费的产生。

第14条　质量索赔费的控制措施

1.制定供应商产品质量索赔办法，加强对供应商产品质量的有效控制，转移原材料质量索赔费用，维护工厂的经济利益。

2.对出现不按标准、技术协议、产品图纸生产加工，从而导致原材料质量问题的供应商，应按规定追溯索赔办法对其实施质量索赔。

3.对于与客户存在争议的质量问题及客户索赔案，工厂应通过法律途径，合理合法地维护正当利益和声誉，不能采取无视客户抱怨或拒绝与相关方进行合作调查的消极态度来面对。

第4章　附则

第15条　编制单位

本办法由质量管理部负责编制、解释与修订。

第16条　生效日期

本办法自××××年××月××日起生效。

12.1.4　不良质量成本控制办法

本办法主要有以下作用：一是确保工厂能够不断提高质量保证能力，降低产品成本，提高经济效益；二是帮助工厂评定经营管理体系的有效性，并提供相应的依据；三是持续降低不良质量成本，达到衡量管理绩效的目的。

不良质量成本控制办法

第1章 总则

第1条 目的

为了规范工厂不良品质量成本控制工作，提高产品质量，降低生产成本，特制定本办法。

第2条 适用范围

本办法适用于工厂生产经营过程中所有涉及不良质量成本环节的管理工作。

第2章 不良品质量成本控制的具体措施

第3条 工厂生产前期应进行充分的准备工作，确保物料、设备、人员等符合生产要求，避免因为生产前期准备不足导致的不良品。

第4条 生产过程中应密切关注各个环节的情况，对出现问题的要及时处理，防止不良品数量持续增加。

第5条 应当及时处理发现的不良品，采取有效措施避免同类问题再次出现，同时记录不良品信息，以便追溯原因。

第6条 应当根据不同的情况对不良品进行分类，制定不同的处理方案和成本控制措施。

第7条 对于严重影响产品质量的不良品，应当对其进行深入分析研究，找出根本原因，并及时采取有效措施解决问题。

第8条 对于已发生的不良品，应当及时通知相关部门进行处理，防止不良品流转到下一个环节，造成更大的损失。

第9条 工厂应当建立完善的不良品处理流程，明确责任人和流程，并加强培训，提高员工处理不良品的能力。

第3章 不良品成本控制的具体办法

第10条 不良品的成本包括直接成本和间接成本两部分，工厂应当建立精细化的成本核算机制，将不良品成本计入工厂总成本中。

第11条 直接成本包括报废物料的损失、重新加工的成本及不良品导致的退换货成本等。对于不同类型的直接成本，需要采取不同的控制措施。

第12条 工厂应当建立完善的物料管理制度，严格控制物料的采购和入库，避免不良品进入生产流程。

第13条 工厂应当建立完善的生产加工程序，对于需要进行复杂加工的产品，应当制定详细的加工流程和标准操作规程，确保产品质量。

第14条 对于已经生产出的不良品，在重新加工过程中应当控制好成本，避免因为反复加工导致不良品成本过高。

第15条 针对因不良品造成的退换货成本，工厂应当加强售后服务，提升客户满意度，进而降低退换货率。

第16条 间接成本包括不良品处理人员的工资、设备维护成本、管理人员的时间成本等。工厂应当采取以下措施控制间接成本。

1.优化组织架构，减少不必要的管理层级，提高管理效率，降低管理人员时间成本。

2.对于处理不良品的工作人员，应当加强培训，提高其专业技能和责任意识，降低不良品处理人员的工资成本。

3.设备维护是降低间接成本的重要措施。工厂应当建立设备维护制度，定期对设备进行检修和保养，避免设备故障导致的生产停滞和成本损失。

4.工厂应当积极开展成本分析和成本管理工作，通过精细化管理和优化流程来降低不良品的成本。

第4章　奖惩与监督管理

第17条 相关责任与责任承担管理办法。

1.工厂各级领导应当高度重视不良品质量成本控制工作，将其纳入工厂日常经营管理之中。

2.工厂应当明确不良品质量成本控制的具体责任人，确保每个环节都有专人负责。

3.工厂应当建立不良品质量成本控制考核机制，定期对相关部门和责任人进行考核，并采取相应的激励和惩罚措施。

第18条 不良品质量成本控制的监督和检查管理。

1.工厂应当建立健全内部监督机制，加强内部控制和日常监督，及时发现和处理不良品问题。

2.外部监督是不良品质量成本控制工作的重要保障，工厂应当遵守国家相关法律法规和行业标准，接受政府、客户等各方的监督和检查。

第5章　附则

第19条　本办法由质量管理部负责编制、解释与修订。

第20条　本办法自××××年××月××日起生效。

12.2　质量成本预算与分析

12.2.1　质量成本预算制度

本制度主要有以下作用：一是帮助工厂了解和预测产品质量和生产过程的风险，确保产品在整个生命周期内保持规定质量水平所需的成本；二是预防和识别产品在制造和交付过程中可能出现的问题，并制定相应的预防和纠正措施，以确保产品质量和生产过程的稳定性。

质量成本预算制度

第1章　总则

第1条　目的

为了规范产品成本预算管理正常的工作秩序和工作流程，提高工厂产品质量管理水平，保证各项工作的正常进行，特制定本制度。

第2条　适用范围

本制度适用于工厂所有质量成本预算工作的管理。

第3条　职责分工

1.财务部门需要执行产品质量成本预测、计划、核算、经济分析等工作。

2.质量管理部门需要执行对产品质量管理程序文件与成本计划、决策，授权各相关部门和各车间进行产品质量成本管理等工作。

第4条　基本原则

1.合理性原则。预算应与工作计划和业务目标相匹配，充分考虑各项质量活动所需费用。

2.可行性原则。预算应充分考虑工厂现有资源和技术水平，确保预算的可执行性。

3.经济性原则。预算应充分考虑质量成本的经济效益,避免过度追求质量而造成浪费。

第2章 质量成本预算编制

第5条 质量成本分类

质量成本主要分为预防成本、检验成本、内部损失成本和外部损失成本。

1.预防成本是指为防止产品或服务发生质量问题而采取的措施,如培训、改进流程和设备等。

2.检验成本是指为检查产品或服务的合格率而采取的措施,如检测设备、检验人员和检验记录等。

3.内部损失成本是指因生产过程中出现不良品而导致的成本,如报废费用、物料损失和再加工费用等。

4.外部损失成本是指因产品或服务质量问题而给客户带来的成本,如退货费用、赔偿金和声誉损失等。

第6条 质量成本预算计划

质量成本预算编制应当根据工厂的质量目标和实际情况进行,结合市场需求和客户要求,包括计划内质量成本和计划外质量成本两部分。

1.计划内质量成本应占总质量成本的70%以上,其中预防成本应占计划内质量成本的60%以上。

2.计划外质量成本应占总质量成本的30%以下,其中外部损失成本不得超过计划外质量成本的50%。

第7条 质量成本预算内容

质量成本预算应当包括以下内容。

1.原材料质量检测费用预算。

2.生产线检验质量费用预算。

3.产品抽检质量费用预算。

4.售后服务质量费用预算。

5.质量改善项目费用预算。

第3章 质量成本预算管控

第8条 质量成本预算的执行

质量成本预算的执行应遵循以下要求。

1.不得超过预算。各部门在执行质量活动时，不得超出批准的预算金额。如遇特殊情况，须提交调整申请，经批准后方可执行。

2.确保质量。各部门在执行质量活动时，应确保产品或服务质量符合要求，避免因节约成本而降低质量标准。

3.及时调整。如遇市场环境、工厂战略等变化，各部门应及时调整工作计划和业务目标，相应调整质量成本预算。

第9条　质量成本数据上报

在质量成本预算实施过程中，财务部应按照质量成本预算和核算的相关规定，对质量成本数据进行汇总和分析，为工厂领导决策提供依据。

第10条　质量成本实施监督

工厂质量管理部应对质量成本预算实施情况进行监督检查，发现问题及时提出改进措施，并督促相关部门进行整改。

第11条　质量成本考核

工厂应建立完善的质量成本考核制度，根据实际情况设置考核指标和评价标准，评估各部门和个人的质量成本使用情况。

1.质量成本考核应包括计划内质量成本和计划外质量成本两部分，其中计划内质量成本占总考核权重的70%以上。

2.质量成本考核结果应作为绩效考核的一个重要指标，与其他指标相结合，形成全面的考核体系。

第12条　质量成本改进

1.工厂应建立质量成本改进机制，通过持续不断地优化和改进，降低质量成本支出，提高质量水平。

2.改进措施应根据实际情况和市场需求进行选择和实施，以达到最大的效益。

3.工厂应加强对员工的培训和教育，提高其质量意识和技能，以减少内外部损失成本。

第13条　质量成本预算方案的调整

预算编制人员在规定的时间内上报预算后，若发现一部分预算编制项目不符合工厂的实际要求，需由各归口管理人员投入大量精力，分析各质量成本项目的预算和会计报表，必要时还要到相关部门核对数字，了解情况，使预算接近实际。

第4章　附则

第14条　编制单位

本制度由×××部负责编制、解释与修订。

第15条　生效日期

本制度自××××年××月××日起生效。

12.2.2　质量成本分析制度

本制度主要有以下作用：一是可以推进质量改进计划的实施，提高产品的可靠性，预防潜在不合格的发生；二是便于管理层掌握质量管理中存在的问题；三是可以更好地掌握质量管理中存在的问题，从而采取有效的措施来改善产品质量，预防潜在不合格的发生。

质量成本分析制度

第1章　总则

第1条　目的

为了建立和完善工厂的质量成本管理体系，规范质量成本管理的各项工作，提高产品和服务质量，降低质量成本，特制定本制度。

第2条　适用范围

本制度适用于工厂生产中对产品质量成本的分析和管理。

第2章　质量成本分析准备

第3条　质量成本分析的方法

质量成本分析的方法主要有直接法和间接法两种。

1.直接法是指通过收集相关数据，对这些数据进行分类、汇总和分析，进而得出质量成本。

2.间接法是指通过间接推算出质量成本总额的方法，采用专业的计算机软件或多种间接算法进行计算和分析。

3.质量成本不但要分门别类，而且要进行横向比较、纵向分析，并结合工厂的实际情况对质量成本进行量化分析，以便为管理决策提供科学的数据支持。

第12章 质量成本控制精益化

第4条 质量成本分析的流程

质量成本分析的流程主要包括数据收集、分类分析、成本评价、对质进行反馈和实施维护等环节。

1.数据收集要求严谨，需要包括产品的所有环节，应该涵盖四个方面，即供应商、生产管理、产品检验和售后服务。

2.分类分析要建立一套合理的分类系统，充分考虑工厂的特点和实际情况。

3.成本评价应遵循经济学的原则，充分考虑质量成本与借用成本的相互影响，并综合运用经验、分析及算法等方法。

4.对质进行反馈分为管理控制咨询和高层管理决策两种形式。

5.实施维护是质量成本分析的最后一个环节，需要进行监督、评估和改进等活动。

第3章 产品质量成本分析的内容

第5条 产品质量成本计划完成情况的分析

在分析产品质量成本计划完成情况时，要遵循以下三个要求。

1.按照产品质量成本科目层层分析。层层分析不仅要对产品质量成本计划的整体完成情况进行分析，还要对产品质量成本的各个构成项的预防成本、损失成本、故障成本等进行分析，甚至还要对其下级科目进行分析，以了解产品质量成本的增加情况和原因。

2.按照产品生产部门和生产车间进行分析。通过对各个生产部门和车间的质量成本分析，可以发现各部门和车间在质量成本管理方面的差异，以便进一步对差异进行分析。

3.按质量成本计划的完成情况进行分析。对产品质量成本计划的完成情况进行分析有两方面，对全部在产品质量成本计划完成情况分析和对全部产成品质量成本计划完成情况分析。

第6条 产品质量成本总额分析

本期产品质量成本总额=预防成本+故障成本+内部损失成本+外部损失成本。

第7条 产品质量成本构成分析

分析产品质量成本构成可以判断产品质量成本构成项目之间的比例关系及其适应性，具体构成项目分析如下所示。

1.预防成本占总成本比率=$\dfrac{预防成本}{质量成本总额}\times 100\%$。

2.故障成本占总成本比率=$\dfrac{故障成本}{质量成本总额}\times 100\%$。

3.内部损失成本占总成本比率=$\dfrac{内部损失成本}{质量成本总额}\times 100\%$。

4.外部损失成本占总成本比率=$\dfrac{外部损失成本}{质量成本总额}\times 100\%$。

第4章 产品质量成本分析的实施

第8条 建立质量成本分析制度

工厂应当建立完善的质量成本分析制度,包括质量成本分析的方法、工具、指标等。针对不同的产品和服务类型,制定相应的质量成本分析方法和指标。

第9条 实施质量成本分析工作流程

1.工厂每月进行一次质量成本分析工作,各部门要对质量成本的各个项目发生额及其增减原因进行分析说明。

2.质量管理部会同财务部进行质量成本分析,编制质量成本分析报告,经财务部和质量管理部负责人签字后,上报总经理审批。

第10条 结果的分析处理

质量管理部根据质量成本分析报告提供的情况,按规定要求有关责任部门采取措施予以改进。

第11条 改进措施

质量管理部对纠正和预防措施进行跟踪,确保其有效性,当出现以下情况时应采取措施改进工作。

1.内部故障成本和外部故障成本大幅上升或连续上升。

2.质量成本计划无法实现。

第12条 编写质量成本分析报告

质量管理部相关人员结合成本分析实施工作及成本分析结果,编写质量成本分析报告,并提交总经理审核。

第5章 质量成本控制

第13条 建立质量成本控制制度

1. 工厂应建立完善的质量成本控制制度，包括质量成本控制的目标、原则、方法等方面的规定。针对不同的产品和服务类型，制定相应的质量成本控制措施，包括预防成本、评估成本、内部成本和外部成本控制等方面的工作。

2. 工厂应通过完善产品设计、加强生产过程控制、提高员工素质等方式，预防和降低质量成本。

3. 工厂应建立完善的质量评估和反馈机制，及时发现和解决质量问题，避免出现不必要的质量成本。

4. 工厂应加强供应商管理，与优秀的供应商建立长期合作关系，降低外部质量成本。

5. 工厂应建立完善的客户投诉处理机制，及时回应客户投诉并采取有效措施，减少因为质量问题而导致的外部质量成本。

第14条　实施质量成本考核

1. 工厂应对内部各个部门和个人进行质量成本考核。根据质量成本核算和分析结果，确定相应的考核指标和权重。

2. 工厂应公正、公平地进行质量成本考核，对表现优秀的部门和个人予以奖励，对表现不佳的部门和个人予以惩戒。

第6章　附则

第15条　编制单位

本制度由质量管理部负责编制、解释与修订。

第16条　生效日期

本制度自××××年××月××日起生效。

12.3　质量成本控制精益化实施指南

12.3.1　质量成本经济责任制度

本制度主要有以下作用：一是可以鼓励员工更加关注和参与产品质量的管理，从而提高产品质量水平；二是可以将质量成本的控制纳入工厂的日常管理中，通过有效的质量管理措施，降低质量成本，提高工厂的经济效益；三是可以帮助工厂建立更加完善的质量管理体系，促进工厂的可持续发展。

质量成本经济责任制度

第1章　总则

第1条　为了确保产品质量，减少质量成本，建立完善的质量管理体系，促进工厂质量及经济效益的提高，特制定本制度。

第2条　本制度适用于工厂所有生产活动中与质量相关的职责、义务和权利的管理。

第2章　质量责任制度

第3条　产品质量由生产部门负责，但各部门应共同承担相关责任。各部门应对自己的业务领域内的产品质量承担全面责任，做好产品质量控制，确保产品符合国家相关标准和工厂内部标准，要紧密配合其他部门共同改善产品质量。

第4条　生产部门负责产品质量，应按照质量管理体系的规定，采取一切有效措施确保产品质量，同时负责提供必要的培训和评估，确保质量管理体系有效运行。

第5条　营销部门负责向客户提供产品的详细信息，介绍产品质量标准，并接受客户对产品质量提出的所有问题和投诉，及时并妥善地处理。

第6条　财务部门负责制定、审核和实施质量成本计划，监督各部门按照计划执行。

第7条　质量管理部门负责制定工厂内部质量管理制度，并对各职能部门进行监督和检查，确保质量标准的有效实施。

第8条　研发部门负责开发新产品并进行测试，评估新产品的适用性和质量，向生产部门提供必要的技术支持。

第3章　质量成本管理

第9条　内部质量成本的管理要求按照以下内容执行。

1.工厂应投入资金、技术等资源，优化、完善工厂内部管理体系，提升内部质量管理水平。

2.在生产过程中，应充分考虑性能要求和故障前后生产环节，加强预防性措施，减少内部质量成本支出。

3.在内部员工培训上进行投入，提升员工技能，减少操作失误、减轻废品率等不必要的成本支出。

4.制定内部质量成本管理指标，设立责任人，实现对内部质量成本的科学预算、严格控制和及时纠偏。

第10条　外部质量管理的要求按照以下内容执行。

1.在识别问题、定位责任人、拓展赔偿等处理环节上尽量缩短时间，减少质量成本的损失。

2.在与客户交流合同时就清晰标明想要达成的产品要求，减少双方对产品质量不同的理解，从而避免质量成本的产生。

3.对重要供应商进行质量验收并严格管控供应商交货期及发货质量，减少不合格产品的使用及其带来的质量成本。

第4章　质量成本计算

第11条　生产部门应编制质量成本明细表并定期上报，明细表包括内部损失成本、外部损失成本、预防成本和故障成本四个方面。

第12条　财务部门按照计划编制总成本预算和质量成本目标，制定质量成本控制措施，确保质量成本目标的实现。

第13条　质量成本通过生产成本分摊到产品成本中，即质量成本是生产成本的一部分，由销售部门和客户来分摊。

第14条　生产部门应每月进行盘点和分析，整理各项质量成本数据，并及时提交到财务部门。

第15条　财务部门应每季度对质量成本进行统计和分析，及时向各部门反馈结果并提出改进建议。

第5章　质量成本汇总和分析

第16条　财务部门负责汇总和分析各项质量成本，编制质量成本报告并提供给工厂领导层，以便市场部门与客户进行沟通。

第17条　生产部门应对各项质量成本数据进行分析，找出问题和原因，并及时采取有效措施进行改善。

第18条　财务部门应对各部门的质量成本计划完成情况进行监督和评估，对未完成目标的部门予以追责。

第19条　确认产品质量问题所产生的成本应由相关部门自行承担，如生产部门和研发部门，应承担相应的质量成本，以减少质量成本的浪费。

第6章　奖惩机制

第20条　工厂内部建立奖惩机制，并将其纳入绩效考核体系中，以激励员工全力投入到保证产品质量中，同时也可惩戒质量管理不合格的员工，提高员工的责任感和质量意识。

第21条　对于质量成本可控的部门，如生产部门和研发部门，应设置奖励机制。对于质量成本超出预算部门，应予以处罚。

第22条　客户投诉降低和产品故障率下降是考核工厂质量成本的关键因素。工厂应建立评分体系，按照客户投诉降低和产品故障率下降程度给予相应的奖惩措施。

第23条　对于重大质量问题的处理，如召回和赔偿，应由生产部门或研发部门承担责任，并进行深入的分析和改进，避免同类问题再次发生。

第7章　附则

第24条　本制度由质量管理部负责编制、解释与修订。

第25条　本制度自××××年××月××日起生效。

12.3.2　质量成本绩效考核制度

本制度主要有以下作用：一是可以促进提高产品质量，降低生产成本，减少事故发生率；二是可以通过设定明确的绩效目标和标准，并提供相应的激励措施，提高员工的工作动力和积极性；三是可以客观地评估员工的绩效，了解员工在工作中的表现和成就。

质量成本绩效考核制度

第1章　总则

第1条　目的

为了建立一套完善的质量成本绩效考核制度，提高工厂质量管理水平，实现工厂经营管理的科学化、规范化、数据化和成果化，特制定本制度。

第2条　适用范围

本制度适用于本工厂产品质量管理相关的物料采购、产品研发、生产等成本考核管理工作。

第3条 职责分工

财务部协同人力资源部负责组织、协调和监控产品质量成本考核工作，具体组织工作如下所示。

1.人力资源部会同财务部负责组建产品质量成本考核小组。该考核小组应包括采购部经理、研发部经理、生产部经理等相关部门管理人员，作为考核的评审人员。

2.考核小组应当对各相关部门的日常质量成本管理工作状况、成果等方面的资料进行收集、制定考核标准、对考核结果进行反馈。

第2章 考核实施综合事项

第4条 制定考核标准

1.质量考核标准包括产品的合格率、客户满意度、问题解决率和质量改进措施的执行情况等。

2.成本考核标准包括费用控制情况、材料利用率、生产效率、劳动力成本等。

3.考核标准应该与具体部门和职位相匹配，符合工厂的实际情况。

第5条 明确考核范围

考核范围包括工厂的所有部门和员工。那些受到客户投诉的产品和服务或者发生了质量事故的部门和员工，将会被特别关注。

第6条 确定考核周期

质量成本绩效考核周期为一年，即每年的1月1日至12月31日为一个考核周期。考核周期结束后应当在1个月内对员工进行绩效评价，确定员工的评价等次及得分。

第7条 确定考核方法

1.定量评价方式采用评定得分制度，将各项考核指标进行评分，按照评分标准得出总分，作为绩效评价的重要依据之一。

2.定性评价方式采用评定等次制度，将员工的工作表现归入优秀、良好、达标、基本达标、不达标5个等次，作为绩效评价的重要依据之一。

3.定量评价和定性评价综合运用，综合考虑各项考核指标的权重，得出员工的绩效评价结果。

4.工厂管理层应当坚持绩效考核公正、公平、透明的原则，不得以个人喜好、身份、性别、种族等极端主观因素影响员工考核结果。

第8条　制定考核流程

考核流程包括考核目标的制定、考核指标的确定、考核数据的收集、考核数据的分析、考核结果的通报、奖惩措施的实施等环节。

第3章　考核结果处理

第9条　考核分级

综合得分分为A、B、C、D四个等级，与得分等级相对应的奖惩措施也应相应调整。绩效考核结果和奖惩措施应公开、公平、透明。

第10条　考核监督

1.工厂应当设立相应的考核督导机构，对考核过程进行监督、评估。

2.考核督导机构应当对每个考核周期进行专项检查，确保考核流程、方法、标准的严谨及考核结果的公正、公平、透明。

3.对于不当的考核结果，督导机构应当及时纠正，保证员工权益不受损害。

4.考核督导机构应当对工厂管理层的考核计划、结果等进行综合评估，整体评价工厂的绩效水平。

第11条　奖惩措施

1.A级别员工将会获得工厂提供的年终奖和晋升机会。

2.B级别员工将会获得基础奖金和职称晋升。

3.C级别员工将会获得一定幅度的薪资调整。

4.D级别员工将会接受培训或进行工作调整。

5.对于不合格员工，工厂将会根据内部规定采取惩罚措施，严重情况下甚至会解除劳动合同。

第12条　改进措施

考核结果应作为工厂改进措施的参考依据，应向员工反馈考核结果并提出改进措施。工厂应该根据考核结果采取有效的改进措施，优化质量管理和成本控制。

第4章　附则

第13条　编制单位

本制度由质量管理部负责编制、解释与修订。

第14条　生效日期

本制度自××××年××月××日起生效。